Joachim Kremer (Hg.)

Magdalena Sibylla von Württemberg –

Politisches und kulturelles Handeln einer Herzogswitwe im Zeichen des frühen Pietismus

Tübinger Bausteine zur Landesgeschichte

Im Dienste des
Vereins der Freunde und Förderer
des Instituts für Geschichtliche Landeskunde
und Historische Hilfswissenschaften
an der Universität Tübingen e. V.

Herausgegeben von
Sigrid Hirbodian, Volker Schäfer und Wilfried Setzler

27

Joachim Kremer (Hg.)

Magdalena Sibylla von Württemberg

Politisches und kulturelles Handeln einer Herzogswitwe im Zeichen des frühen Pietismus

Redaktion: Lea Beck

Jan Thorbecke Verlag
2017

Die Drucklegung erfolgte mit freundlicher Unterstützung von:
S. K. H. Carl Herzog zu Württemberg
Württembergischer Geschichts- und Altertumsverein e. V.
Vereinigung der Freunde der Universität Tübingen (Universitätsbund) e. V.
Freunde und Förderer des Instituts für Geschichtliche Landeskunde und Historische Hilfswissenschaften der Universität Tübingen e. V.
Oberkirchenrat der Evangelischen Landeskirche in Württemberg

EVANGELISCHE LANDESKIRCHE IN WÜRTTEMBERG

Universitätsbund Tübingen e. V.

WÜRTTEMBERGISCHER GESCHICHTS- UND ALTERTUMSVEREIN

MIX
Papier aus verantwortungsvollen Quellen
FSC® C022176

Für die Verlagsgruppe Patmos ist Nachhaltigkeit ein wichtiger Maßstab ihres Handelns. Wir achten daher auf den Einsatz umweltschonender Ressourcen und Materialien.

Bibliografische Information der Deutschen Nationalbibliothek
Die Deutsche Nationalbibliothek verzeichnet diese Publikation in der Deutschen Nationalbibliografie; detaillierte bibliografische Daten sind im Internet über http://dnb.d-nb.de abrufbar.

ein Unternehmen der Verlagsgruppe Patmos
in der Schwabenverlag AG, Ostfildern
www.thorbecke.de

Umschlaggestaltung: Cornelia Fritsch, Gerlingen
Umschlagabbildung: Johann Ulrich KRAUS: Magdalena Sibylla von Württemberg, Porträt, aus: Anonym: Christ-Fürstliches Ehren-Gedächtniß/ Der Weiland Durchläuchtigsten Fürstin und Frauen/ Frauen Magdalena Sibylla Hertzogin zu Würtemberg und Teck [...], Stuttgart [1712], ohne Fol.-Nr.
Satz und Repro: Schwabenverlag AG, Ostfildern
Druck: Memminger MedienCentrum, Memmingen
Hergestellt in Deutschland
ISBN 978-3-7995-5526-5

Inhalt

Vorwort

Magdalena Sibylla von Württemberg, die 1712 im Alter von 60 Jahren verstorbene Herzogswitwe, war eine der prägenden Gestalten in der Geschichte des Herzogtums Württemberg. Ihre Vita war von Diskontinuitäten geprägt, nicht erst nach dem unerwartet frühen Tod ihres Mannes Wilhelm Ludwig, des regierenden Herzogs von Württemberg im Jahre 1677. Der Tod ihrer Mutter im Jahre 1665, die darauf folgende Übersiedlung nach Schweden, wo sie in der Obhut ihrer Tante erzogen wurde, die nur kurz, nämlich drei Jahre währende Ehezeit als regierende Herzogin in Württemberg, ihr Wirken als Mitvormund ihres noch jungen Sohnes Eberhard Ludwig und das Leben auf ihrem Witwensitz in Stetten mit einer – vielleicht eher angenommenen – Distanz zum Hofleben unter Eberhard Ludwig und seiner Maitresse Wilhelmine von Grävenitz werfen mit Nachdruck die Frage nach den Handlungsoptionen dieser fürstlichen Tochter, Gemahlin, Mutter und Witwe auf. Magdalena Sibylla handelte politisch, als »Mit-Obervormünderin« ihres noch unmündigen Sohnes Eberhard Ludwig, war als Schriftstellerin und Liederdichterin tätig und bekannt, sie war eine der führenden und Einfluss nehmenden Personen des frühen Pietismus in Württemberg und sie wirkte mit der Ausgestaltung ihrer Kapelle in Stetten auch als Förderin der Kunst. Diese vielfältigen Aspekte ihres politischen, kulturellen und frömmigkeitsgeschichtlichen Wirkens sollten anlässlich ihres 300. Todestages im Oktober 2012 in einer interdisziplinären wissenschaftlichen Tagung näher beleuchtet und auch gewürdigt werden. Dabei bildeten die in ihrer Bibliothek vorhandenen Musikalien einen Schwerpunkt und sie sollten vor dem Hintergrund des Pietismus betrachtet werden.

Das aus diesem Vorhaben entstandene Buch stellt die erste umfassende Annäherung an diese frühpietistische Herzogin dar. Es nimmt das vereinfachende Bild einer pietistisch motivierten Weltflucht nicht als gegeben, auch wenn die von Magdalena Sibylla gedichtete und bei ihrem Begräbnis gesungene *Leichen-Arie* dies anzudeuten scheint:

Es bleibt in meinem Sarg verschlossen und vergraben,
was heimlich in der Seel' mich mag gequälet haben/
Die Welt war meiner müd/ ich vielmehr deiner Welt/
Dir war ich eine Last/ und du hast mich gequält.

Bereits die Zusammensetzung ihrer Bibliothek legt vielmehr die Vermutung nahe, dass Magdalena Sibylla in ein weit über Württemberg reichendes Netz kultureller Praxen eingebunden war. Die Beiträge des vorliegenden Bandes verweisen folglich mit den Ausführungen zum literarischen, politischen und kulturellen Handeln der Magdalena Sibylla oft auf überregionale Vernetzungen und Parallelitäten. Sie sind damit in ihrer Gesamtheit auch ein

Beitrag zum kulturellen und frömmigkeitsgeschichtlichen Handeln fürstlicher Frauen (bzw. Witwen) in der Frühen Neuzeit.

Zunächst aus einer spontanen Idee geboren, hatte der Plan einer interdisziplinären Tagung zu Magdalena Sibylla von Württemberg seit 2008 konkrete Formen angenommen: Die Referenten erarbeiteten ihre Beiträge und auch ein Konzert mit Musik aus der Bibliothek der Herzogin wurde vorbereitet. Prof. Dr. Sönke Lorenz (†) und Dr. Dieter R. Bauer haben von Anfang an mit großem Engagement und mit Tatkraft die Planung der Tagung mitgestaltet und vorangetrieben. Die dabei erfahrene freundschaftliche Kollegialität wird unvergessen bleiben. Dass aber die Tagung letztlich abgesagt werden musste, war für alle Beteiligten zunächst eine herbe Enttäuschung, denn damit war gerade das unmöglich geworden, was wissenschaftliche Tagungen auszeichnet: der direkte Austausch und eine interdisziplinäre Diskussion der Experten. Umso mehr ist Prof. Dr. Sigrid Hirbodian und dem Institut für Geschichtliche Landeskunde und Historische Hilfswissenschaften der Universität Tübingen zu danken, dass die Beiträge nicht unveröffentlicht einer ungewissen Zukunft entgegengehen mussten. Nach dem viel zu frühen Tod von Sönke Lorenz bot sie an, die Beiträge dem ursprünglichen Plan folgend in den *Tübinger Bausteinen zur Landesgeschichte* zu veröffentlichen. Allem voran ist deshalb den Autoren dieses nun vorliegenden Bandes zu danken, dass sie trotz einer gewissen zeitlichen Verzögerung ihre Texte nicht anderweitig publiziert haben und dass sie das Entstehen dieses Bandes geduldig abgewartet und auch mitgestaltet haben. Insbesondere danke ich für die vielfältige Unterstützung dem Institut für Geschichtliche Landeskunde und Historische Hilfswissenschaften der Universität Tübingen, nämlich Frau Prof. Dr. Sigrid Hirbodian und Tjark Wegner. Ebenso danke ich Lea Beck (Tübingen) und Jörg Holzmann (Stuttgart) für ihre Hilfe bei der Redaktion der Beiträge und Frithjof Vollmer (Stuttgart) für seine Unterstützung bei der Bildredaktion. Ohne die Gewährung von Druckkostenzuschüssen wäre dieses Buch nicht möglich geworden. Ein herzlicher Dank gebührt deshalb den Förderern: Seiner Königlichen Hoheit Herzog Carl von Württemberg, dem Württembergischen Geschichts- und Altertumsverein e. V., der Vereinigung der Freunde der Universität Tübingen (Universitätsbund) e. V., den Freunden und Förderern des Instituts für Geschichtliche Landeskunde und Historische Hilfswissenschaften der Universität Tübingen e. V. und dem Oberkirchenrat der württembergischen Landeskirche. Für die Bereitstellung von Abbildungsvorlagen und für die Erteilung der Abbildungsgenehmigungen danken wir folgenden Institutionen und Personen: der Universitätsbibliothek der Eberhard-Karls-Universität Tübingen, der Württembergischen Landesbibliothek Stuttgart, dem Landesarchiv Baden-Württemberg/Hauptstaatsarchiv Stuttgart, dem Archiv des Hauses Württemberg, dem Landesmuseum Württemberg, der Kommission für geschichtliche Landeskunde in Baden-Württemberg, der Bibliothèque nationale de France, allen anderen im Bildnachweis genannten Institutionen, sowie insbesondere Hans Westphal (Kernen), Peter Hartung und Andreas Stiene.

Stuttgart, im Juli 2017
Joachim Kremer

Zum allgemeinen Heyl des Landes [...] preißwürdigst und kluglich geführet. Die politischen Handlungsoptionen der Herzogin Magdalena Sibylla von Württemberg (1652–1712) als »Mit-Obervormünderin«

Sabine Holtz

Um die politischen Handlungsoptionen[1] Magdalena Sibyllas von Württemberg (1652–1712) herausarbeiten zu können, soll zunächst kurz das nähere biographische und herrschaftliche Umfeld der Fürstin vorgestellt werden. Nach der folgenden Darstellung ihrer Handlungsoptionen wird dann anhand des *Ehrengedächtnisses*, das die Trauerschriften anlässlich ihres Todes umfasst, ein Blick auf die zeitgenössische Bewertung des politischen Engagements der Herzogin geworfen.

Magdalena Sibylla war am 28. April 1652 in Darmstadt auf die Welt gekommen.[2] Sie war eine Tochter des Landgrafen Ludwig VI. von Hessen-Darmstadt (1630–1678) und der Herzogin Maria Elisabeth von Schleswig-Holstein-Gottorp (1634–1665). Nach dem Tod ihrer Mutter (1665) kam Magdalena Sibylla an den schwedischen Hof ihrer Tante Hedwig Eleonora (1636–1715). Über seine Schwägerin hatte Magdalena Sibyllas Vater längst enge politische Beziehungen zum schwedischen Königreich geknüpft. Der Tod seiner Frau in »Kindsnöthen« hatte »den liebenden Gatten in tiefe Trauer« versetzt.[3] Acht Kinder hatte sie geboren. Er sah es als das Beste an, seine 13jährige Tochter an den schwedischen Hof bei ihrer Tante, der jüngeren Schwester ihrer Mutter, in Obhut zu geben. In seiner Trauer reiste er zunächst zu den Verwandten in Holstein und von dort nach Dänemark und Schweden; über Holstein, Brabant und Flandern kehrte er im September 1666 nach Hessen zurück. Noch im Dezember verheiratete er sich erneut, dieses Mal mit Elisabeth Dorothee von Sachsen-Gotha.[4]

Hedwig Eleonora hatte 1654 den schwedischen König Karl X. Gustav (1622–1660) geheiratet. 1655 brachte sie das einzige Kind der Ehe zur Welt, den späteren König Karl XI. (1655–1697). Als ihr Mann starb, erbte der Sohn 1660 die Königskrone. Da er noch minderjährig war, übten seine Mutter und die fünf höchsten schwedischen Staatsbeamten die Regierung aus, bis Karl 1672 die Regierung übernehmen konnte. Die gemeinsamen Jahre haben den Sohn wohl stark geprägt; er blieb seiner Mutter zeitlebens verbunden. Hedwig Eleonora verheiratete sich nach dem Tod ihres Mannes nicht mehr. Sie blieb jedoch, auch

1 Zur Einführung Martina SCHATTKOWSKY (Hg.): Witwenschaft in der frühen Neuzeit. Fürstliche und adlige Witwen zwischen Fremd- und Selbstbestimmung, Altenburg 2003.

2 Vgl. Joachim FISCHER: Magdalena Sibylla, in: Das Haus Württemberg. Ein biographisches Lexikon, Stuttgart/Berlin/Köln 1997, S. 162f.

3 Heinrich ZEHFUSS: Alterthümlichkeiten der Residenz Darmstadt nebst einem Anhange für Reisende in die Bergstraße und den Odenwald, Darmstadt 1822, S. 61.

4 Vgl. ZEHFUSS: Alterthümlichkeiten der Residenz Darmstadt (wie Anm. 3), S. 62.

Abb. 1: David Klöcker EHRENSTRAHL: Porträt von Hedwig Eleonora von Schweden.

Abb. 2: Porträt von Magdalena Sibylla von Württemberg.

dank ihrer Beteiligung an den Vormundschaftsregierungen für ihren Sohn (und später ihren Enkel Karl XII. [1682–1718]) bis zu ihrem Tod in der schwedischen Politik und Gesellschaft präsent. Hedwig Eleonora galt als kunstsinnige Königin, ihr besonderes Interesse galt der Architektur und der Malerei. Eine besondere, über das zeitübliche Maß hinausgehende Frömmigkeit ist nicht bekannt, sieht man einmal davon ab, dass einige Kirchen, schon zu Lebzeiten der Königin, ihren Namen tragen.[5] In den Vormundschaftsregierungen soll sie keine politische Rolle gespielt haben, sie übernahm jedoch repräsentative Verpflichtungen des Hofes, wie sie dies auch schon während der kriegsbedingten Abwesenheit ihres Mannes getan hatte (Abb. 1 und 2).

Diese Ausführungen zur Tante Magdalena Sibyllas hatten das Ziel, einige Schlaglichter in den familiären, gesellschaftlichen, politischen und kulturellen Kontext zu werfen, in dem Magdalena Sibylla zwischen ihrem 13. und ihrem 21. Lebensjahr aufwuchs und der sie sicherlich auch geprägt hat. Bemerkenswert ist, dass Tante und Nichte in sehr ähnlicher Haltung und mit Schoßhündchen abgebildet wurden.

Die intensive Frömmigkeit, die Magdalena Sibylla später auszeichnete, hat ihre Ursprünge vielleicht nicht so sehr in der Stockholmer Zeit als vielmehr schon in früher Kindheit und Jugend. Über ihre Mutter, Maria Elisabeth (1634–1665), eine Tochter des Herzogs Friedrich III. von Schleswig-Holstein-Gottorp (1597–1659) und der kursächsischen Kur-

5 Hedwig-Eleonora-Kirchen gibt es u. a. in Schweden und Finnland: 1) Die Hedwig-Eleonora-Kirche in Karlskrona wurde – noch zu Lebzeiten der Königswitwe – 1681 eingeweiht, 2) 1686 wurde die Kirche im finnischen Tornio nach ihr benannt, 3) die Hedwig-Eleonora-Kirche in Stockholm wurde 1737 eingeweiht und posthum nach ihr benannt.

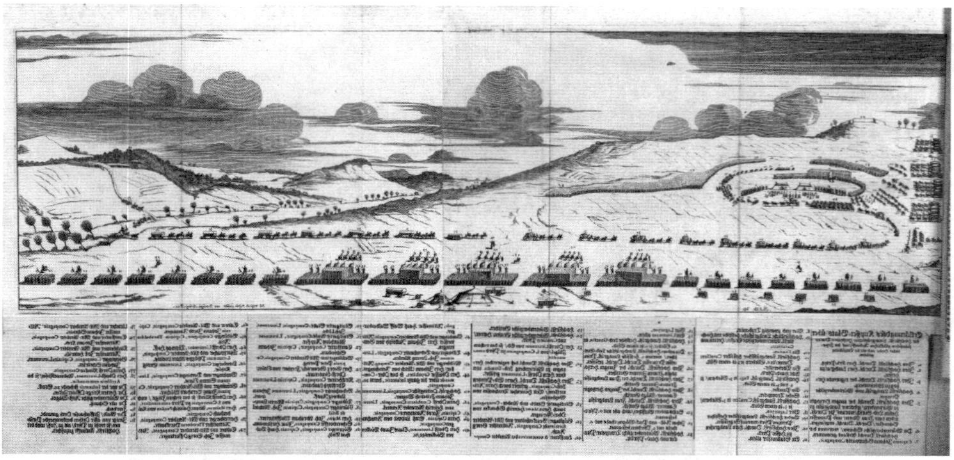

Abb. 3: Heimführung der Herzogin Magdalena Sibylla nach Stuttgart (1673)

fürstentochter Maria Elisabeth (1610–1684), ist in dieser Hinsicht zwar nichts Näheres bekannt, aber ihre sächsische Großmutter mütterlicherseits, ebenfalls Maria Elisabeth mit Namen, engagierte sich als Herausgeberin religiöser Werke. Sie hatte sich nach dem Tod ihres Mannes 1660 auf ihr Wittum Schloss Husum zurückgezogen und ließ 1664 in Schleswig eine Bibel drucken (Maria Elisabeth-Bibel oder Schleswiger Bibel). Und nach der Veröffentlichung der Lutherbibel veranlasste sie die Herausgabe des Husumer Hofgesangbuchs von 1676. Man könnte also vermuten, diese praktische Frömmigkeit der Großmutter hat auf Magdalena Sibylla ausgestrahlt.

Am schwedischen Hof hatte Magdalena Sibylla 1671 den württembergischen Erbprinzen Wilhelm Ludwig (1647–1677) kennengelernt, der auf einer Kavalierstour auch nach Schweden kam. Nach seiner Rückkehr ließ er durch besondere Gesandtschaften in Darmstadt und Stockholm um Magdalena Sibylla werben. Die Gesandtschaften hatten Erfolg – am 6. November 1673 fand die Hochzeit in Darmstadt statt,[6] im darauf folgenden Februar zog das Paar in Stuttgart ein. Anlässlich der Feierlichkeiten sind zahlreiche Schriften erschienen (Abb. 3).[7]

6 Ernst Müller: Als Die Durchleuchtigste Prinzessin/ Prinzessin Magdalena Sibylla/ Landgräffin zu Hessen [...] Von Darmstad/ in Holstein und darauß in Schweden geführet ward/ und Am 5ten des Christmonats/ dieses 1665ten Jahrs/ zu Giessen/ glücklich angelanget/ Bewilkommte Ihre Fürstliche Durchleucht. [...]. Giessen 1665.

7 Michael Schuster: Schau-Gerichts Von der aller-Edelsten Weiber-Trew Welches [...] Herr Wilhelm Ludwig Erb-Prinz: Hertzog zu Würtemberg [...] Daß Heimführungs-Fest Seiner [...] Gemahlin Der [...] Frauen Magdalena Sibylla [...] Mit Hochfürstlicher Pracht in Stuttgart begienge: den Hornung/ Anno 1674. [...]. Stuttgart 1674; Vorstellung Stuttgartischer Jüngst-gehaltener Hochfürstl. Würtemberg-Hessischer Heimführungs-Begängnis: Samt zweyfachem kurtzem Bericht/ Von Beyder hohen Vermählten Käyser- und Königlicher/ auch Chur- und Fürstlicher Stam[m]-Verwandtschafft; So dann von Berührter Durchleuchtigster Häuser/ Würtemberg und Hessen/ herkünfftigem Ursprung und Fort-leitung, Stuttgart 1675; Christoph Wölfflin: Christliche Heimführungs-Pre-

Abb. 4: Wilhelm Ludwig auf dem Totenbett.

In Stuttgart angekommen, blieb nicht viel Zeit für die Eingewöhnung des jungen Paares. Bereits Anfang Juli 1674 starb Herzog Eberhard III. von Württemberg und Wilhelm Ludwig musste die Regierungsgeschäfte übernehmen. Außenpolitisch war die Zeit geprägt von der Auseinandersetzung zwischen dem Kaiser und Frankreich.[8] Das beherrschende innenpolitische Thema der nächsten Jahre war die Frage der Einrichtung eines stehenden Heeres.

digt/ Als Der [...] Herr Wilhelm Ludwig/ Hertzog zu Würtemberg und Teck/ [...] Mit Der [...] Frauen Magdalena Sibylla/ vermählter Hertzogin zu Würtemb. und Teck/ [...] Sein Hochfürstliches Heimführungs-Fest in Stuttgart/ Donnerstags den 12. Februarii, Anno 1674 [...]. Stuttgart 1675; Magnus HESENTHALER: Hoch-Fürstl. Wirtembergisches Hauß- Land- und Ehe-Glück: Als [...] Herr Wilhelm Ludwig/ Hertzog zu Wirtemberg und Teck/ [...] Mit [...] Frauen Magdalena Sybilla/ Vermählter Hertzogin zu Wirtemberg und Teck/ [...] Gebohrner Landgrävin zu Hessen/ [et]c. Sein Hochfürstliches Heimführungs-Fest/ In Stuttgart den 12. Tag Hornungs/ deß MDCLXXIVsten Jahrs/ Höchst-feyerlich begienge [...]. Stuttgart 1674; Michael SCHUSTER: In der Frembde erworbene Lavinia: Welche in einem musicalischen Freuden-Spil/ Bey Der Hochfürstlichen Heimführungs Solennitaet Der Durchleuchtigsten Fürstin und Frauen/ Frauen Magdalena Sibylla/ Hertzogin zu Würtemberg und Teck [...] Geborner Land-Gräfin zu Hessen [...] in Hochfürstlicher Residentz zu Stuttgart [...] Anno 1674. aufgeführt worden durch die Fürstl. Würtembergische Hof-Musicos [...]. Stuttgart 1674.

8 Vgl. Bernd WUNDER: Herzog Eberhard Ludwig (1677–1733), in: Robert UHLAND (Hg.): 900 Jahre Haus Württemberg. Leben und Leistung für Land und Volk, [3]Stuttgart/Berlin/Köln u. a. 1985, S. 210–226, hier S. 210.

Abb. 5: Leonhard HECKENAUER: Herzog Friedrich Carl von Württemberg mit Prinz Eberhard Ludwig und Magdalena Sybilla, Kupferstich um 1690.

Schon Eberhard III. hatte versucht, die Landstände zu Steuerzahlungen für diese Zwecke zu bewegen. Indes hatten die Landstände stets eine Finanzierung abgelehnt und lediglich die Unterstützung der Truppen des Schwäbischen Kreises zugesichert.[9] Bevor Herzog Wilhelm Ludwig eigene politische Akzente setzen konnte, verstarb er ganz plötzlich am 23. Juni 1677 bei einem Aufenthalt im Kloster Hirsau (Abb. 4).

Er war keine 30 Jahre alt geworden. Er hinterließ seine 25 Jahre alte Frau mit drei Kindern; sie erwartete ihr viertes Kind. Es muss eine glückliche Ehe gewesen sein, die Herzogin erinnerte sich später nie *ohne Hertzens-Bewegung* an ihren Ehemann.[10] In Württemberg musste eine Vormundschaftsregierung gebildet werden. Die Obervormundschaft übertrug Kaiser Leopold I. Ende November 1677 an Friedrich Carl von Württemberg-Winnental[11] (1652–1698), einen jüngeren Bruder des verstorbenen Herzogs. Die junge Witwe erhielt wenig später für ihren einzigen Sohn, den 1676 geborenen Eberhard Ludwig, die Mitvormundschaft (Abb. 5).

---

9 Vgl. FISCHER: Herzog Eberhard III. (wie Anm. 2), S. 207.

10 Andreas Adam HOCHSTETTER: Die Göttliche Läuterung Der Außerwehlten Vor Ihrem Eingang in die Herrlichkeit. Durchläuchtigsten Fürstin u. Frauen [...] Magdalena Sibylla Verwittibter Hertzogin zu Würtemberg [...] aller getreuesten Landes-Mutter / [...]. Stuttgart [o. J.], in: Ehren-Gedächtnis [Scan der Universitätsbibliothek Tübingen, Leichenpredigt fol. 0131–0166 und Personalia-Teil der Leichenpredigt fol. 0167–0246], Personalia-Teil, S. 19.

11 Vgl. Christoph EBERLEIN: Friedrich Carl, in: Das Haus Württemberg. Ein biographisches Lexikon, Stuttgart/Berlin/Köln 1997, S. 233–237.

Die Zeiten der Vormundschaftsregierung waren, gerade eine Generation nach dem 30jährigen Krieg, wenig günstig.[12] Nach dem Krieg war Württemberg außenpolitisch zu einem umsichtigen Taktieren gezwungen, um nicht zwischen den nahen Großmächten Frankreich und Habsburg und ihren Verbündeten aufgerieben zu werden. Im Innern mussten die verheerenden Verwüstungen des Krieges weiter behoben werden. Demographisch waren Bevölkerungsverluste von über 68% zu verkraften, fast 40.000 Gebäude waren zerstört worden, wobei nicht einmal alle Ämter erfasst werden konnten.[13] Allein die Rekuperation der Bevölkerung dauerte bis ans Ende des ersten Drittels des 18. Jahrhunderts, in einigen Landstrichen sogar bis zur Jahrhundertmitte. Überdies hatte der Krieg überregionale wirtschaftliche Verbindungen gekappt oder zurückgefahren. Handelsbarrieren, die die Territorien verstärkt einrichteten, um bestimmte Märkte den eigenen Untertanen vorzubehalten, führten beispielsweise beim Wein- und Getreidehandel (Bodensee, Schweiz) zu Absatzproblemen. Trotz verringerter Bevölkerungszahl und anhaltendem Preisverfall wurden die Steuerleistungen nicht gesenkt, für verschiedenste Gemeinde- und Amtszwecke wurden gar weitere Abgaben erhoben.[14] Überdies blieb Württemberg auch im letzten Drittel des 17. Jahrhunderts bis zur Jahrhundertwende von Kriegen nicht verschont.[15] Nicht immer waren die württembergischen Hauptlande direkt den Kriegseinwirkungen ausgesetzt; 1676 wurde Mömpelgard von Frankreich okkupiert. Aufgrund der Belagerung Wiens durch die Osmanen 1683 sah sich der Kaiser gezwungen, die von Frankreich vorgenommenen Besetzungen anzuerkennen und einen zwanzigjährigen Waffenstillstand mit Ludwig XIV. zu schließen. Weil der Kaiser durch die Türkengefahr an der Ostgrenze seines Reiches gebunden war, bedeutete das für Württemberg, von seiner Seite aus keine Hilfe erwarten zu können. Der Herzogadministrator versuchte 1682/83 – ohne Erfolg – eine politische Annäherung an Frankreich. Während des 1688 ausbrechenden pfälzischen Erbfolgekrieges wurden die württembergischen Hauptlande selbst vom Krieg und seinen Begleiterscheinungen getroffen. Ende September 1688 begann Ludwig XIV. seinen Angriff auf das Reich, im Dezember 1688 war Württemberg von französischen Truppen besetzt. Friedrich Carl floh über den Hohentwiel nach Regensburg außer Landes. Das Herzogtum sah sich mit hohen Kontributionszahlungen konfrontiert, weil es die Niederlande auf dem Weg des Soldatenhandels

---

12 Vgl. Bernd WUNDER: Der Administrator Herzog Friedrich Karl von Württemberg (1652–1698), in: ZWLG 30/1 (1971), S. 117–163.

13 Vgl. Wolfgang VON HIPPEL: Das Herzogtum Württemberg zur Zeit des Dreißigjährigen Krieges im Spiegel von Steuer- und Kriegsschadensberichten 1629–1655 (Eine Veröffentlichung der Kommission für geschichtliche Landeskunde in Baden-Württemberg), Stuttgart 2009, S. 17–20.

14 Vgl. VON HIPPEL: Herzogtum Württemberg (wie Anm. 13), S. 42.

15 Zum folgenden Dieter MERTENS: Württemberg, in: Handbuch der baden-württembergischen Geschichte, Bd. 2: Die Territorien des Alten Reiches (Veröffentlichungen der Kommission für geschichtliche Landeskunde), Stuttgart 1995, S. 1–163, hier S. 134–145; Volker PRESS: Die Herzöge von Württemberg, der Kaiser und das Reich, in: Robert UHLAND (Hg.): 900 Jahre Haus Württemberg. Leben und Leistung für Land und Volk, Stuttgart/Berlin/Köln/Mainz ³1985, S. 412–433, hier 426f.; WUNDER: Friedrich Karl von Württemberg (wie Anm. 12), S. 121–155; Bernd WUNDER: Frankreich, Württemberg und der Schwäbische Kreis während der Auseinandersetzungen über die Reunionen (1679–1697) (Veröffentlichungen der Kommission für geschichtliche Landeskunde, Bd. 64), Stuttgart 1971.

unterstützt hatte. Doch bereits zu Beginn des neuen Jahres räumte Frankreich vor den anrückenden Truppen des Kaisers und mehrerer Reichskreise das Herzogtum, und der Administrator kehrte mit kaiserlicher Hilfe nach Württemberg zurück. Gegen den Willen des Herzogadministrators blieb Württemberg, geführt durch den Geheimen Rat unter Leitung Jakob Friedrich Rühles, der traditionellen, auf Kriegsvermeidung abzielenden Position treu. Damit wurde eine Armierung des Herzogtums nochmals umgangen, denn ein Anschluss an Frankreich hätte die Aufstellung eines stehenden Heeres unumgänglich gemacht. Wegen der Militärpolitik Friedrich Carls kam es zur ersten Klage der württembergischen Landstände vor dem Reichshofrat. Zwar wollte der Kaiser das Gewicht Württembergs im Schwäbischen Kreis durch die Übertragung eines Kommandos nicht vergrößern, aber er unterstützte den Herzogadministrator und wies die Klage der Landstände ab. Der Administrator beteiligte sich auf militärischem Gebiet, vornehmlich aus finanziellen Gründen, einstweilig nur am Soldatenhandel. Im Innern versuchte Friedrich Carl weiterhin, den lange anhaltenden Konflikt mit Frankreich zur Armierung zu nutzen. 1691 wandelte er die Miliz in eine ständige Soldtruppe um. Der Landtag protestierte gegen das herzogliche Vorgehen und erhob erneut Klage beim Reichshofrat. Sie wurde abgewiesen. 1692 geriet Friedrich Carl in französische Gefangenschaft. Zwar konnte er seine Freilassung auch ohne die von französischer Seite geforderte Neutralitätserklärung erwirken, doch Magdalena Sibylla, die Herzoginmutter und Mitobervormünderin ihres Sohnes, intrigierte mit der Landschaft und informierte den Kaiser über scheinbare Neutralitätsabsprachen Friedrich Carls.[16] Kaiser Leopold erklärte daraufhin Eberhard Ludwig 1693 vorzeitig für volljährig und den Administrator damit für abgesetzt.[17] Eberhard Ludwig konnte als 17-jähriger die Regentschaft übernehmen; allerdings mussten sich er und seine Mutter schriftlich für die Parteinahme zugunsten des Kaisers verpflichten.

Welche politischen Handlungsoptionen hatte Magdalena Sibylla während der Zeit der württembergischen Vormundschaftsregierungen zwischen 1677 und 1693? Bereits der Heiratsvertrag sah im Todesfall des Ehegatten den Rückzug aus der Residenzstadt vor. Er regelte die Frage des Witwensitzes für die Herzogin: Das Schloss in Stetten im Remstal sollte ihr Domizil werden. Der Heiratsvertrag hielt aber zugleich die Möglichkeit einer Beteiligung an einer Vormundschaftsregierung fest. Als nach dem Tod ihres Mannes per kaiserlicher Resolution ihr Schwager, Friedrich Carl von Württemberg-Winnental, der jüngere Bruder ihres Mannes, als Herzogadministrator eingesetzt wurde, wurde die Herzogin entsprechend »zum Petitorio verwiesen«.[18] Sie konnte also einen Anspruch auf Mitregentschaft äußern. Zunächst wurde die Mitregentschaft aber ausschließlich dem Geheimen Ratskollegium übertragen. Da Herzogadministrator Friedrich Carl seinen Eid vor dem Reichshofrat abgelegt hatte, wollten die Geheimen Räte ebenfalls in Wien ihren Eid able-

16 HStA Stuttgart G 2–8 CLXXXIV Bü 12 und 13. Vgl. dazu WUNDER: Friedrich Karl von Württemberg (wie Anm. 12), S. 153–155.

17 Vgl. Christian Friedrich SATTLER: Geschichte des Herzogthums Würtenberg unter der Regierung der Herzogen, Bd. 11, Ulm 1780, S. 181f., Beilagen Nr. 62 und Bd. 12. 1782, S. 1–3, Beilagen Nr. 1 und 2.

18 SATTLER: Geschichte des Herzogthums Würtenberg (wie Anm. 17), Bd. 11, S. 10.

gen. Ein solches Vorgehen fand keine Akzeptanz beim Reichshofrat, er ließ vielmehr verlautbaren: Die Geheimen Räte sollen ihren Eid vor dem Herzogadministrator ablegen, da ihm das Amt des Obervormünders zukomme. Bereits sichtbar werdende Uneinigkeiten zwischen Friedrich Carl und Magdalena Sibylla wurden dahingehend verglichen, dass der Herzoginwitwe der »Caracter einer Mit-Ober-Vormunderin« verliehen wurde.[19] Vertreten durch einen Agenten musste die Herzogin dann ebenfalls vor dem Reichshofrat »in ihre Seele schwören lassen« und also das *juramentum tutorium* ablegen.[20] Dies legt eine hierarchische Ordnung zwischen den an der Vormundschaftsregierung beteiligten Personen fest.

Die Aufgabenverteilung zwischen dem Obervormund und der Mit-Obervormünderin sah wie folgt aus: 1) Die Kindererziehung sollten sich Friedrich Carl, Magdalena Sibylla und die Geheimem Räte teilen; 2) die Jurisdiktion und die *territorialia Jura* sollten bei Friedrich Carl und den Geheimen Räten liegen; in wichtigen Fällen sollte die Herzogin informiert werden und 3) sollte die Herzogin »bey oeconomicis in Verbesserung der vormundschafftlichen Hausshaltung und Abschaffung der darzu auf dem Land und bey dem Hof-Staat nöthigen Diener auch gehört und dazugezogen werden.«[21] Darüber hinaus informierte der Herzogadministrator Magdalena Sibylla darüber, dass er sie in allen Dingen, die ihr zum Respekt gereichten, schützen werde. Ungeachtet dieser Versicherung wurde er allerdings »sehr aufgebracht«, als ein französischer Sprachlehrer in Tübingen der Herzogin einen Traktat dezidierte und sie dabei mit dem ehrenvollen Titel *coadministratice* ansprach.[22]

Deutlich mehr politische Handlungsoptionen hatte Magdalena Sibylla im zweiten Jahrzehnt ihrer Mitobervormundschaft. Bei der Gründung des Stuttgarter Gymnasiums 1686, eines der großen bildungspolitischen Projekte des württembergischen Herzogtums im 17. Jahrhundert, war sie noch nicht beteiligt gewesen.[23] Als 1688 der Pfälzische Erbfolgekrieg ausbrach, und der Prinz, Eberhard Ludwig, nach Regensburg in Sicherheit gebracht wurde und der Herzogadministrator sich teils in München, teils ebenfalls in Regenburg aufhielt, schlug zum ersten Mal die große Stunde Magdalena Sibyllas. Sie konnte sich nicht überwinden, als Vertreterin des Herzogshauses das Land zu verlassen. 1688 wurde Stuttgart ein erstes Mal von französischen Truppen besetzt. Um Kontributionen zu erzwingen, drang ein französischer General ins Zimmer der Herzogin vor.[24] Wie er selbst später berichtete, machte die Herzogin auf ihn einen derartigen Eindruck, dass die Stadt vor dem Schlimmsten bewahrt werden konnte. Noch gefährlicher war die Situation bei einem späteren Einfall der Franzosen, als Stuttgarter Bürger am Hauptstätter Tor Widerstand leisteten und dabei einige französische Offiziere und Soldaten ums Leben kamen. Als Vergeltung drohten Plün-

---

19 Sattler: Geschichte des Herzogthums Würtenberg (wie Anm. 17), Bd. 11, S. 11.
20 Sattler: Geschichte des Herzogthums Würtenberg (wie Anm. 17), Bd. 11, S. 12.
21 Sattler: Geschichte des Herzogthums Würtenberg (wie Anm. 17), Bd. 11, S. 11f.
22 Sattler: Geschichte des Herzogthums Würtenberg (wie Anm. 17), Bd. 11, S. 12.
23 Vgl. Fvndation Und Ordnung Deß Neu-auffgerichteten Fürstlichen GYMNASII Zu Stuttgart. Anno M DC LXXXVI. [o.O], [o.J]. Vgl. Sabine Holtz: Bildung und Herrschaft. Zur Verwissenschaftlichung politischer Führungsschichten im 17. Jahrhundert (Schriften zur südwestdeutschen Landeskunde, Bd. 32), Leinfelden-Echterdingen 2002, S. 286–304.
24 Martin Brecht: Herzogin Magdalena Sibylla und die Frömmigkeit ihrer Zeit, in: Schwäbische Heimat 26 (1975), S. 21–31, hier S. 21f.

derung und Verbrennung. Wiederum gelang es der Herzogin, mäßigend zu wirken. Die Franzosen versäumten nicht, den Stuttgarter Rat darauf hinzuweisen, dass die Stadt die Verschonung ausschließlich dem umsichtigen Verhalten ihrer Herzogin zu verdanken hätte. Die Kontributionsforderungen der Franzosen waren zeitweise so drückend, dass die Herzogin ihren eigenen Schmuck in Augsburg verpfänden ließ, um einen Beitrag zu den Kontributionszahlungen zu leisten.

Zunächst agierte die Herzogin noch als Mitobervormünderin mit einem sicheren Gespür für die politische Situation und die Erwartungen der Bevölkerung. Dann erfuhr Friedrich Carl bei einem Augsburger Kreiskonvent 1688, dass viele Fürsten im Reich in eigener Person ihre Armeen führten. Daraufhin entschied er, es ihnen gleich zu tun, und zur Rettung seiner Vormundschaftslande ebenfalls selbst ins Feld zu ziehen. Der Kaiser erteilte seine Zustimmung, nicht ohne die Bedingung, in der Zeit seiner Abwesenheit für eine funktionsfähige Regierung in Stuttgart Verantwortung zu tragen. Hierfür übertrug Friedrich Carl für die Zeit seiner Abwesenheit die Regentschaft an seine Mitobervormünderin Magdalena Sibylla. Er legte fest, dass sie »Gewalt, Macht und Authorität haben sollte, wie solche dem Herzog vermög der Kayserl. Tutorii ertheilt worden [...].«[25] So ganz ohne Einschränkung der Befugnisse wollte er dann aber doch nicht auskommen. Er fügte an, dass »ohne des Herzogs Gutbefinden nichts vorgenommen werden, wie auch, daß sie zwar ohne Räthe Beyziehung nicht leicht etwas resolvieren, doch aber ihro die Hände nicht dergestalt gebunden seyn sollten, sich mit ihnen, insonderheit, wo paria vota waren, zu confirmieren, sondern ihr votum in allweg zu praeponderieren vermöchte.«[26] Andererseits sollten die Räte ohne Zustimmung der Herzogin keine Entscheidungen treffen. Der Administrator wies die Räte vielmehr an, den Befehlen der Herzogin Folge zu leisten. Ungewöhnlich war, dass die Herzogin auch in peinlichen Fällen die Urteile vollziehen lassen, sie mäßigen und gegebenenfalls auch Angeklagte begnadigen lassen konnte. Lediglich Personen des öffentlichen Dienstes waren davon ausgenommen. Überdies konnte sie Landbedienstungen vergeben, wenn kein Aufschub geduldet werden konnte. Vor seiner Abreise ins Feld informierte der Administrator das Land über die Vertretungsregelung. Widerstand kam von Herzog Ludwig, dem ältesten Sohn Eberhards III. aus dessen zweiter Ehe mit Maria Dorothea Sophia von Oettingen. Er meldete – erfolglos – den Anspruch an, als ältester und nächster Agnat den Vorzug vor der Herzogin zu haben.

Dass die Herzogin ihre Aufgabe im Sinne des Hauses Württemberg wahrnahm, belegt ihr Engagement bei den Streitigkeiten um das Erzbanneramt.[27] Zum Hintergrund: Mit dem Erwerb Markgröningens durch Graf Ulrich III. von Württemberg war 1336 die Reichssturmfahne an Württemberg gelangt. Württemberg betrachtete die zunehmend symbolische Trägerschaft als ein Reichsamt, den übrigen Erzämtern des Reichs vergleichbar. Welche Bedeutung diesem Amt beigemessen wurde, zeigt sich daran, dass Eberhard im Bart nach

25 Sattler: Geschichte des Herzogthums Würtenberg (wie Anm. 17), Bd. 11, S. 184.
26 Sattler: Geschichte des Herzogthums Würtenberg (wie Anm. 17), Bd. 11, S. 185.
27 Vgl. Wolfgang Burr: Die Reichssturmfahne und der Streit um die hannoversche Kurwürde, in: ZWLG 27, (1968), S. 245–316.

seiner Erhebung in den Herzogsstand 1495 die Reichssturmfahne ins württembergische Wappen übernommen hatte. Als 1692 die Herzöge von Braunschweig-Lüneburg zu Kurfürsten erhoben wurden, wurde ihnen dabei auch das offiziell geschaffene Amt des sogenannten Erzbannerträgers übertragen. Magdalena Sibylla legte gegen die Übertragung Protest[28] ein und verwies darauf, dass 1.) Württemberg ebenso viele Verdienste gegenüber Kaiser und Reich erworben habe wie Braunschweig-Lüneburg, dass 2.) der Matrikular-Anschlag Württembergs aber viel höher sei und dass 3.) Württemberg schließlich ja schon im Besitz dieses Reichsamtes sei. Württemberg solle also bei seinem Reichsamt und seinem Wappen gelassen werden. Mit ihrem Protest erreichte die Herzogin, dass das neue Amt ab 1706 nicht mehr vergeben wurde. Der Kaiser versicherte Magdalena Sibylla in seinem Antwortschreiben, »daß nichts nachtheiliges oder verfängliches ihrem Prinzen verhänget und in der Investitur von dem Erz-Panner-Amt gänzlich davon abstrahiert werden solle.«[29]

Ab der zweiten Jahreshälfte 1692, der Administrator befand sich zunächst im Krieg, dann in französischer Kriegsgefangenschaft, erließ die Herzogin in eigenem Namen Instruktionen und Reskripte. Bis zu diesem Zeitpunkt hatte sie sich noch an die festgelegte Formulierung »In Abwesenheit des Herrn Administratoris Lbd. von wegen und im Nahmen Deroselben/ [et]c. Von Gottes Gnaden/ Magdalena Sibylla/ Hertzogin zu Würtemberg/ [et]c. Gebohrne Landgräfin zu Hessen/ [et]c. Wittib und Ober-Mit-Vormunderin/ [et]c.« gehalten. Auf diesem Weg hatte sie allein im Jahr 1691, nach Ausweis des Verzeichnisses der im deutschen Sprachraum erschienenen Drucke des 17. Jahrhunderts[30], Fragen, die Vereidigung[31] der Landmiliz (31.01.1691) und die Kriegsdisziplin[32] der Truppe (27.02.1691) und die

28 Abdruck zweyer Schreiben/ Eines an die Römis. Käys. Maj. Das Andere an Ihro Chur-Fürstl. Gn. zu Mäyntz/ [et]c. Von Der Verwittibten Fr. Hertzogin und Ober-Mit-Vormunderin zu Würtemberg/ Hoch-Fürstl. Durchl. Sub dato Stuttgardt/ den 4. und 22. Octobr. 1692. abgelassen; Das dem Hoch-Fürstl. Hauß Würtemberg zustehende Reichs-Panner- oder Reichs-Fähndrich-Amt/ Praedicat und Insigne betreffend / Magdalena Sibylla [...]. [S.l.], 1692.

29 Sattler: Geschichte des Herzogthums Würtenberg (wie Anm. 17), Bd. 11, S. 243f.

30 http://www.vd17.de/ (31.08.2013).

31 In Abwesenheit des Herrn Administratoris Lbd. von wegen und im Nahmen Deroselben/ [et]c. Von Gottes Gnaden/ Magdalena Sibylla/ Hertzogin zu Würtemberg/ [et]c. Gebohrne Landgräfin zu Hessen/ [et]c. Wittib und Ober-Mit-Vormunderin/ [et]c. Unsern Gruß zuvor/ Liebe Getreue; Demnach vor instehender Anschlagung der Estandarten und Fahnen/ und dabey vornehmender Beaydigung der Land-Miliz Wir der Notturfft erachtet/ die bey jeder Compagnie befindliche Defecten/ so wohl der Montirung als Mannschafft halber einzuziehen/ umb so dann derentwegen gemessene Instructiones denen hierzu constituirenden Officiers und Commissariis ertheilen zu können: [...]. Stuttgart den 31. Ianuar. 1691.[...]. [S.l.], [1691].

32 In Abwesenheit des Herrn Administratoris Lbd. von wegen und im Namen Deroselben/ [et]c. Von Gottes Gnaden/ Magdalena Sibylla/ Herzogin zu Würtemberg/ [et]c. Geborne Land-Gräfin zu Hessen/ [et]c. Wittib und Ober-Mit-Vormunderin/ [et]c. Unsern Gruß zuvor/ Liebe Getreue! Demnach Unsers freundl. geliebten Herrn Schwagers/ des Herrn Administratoris Lbd. wargenommen/ daß bey der in diesem Herzogthum aufgerichteten Land-Militz/ nicht nur die erforderliche/ und mit allem Fleiß einzuführen gesuchte Kriegs-Disciplin, zu vollkommenem Stand nicht gebracht/ noch das schändliche Ausreissen und ohnerlaubtes Heimgehen viler verhindert/ noch auch die Compagnien wegen des immerwährenden/ um die Erlassung gar vilen unter allerley Vorwand beschehenen Supplicirens/ in ihrer behörigen Consistenz erhalten werden können/ [...]. Stuttgart/ den 27. Febr. Anno 1691.[S.l.], [1691].

Anwerbung von Soldaten[33] (13.03.1691) betreffend, geregelt sowie Regelungen über *erklöckliche Extra-Ordinari Mittel* zum Unterhalt der für den Schwäbischen Kreis gegen den *Reichsfeind* zu stellenden Truppen (23.06.1691/25.06.1691)[34] getroffen. Auch Regelungen über Naturalabgaben (15.07.1691)[35] und über Kompetenzstreitigkeiten beim Einzug des Zehnten (17.07.1691)[36] wurden von ihr festgelegt. Ebenso befasste sie sich mit Supplikationen[37] die Entlassung aus der Miliz betreffend (18.07.1691).

---

33 In Abwesenheit des Herrn Administratoris Lbd. von wegen und im Nahmen Deroselben/ [et]c. Von Gottes Gnaden/ Magdalena Sibylla/ Hertzogin zu Würtemberg/ [et]c. Gebohrne Landgräfin zu Hessen/ [et]c. Wittib und Ober-Mit-Vormunderin/ [et]c. Unsern Gruß zuvor Liebe Getreue; Wir haben zwar der gnädigsten Zuversicht gelebet/ Ihr würdet den klaren Inhallt deß sub dato 27. Febr. jüngsthin abgelassenen General-Rescripts gemäßen nachgeleben/ und wann sich bey denen Compagnien ein Abmangel an Freywilligen ergebe/ die übrige in der Ußwahl befindliche so lang und viel beybehalten/ biß deren Stellen durch geworbene anderwerts ersetzt worden/ indeßen aber mit der Beywerbung ohnverzüglich vorgehen. [...]. Stuttgart den 13. Martii. 1691. [S.l.], [1691].

34 In Abwesenheit des Herrn Administratoris Lbd. von wegen und im Nahmen Deroselben/ [et]c. Von Gottes Gnaden/ Magdalena Sibylla/ Hertzogin zu Würtemberg/ [et]c. Gebohrne Landgräfin zu Hessen/ [et]c. Wittib und Ober-Mit-Vormunderin/ [et]c. Unsern Gruß zuvor Liebe Getreue; Nachdem bey der heurigen Campagne zu denen Creiß- und andern Alliirten Trouppen, auch dieses Fürstl. Hauses eigen angeworbene Militz zu gemeiner Operation wider den declarirten Reichs-Feind mit außgeführt worden/ zu deren richtigem Unterhalt und Verpflegung aber/ weilen das Ordinarium, so auf die Reichs- und Creiß-Verfassung umgelegt wird/ nicht zulangt/ auch noch erklöckliche Extra-Ordinari Mittel erfordert werden/ [...]. Datum den 23. Iunii 1692. Magdalena Sibylla/ HzW. [S.l.], [1692]; In Abwesenheit des Herrn Administratoris Lbd. von wegen und im Nahmen Deroselben/ [et]c. Von Gottes Gnaden/ Magdalena Sibylla/ Hertzogin zu Würtemberg/ [et]c. Gebohrne Landgräfin zu Hessen/ [et]c. Wittib und Ober-Mit-Vormunderin/ [et]c. Unsern Gl. Gruß zuvor Liebe Getreue; Wiewohlen man die gute Hoffnung gehabt/ es würde der/ zu Rettung dises in äusserster feinds Gefahr noch immerhin schwebenden Vormundschafftlichen Hertzogthums/ und Aufbringung der darzu ohnumgänglich erforderten grossen Gelt-Mittel [...]. Datum Stuttgardt den 25. Junii. Anno 1691. [...]. [S.l.], [1691].

35 In Abwesenheit des Herrn Administratoris Lbd. von wegen und im Nahmen Deroselben/ [et]c. Von Gottes Gnaden/ Magdalena Sibylla/ Hertzogin zu Würtemberg/ [et]c. Gebohrne Landgräfin zu Hessen/ [et]c. Wittib und Ober-Mit-Vormunderin/ [et]c. Unsern Gl. Gruß zuvor Liebe Getreue; Ihr werdet euch guter maßen erinnern/ was wegen Einzug des dreyßigsten Theils an Früchten und anderm zwischen Unsers freundlich geliebten Herrn Schwagers des Herrn Administratoris Lbden und der Vormundschafftlichen Landschafft resp: Gnädigst und Unterthänigst verglichen/ und deßwegen underm 25. Iunii nechsthin in das Land weiter befohlen worden; [...]. Stuttgart/ den 15. Iulii. 1691. [S.l.], [1691].

36 In Abwesenheit des Herrn Administratoris Lbd. von wegen und im Nahmen Deroselben/ Von Gottes Gnaden/ Magdalena Sibylla/ Hertzogin zu Würtemberg/ [et]c. Gebohrne Landgräfin zu Hessen/ [et]c. Wittib und Ober-Mit-Vormunderin/ [et]c. Lieber Getreuer! Demnach wegen Einziehung der groß- und kleinen Zehend-Früchten/ zwischen unseren Kirchen-Dienern und Beampten/ sich einige Zeit hero zerschiedenen Strittigkeiten und Irrungen/ eraignet/ [...]. Datum Stuttgart den 17. Iulii, Ann. 1691 [...]. [S.l.], 1691.

37 In Abwesenheit des Herrn Administratoris Lbd. von wegen und im Nahmen Deroselben/ Von Gottes Gnaden/ Magdalena Sibylla/ Hertzogin zu Wirtemberg/ [et]c. Geborne Landgräfin zu Hessen/ [et]c. Wittib und Ober-Mit-Vormunderin/ [et]c. Unsern Gruß zuvor/ Liebe Getreue! Demnach Wir aus denen vilen zu Unserer Fürstlichen Cantzley einlauffenden Underthänigsten Memoralien und anlauffen der Supplicanten wargenommen/ welchergestalten Unser/ den 27. Junii dieses Jahrs/ wegen Erlassung der jenigen/ so von Unserer geworbenen Militz loß zu werden/ verlangen/ Gnädigst ausgelassenes Rescript [...]. Stuttgart/ den 18. Iulii Anno 1691. [...]. [S.l.], [1691].

Die Instruktion zu dem auf den 6. Oktober 1692 ausgeschriebenen Kreiskonvent schrieb sie hingegen in eigenem Namen, ebenso die Informationen die *Winter- und künfftiger Sommer-Verpflegung der Crayß-Trouppen* betreffend, *Von GOttes Gnaden/ Magdalena Sibylla/ Hertzogin zu Würtemberg/ [et]c. Gebohrne Land-Gräfin zu Hessen/ [et]c. Wittib und Ober-Mit-Vormunderin/ [et]c. Unsern Gruß zuvor/ Liebe Getreue [...].*[38] Darüber hinaus erließ sie, ebenfalls in eigenem Namen, Befehle, darunter ein öffentliches Reskript vom 5. Dezember 1692, in dem sie beispielsweise die Ausfuhr und den Verkauf von Früchten auf Wucher verbot.[39] Auf dem Kreistag im Herbst 1692 opponierten einige geistliche Stände, darunter der Bischof von Augsburg sowie der Fürstabt von Kempten, weil sie die Herzogin »als eine Directricem« des Schwäbischen Kreises nicht anerkennen wollten.[40] Weil der Konstanzer Gesandte und andere die Einwände für Intrigen hielten, konnten der württembergische Geheime Rat Rühle und der Kirchenratsvizedirektor Johann Georg von Kulpis, wie üblich, den Vorsitz im Direktorium des Schwäbischen Kreises führen.

1693 ging dann, wie oben bereits dargelegt, die Regierung auf Magdalena Sibyllas Sohn Eberhard Ludwig über. Während des spanischen Erbfolgekrieges musste Magdalena Sibylla noch einmal mit französischen Truppen verhandeln, weil Herzog Eberhard Ludwig bei der Reichsarmee war. Auch dieses Mal konnte sie die schlimmsten Übergriffe abwenden.

Abschließend möchte ich noch einen Blick in das umfassende *Ehrengedächtnis* werfen, das die Predigten und Reden anlässlich des Todes von Magdalena Sibylla in einem Druckwerk zusammenfasst.[41] Besonders aufschlussreich sind hier, wie bei jeder gedruckten Leichenpredigt, die sogenannten *Personalia*. Für das Verständnis vorausgeschickt werden muss, dass es guter Brauch war, an dieser Stelle nach dem Motto *De mortuis nihil nisi bene* zu schreiben und so kritische Aspekte also allenfalls zwischen den Zeilen oder durch Weglassung zum Ausdruck gebracht werden konnten. Schon bei der ersten kursorischen Lektüre fällt auf, dass der Personaliateil – durchaus zeittypisch – Elemente einer Heiligenbiographie aufweist.[42] Gleich zu Beginn werden Glaube, Heldenmut, Verstand, Weisheit und die Gut-

---

38 Von GOttes Gnaden/ Magdalena Sibylla/ Hertzogin zu Würtemberg/ [et]c. Gebohrne Land-Gräfin zu Hessen/ [et]c. Wittib und Ober-Mit-Vormunderin/ [et]c. Unsern Gruß zuvor/ Liebe Getreue; DEmnach bey jüngst vorgewesener allgemeinen Crayß-Versamblung in Ulm/ von Fürsten und Ständen deß Löbl. Schwäb. Crays/ wegen der Winter- und künfftiger Sommer-Verpflegung der Crayß-Trouppen/ eine Eventual Repartition gemacht [...]. Stutgartt [sic] den 10. December. 1692. [S.l.], 1692.

39 Von Gottes Gnaden, Magdalena Sibylla, Hertzogin zu Würtemberg, [et]c. Gebohrne Land-Gräfin zu Hessen/ [et]c. Wittib und Ober-Mit-Vormunderin/ [et]c. Unsern Gruß zuvor/ Liebe Getreue! Demnach Wir mißfällig haben vernehmen müssen, was massen fast aller Orten Unsers Vormundschafftlichen Hertzogthums hin und wieder sehr viele Wucherliche Conträct in Vorlehnungen auf Früchten und dergleichen vorgehen und getroffen würden [...]. [Stuttgardt, den 5. Decembr. Anno 1692.] [S.l.], 1692.

40 Sattler: Geschichte des Herzogthums Würtenberg (wie Anm. 17), Bd. 11, S. 248.

41 Christ-Fürstliches Ehren-Gedächtniß/ Der Weiland Durchlaeuchtigsten Fürstin und Frauen Frauen Magdalena Sibylla Hertzogin zu Würtemberg und Teck/ [...]. Stuttgart [o. J.].

42 Brecht: Magdalena Sibylla (wie Anm. 24), S. 22. Laut Ehren-Gedächtnis, Personalia-Teil (wie Anm. 10), S. 34f.: Das Gebet- und Erbauungsbuch aus der Feder Magdalenas Sibyllas (Das *Christliche Andacht-Opfer*) blieb beim Kirchheimeimer Stadtbrand vom 3. August 1690, als durch die Unachtsamkeit einer Metzgergattin über 500 Wohnhäuser ein Raub der Flammen wurden und lediglich das

taten der Herzogin gerühmt. Dass sie von Kaiser Leopold I. mit der Mitvormundschaft beauftragt wurde, ist die Voraussetzung für ihr politisches Handeln. In den *schwehren Kriegs-Läufften und mehrmal widerholten Feindlichen Einfällen offt alle Menschen-Hülffe auß zu seyn erschienen*, da habe sie sich

> *für den Riß gestellt / allhier in der Stadt und Schloß/ da sonst fast männiglich die Flucht ergriffen / verbliben/ der grösten Gefahr Sich exponirt / und also nicht allein als eine Wittwe / GOTT mit Gebett und Flehen gedienet Tag und Nacht/ sondern auch als eine Regentin das Regiment in Abwesenheit deß Durchläuchtigsten Herrn Administratoris zum allgemeinen Heyl des Landes mit solcher Wachsamkeit und Eifer preißwürdigst und kluglich geführet/ daß wohl deroselben Andencken/ so lang das Hoch-Fürstliche Hause und Landes stehet/ auch ohnaufhörlich blühen und grünen wird.*[43]

Mit *verwunderlicher Standhaffigkeit* habe sie 1688 in Stuttgart ausgeharrt und sei den Feinden *mit der klugsten Art* begegnet und habe sie die Stadt vor der *gäntzlichen Verheerung* errettet.[44] Der feindliche General Marquis de Feuquières habe, als er in ihr Zimmer vorgedrungen sei, *bekannt/ dass er für Dero geheiligter Person eine grosse Veneration* habe.[45] Und der Kommandant der französischen Truppen, mit denen sich Stuttgarter Bürger ein Gefecht am Hauptstätter Tor lieferten, und der den Tod einiger Männer *an der Stadt mit Feuer und Schwert sich zu rächen willens gewesen*, habe sich durch das Eingreifen der Herzogin *mit einer leidenlichen Brand-Schatzung sich vergnüget und ohne sonderbahren Schaden zu thun/ von hier hinweg gezogen und auß dem Land gewichen [...]*.[46]

1692 gingen in Hirsau während einer Belagerung durch französische Truppen unter General Ezéchiel de Mélac Schloss und Kloster in Flammen auf, Backnang, Winnenden und Marbach wurden durch marodierende französische Truppen zerstört. Herzogadministrator Friedrich Carl leistete mit einigen Regimentern bei Ötisheim Widerstand und geriet in Gefangenschaft. Die Stuttgarter befürchteten, die französischen Truppen würden wiederum vor Stuttgart auftauchen. Deswegen hatte sich *fast alles [...] zur Stadt hinauß begeben*. Die Herzogin aber, so heißt es im *Ehrengedächtnis*, habe erneut ausgehalten und *Ihre Unerschrockenheit gezeigt*, wie auch 1693, als eine noch größere Armee unter dem Kommando des Dauphins

---

jenseits des Wassergrabens gelegene Schloss nicht zerstört wurde, unversehrt (S. 34f.), wie dies auch für Johann Arndts *Paradiesgärtlein* vielfach belegt ist. Die Schwiegertochter hörte schon – am 7. August um 2 Uhr in der Früh – die himmlischen Wächter singen (a. a. O., S. 60). Die »Himmlische Music« wurde auch von einem »glaubwürdigen und nicht- leicht gläubigen Manne« bezeugt (a. a. O., 61). Im Sterbezimmer war eine »liebliche Figural- und Instrumental-Musique« zu hören (a. a. O., S. 61). Vgl. Albert Knapp: Aus dem Leben der Herzogin Magdalena Sibylla von Württemberg. In: Christoterpe. Ein Taschenbuch für christliche Leser auf das Jahr 1841. Tübingen [o. J.], S. 286–321, hier S. 303 und S. 315f.

43 Ehren-Gedächtnis, Personalia-Teil (wie Anm. 10), S. 25f.

44 Ehren-Gedächtnis, Personalia-Teil (wie Anm. 10), S. 26f.

45 Ehren-Gedächtnis, Personalia-Teil (wie Anm. 10), S. 27.

46 Ehren-Gedächtnis, Personalia-Teil (wie Anm. 10), S. 28.

eingefallen war und das Land fast ganz *überschwemmt* hatte[47], und die gesamte Herrschaft sich, wenn auch nicht aus dem Land, so sich doch nach Heidenheim begeben habe. Angesichts der Teuerung, die im Land herrschte, verfügte die Herzogin, dass die Armen aus den stärker betroffenen Ämtern im Unterland ins Oberland gebracht wurden, wodurch sie *viele ja tausend Unterthanen* das Leben gerettet habe.[48] Auch dass sie ihren Schmuck zur Rettung des Landes verpfändet habe, fand hier Anerkennung. Und abschließend finden auch ihre letzten Verhandlungen mit den Franzosen 1707, als Generalmarschall Claude-Louis-Hector de Villars sein Hauptquartier in Stuttgart hatte, lobende Erwähnung. *Unsere Sorgfältigste Landes-Mutter* sei *beständig in Ihrem Sitz geblieben/ auch durch Ihre hochvernünfftige Begegnung dem zu Ihro in das Schloß gekommenen Marschall de Villars dahin bewogen/ daß Er Sie auf das Höflichste tractirt und alle Versicherung gethan/ daß in dem Lande ausser der Merode kein sonderbahrer Schaden geschehen solle.*[49] Und der Redner setzt erleichtert hinzu: *So auch nicht ohne Erfüllung geblieben [...]*. Die Kraft für ihr mutiges und unerschrockenes Handeln habe sie im *eiffrigen Gebett zu Ihrem lieben* GOTT gewonnen.[50] Von dieser Zuversicht zeugten, so der Redner, auch ihre Andachten, Gebete, Lieder und Erbauungsbücher, die sie selbst verfasst und in den Druck gegeben hätte. Sie sind ebenso Ausdruck ihrer tiefen Frömmigkeit wie die Ausmalung der Schlosskapelle in Stetten im Remstal und das Programm mit Bildern und Sprüchen für die Schlosskapelle in Kirchheim unter Teck. Beides fand im Personalienteil allerdings keine Erwähnung.

Auch die mütterlichen Pflichten der Herzogin wurden gewürdigt. Ihren *Hertzliebsten einigen Herrn Sohn/ als die damahlige einige Hoffnung deß Landes*, habe sie *als ihren Aug-Apffel bewahret/ und biß an Ihro Seeliges Ende hertzlich ja mehr als sich selbsten geliebet.*[51] Nach seinem Regierungsantritt habe sie ihrem Sohn mit landesmütterlichem Rat zur Seite gestanden. Ihre Besorgnis um den Fortbestand des fürstlichen Hauses habe Gott in Gnaden erhört und *auf erhaltenen allerseitigen Consens* habe Eberhard Ludwig mit der badischen Markgräfin Johanna Elisabetha die Ehe geschlossen und 1698 den ersehnten Erbprinzen Friedrich Ludwig zur Welt gebracht.[52] Auch ihre *Frau Söhnerin* habe sie mit mütterlichem Herzen und wie eine Tochter[53] geliebt. Sie habe auch viele Tage und Nächte während der *höchstbeschwerlichen Kranckheit* bei ihrer Schwiegermutter ausgeharrt.[54] Magdalena Sibylla unterhielt sich überdies gerne mit verständigen und gelehrten Leuten über die *wichtigsten/ und zur Seeligkeit auch dem gemeinen Wesen ersprießliche Sachen/ als eine solche hochvernüfftige Fürstin/ welche Ihren fürtrefflichen Verstand bey so kluger Auferziehung zu Hause und in der Fremde/ langwührigem Regiment/ und fleissiger Lesung nutzlicher Bücher/ und ohngemeiner Erfahrenheit/ als eine wolgeübte Regentin/ Dero in Staats-Affairen nichts mehr fremde vorgekommen/ herrlich geübet hatte.*[55]

---

47 Ehren-Gedächtnis, Personalia-Teil (wie Anm. 10), S. 29.
48 Ehren-Gedächtnis, Personalia-Teil (wie Anm. 10), S. 31.
49 Hier und zum Folgenden Ehren-Gedächtnis, Personalia-Teil (wie Anm. 10), S. 32.
50 Ehren-Gedächtnis, Personalia-Teil (wie Anm. 10), S. 33.
51 Ehren-Gedächtnis, Personalia-Teil (wie Anm. 10), S. 38.
52 Ehren-Gedächtnis, Personalia-Teil (wie Anm. 10), S. 40f.
53 Ehren-Gedächtnis, Personalia-Teil (wie Anm. 10), S. 63.
54 Ehren-Gedächtnis, Personalia-Teil (wie Anm. 10), S. 44.
55 Ehren-Gedächtnis, Personalia-Teil (wie Anm. 10), S. 45f.

Abb. 6: Sarg der Magdalena Sibylla von Württemberg, Kupferstich aus dem *Ehrengedächtnis*.

Kein Schreiben ihrer weitläufigen Korrespondenz habe sie unbeantwortet gelassen. Im Personaliateil wird festgehalten, dass die Herzogin *schon lange mit dem Tode* umging.[56] Am 19. März 1712 legte sie den Ablauf der Trauerfeierlichkeiten fest, darunter die Predigttexte. Auch hat sie die *Gesänge und Arien theils angewiesen/ theils aufs nachdencklichste aufgesetzet* [...].[57]

Der Sarg (Abb. 6) war längst vorbereitet.[58] Zwei Kupferstiche, die den Sarg in verschiedenen Perspektiven zeigen, sind dem gedruckten *Ehrengedächtnis* beigegeben. Sie zeigen einen mit Bildern und Bibelworten verzierten Sarg. Er kann stellvertretend dafür stehen, dass, wie Martin Brecht unter Hinweis auf ihr Werk, die *Christliche Betrachtung der betrübten Zeit und freudenvollen Ewigkeit* zusammengefasst hat, »die Herzoginwitwe eigentlich ihr ganzes Leben verstanden hat, nämlich als eine Schule des Sterbens.«[59] Auf dem Sarg dargestellt sind die christlichen Tugenden Glaube, Liebe, Hoffnung. Auf dem Deckel des Sarges zeigt ein Bild eine Frau (Magdalena Sibylla?) am Fuß des Kreuzes, neben ihr stehend Mose: »Der Glaub ergreift das Kreuz und Leiden, wann des Gesetzes Last mich drückt [...]« und ein zweites Bild zeigt eine Frau mit einem Fernrohr, die in den offenen Himmel sieht: »Die Liebe dringt durch Wolk und Sterne, zu dir bis in den Himmel ein [...].«[60]

Doch zurück zu den für die Nachwelt bestimmten biographischen Notizen. Kurz vor ihrem Tod reiste Magdalena Sibylla am 3. August von Stetten nach Kirchheim. Dorthin reiste noch am selben Tag ihre Schwiegertochter, um ihr in dieser schweren Zeit beizuste-

56 Ehren-Gedächtnis, Personalia-Teil (wie Anm. 10), S. 51.
57 Ehren-Gedächtnis, Personalia-Teil (wie Anm. 10), S. 54 und S. 57.
58 Ehren-Gedächtnis, Personalia-Teil (wie Anm. 10), S. 57.
59 Brecht: Magdalena Sibylla (wie Anm. 24), S. 30.
60 Brecht: Magdalena Sibylla (wie Anm. 24), S. 30.

Abb. 7: Porträt von Magdalena Sibylla von Württemberg.

hen. Von ihrer Schwiegertochter erfuhr sie auch, dass ihr Sohn *aus dem Feld-Lager sich hinweg begeben/ und zu Bezeugung Kindlicher Liebe und Empfahung des allerletzten Mütterlichen Seegens Dero liebreiches Angesicht noch einmahl auf dieser Welt zu sehen/ aufgebrochen wäre.*[61] Beiläufig erfährt man, dass sich im Zimmer der Herzogin ein Bildnis der Königin von Schweden befand, unter dem die dritte Bitte des Vaterunsers[62] »dein Wille geschehe« stand – ein Hinweis auf die Frömmigkeit ihrer Tante.

Noch vor ihrem Sohn traf ihre Tochter Magdalena Wilhelmine (1677–1742), die Markgräfin von Baden-Durlach, im Sterbezimmer in Kirchheim ein und wurde von ihrer Mutter *mit Freuden empfangen.*[63] Die Tochter sprach von Besserung der Krankheit, die Mutter wiegelte ab. Als die Nachricht eintraf, Eberhard Ludwig nähere sich Kirchheim, erweckte dies den *ermüdeten Geist* der Herzogin

---

61 Ehren-Gedächtnis, Personalia-Teil (wie Anm. 10), S. 64.
62 Ehren-Gedächtnis, Personalia-Teil (wie Anm. 10), S. 65.
63 Ehren-Gedächtnis, Personalia-Teil (wie Anm. 10), S. 67.

> *also kräfftiglich/ daß Sie nun gantz wacker wurden/ Ihres Hertzgeliebtesten Herrn Sohns/ nochmahlen in diesem Leben ansichtig zu werden [...].*[64] *Nach einer lang-gewährten holdseeligen Unterredung/ von welchen beyderseits Hertzen innigst beweget worden/ endlich den völligen Abschied [...] genommen [...]*

und den Sohn ein letztes Mal gesegnet.[65] *Dieses Scheiden ware so empfindlich/ daß es sich nicht beschrieben lässet.*[66] Christian Friedrich Sattler berichtet, dass Eberhard Ludwig durch den Tod der Mutter »in grosse Betrübnus gesetzet wurde«.[67] Zumindest an diesen Stellen ist nichts von einem zerrütteten Verhältnis zwischen Mutter und Sohn zu spüren, das beispielsweise Decker-Hauff betont und der unterstreicht, dass die Mutter zusehen musste, wie der »von ihr zum frömmsten Fürsten Deutschlands bestimmte Sohn [...] schließlich geradezu eine förmliche Bigamie, eine eingesegnete Doppelehe führen will, politisch unklug, menschlich verwerflich.«[68] Magdalena Sibylla sei deshalb »berüchtigt als die Frau, die ihren Sohn [...] so völlig falsch erzogen« habe (Abb. 7).[69]

Die beiden wohl wichtigsten Sätze im politischen Kontext dieser biographischen Ausführungen fielen gleich zu Beginn und dann nochmals gegen Ende der Ausführungen des Andreas Adam Hochstetter: Magdalena Sibylla habe sich in

> *der grösten Gefahr [...] exponirt / und also nicht allein als eine Wittwe / GOTT mit Gebett und Flehen gedienet Tag und Nacht/ sondern auch als eine Regentin das Regiment in Abwesenheit deß Durchläuchtigsten Herrn Administratoris zum allgemeinen Heyl des Landes mit solcher Wachsamkeit und Eifer preißwürdigst und kluglich geführet [...].*

Und zweitens: Magdalena Sibylla pflegte gerne die Konversation mit verständigen und gelehrten Leuten über die

> *wichtigsten/ und zur Seeligkeit auch dem gemeinen Wesen ersprießliche Sachen/ als eine solche hochvernüfftige Fürstin/ welche Ihren fürtrefflichen Verstand bey so kluger Auferziehung zu Hause und in der Fremde/ langwührigem Regiment/ und fleissiger Lesung nutzlicher Bücher/ und ohngemeiner Erfahrenheit/ als eine wolgeübte Regentin/ Dero in Staats-Affairen nichts mehr fremde vorgekommen/ herrlich geübet hatte.*[70]

Der Prediger macht unmissverständlich deutlich, dass sich Magdalena Sibylla nicht den Konventionen zum rechten Verhalten einer herzoglichen Witwe gebeugt habe, sondern in

64 Ehren-Gedächtnis, Personalia-Teil (wie Anm. 10), S. 67.
65 Ehren-Gedächtnis, Personalia-Teil (wie Anm. 10), S. 68.
66 Ehren-Gedächtnis, Personalia-Teil (wie Anm. 10), S. 68.
67 Sattler: Geschichte des Herzogthums Würtenberg (wie Anm. 17), Bd. 13, S. 203.
68 Hansmartin Decker-Hauff: Frauen im Hause Württemberg, Leinfelden-Echterdingen 1997, S. 113–124, hier S. 120f.
69 Decker-Hauff: Frauen im Hause Württemberg (wie Anm. 68), S. 124.
70 Ehren-Gedächtnis, Personalia-Teil (wie Anm. 10), S. 45f.

gefährlichen und bedrohten Zeiten im Herzogtum ihren Mann gestanden hat. Albert Knapp wird 1841 in einem kurzen biographischen Abriss über die Fürstin sagen: »Das war eine württembergische Regentenwitwe von altem christlichen Schrot und Korn«.[71] Der gesamte Personaliateil zeigt darüber hinaus, dass sie aber auch den Erwartungen an die Ehefrau des Regenten und die Mutter des Thronfolgers entsprochen hat.

Ob die Erziehung des jungen Herzogs von der Rivalität zwischen seiner Mutter und dem Herzogadministrator Friedrich Carl geprägt war, lässt sich aus dem Personaliateil nicht beantworten. Und zweifellos standen sich die Herzogin und der Theologe – und die württembergische Landschaft – näher als sich Theologe, Landschaft und der Herzogadministrator standen. Ob Friedrich Carl aus Eberhard Ludwig einen »echten Soldaten und absolutistisch regierenden Fürsten« machen wollte und Magdalena Sibylla eine »Erziehung zum streng moralischen, väterlichen Landesherren« vorgeschwebt habe, so Franziska Katharina Diek in einer kunstgeschichtlichen Dissertation 2011, muss dahingestellt bleiben.[72] Zweifellos waren sich Friedrich Carl und Magdalena Sibylla in den großen politischen Orientierungen uneinig. Friedrich Carl bevorzugte zunächst eine Ausrichtung an Frankreich, Magdalena Sibylla, wie auch das Haus Hessen, am Reich.[73] Dass Eberhard Ludwig später strenge lutherische Hofprediger berief und zugleich die barocke, an Versailles angelehnte Schlossanlage in Ludwigsburg errichtete, mag ein Hinweis auf diese konträren Einflüsse seiner Erziehung sein. Dass ihn seine Herrschaftsauffassung mit den Landständen in Konflikt führte, die zuvor in Kooperation mit Magdalena Sibylla die Absetzung des Administrators beim Kaiser betrieben hatten, passt ebenfalls in dieses Bild.

Mag das *Ehrengedächtnis* 1712 dem Motto *De mortuis nihil nisi bene* gefolgt sein, berichtet der Historiograph Christian Friedrich Sattler 1780/1782 sachlich über die politischen Entwicklungen. Erst 1841 ist es Albert Knapp, der in seinem kurzen Lebensbild der Herzogin auf Wilhelme von Grävenitz Bezug nimmt und mit Vokabeln an die »in unserem Lande verabscheute[...] Grävenitz«, deren »Ketten der Unzucht« und ihr »verruchtes Pantoffel-Regiment« hinweist und es damit dem Leser überlässt, die »Leiden der Herzoginwitwe wohl ermessen« zu können.[74] Dies hinderte ihn freilich nicht daran, unkommentiert den im Personaliateil der Leichenpredigten genannten liebevollen Umgang von Mutter und Sohn anzuführen.

Anders als vielleicht ihre frommen Bildprogramme in den Schlosskapellen in Stetten im Remstal und in Kirchheim unter Teck vermuten ließen, konnte und wollte sich Magdalena Sibylla Weltflucht nicht leisten, sie wollte eine politische Aufgabe übernehmen. Dass daneben auch ihr soziales Engagement hervorgehoben wurde, entspricht den zeittypischen Er-

71 Knapp: Magdalena Sibylla (wie Anm. 42), S. 319.

72 So Franziska Katharina Diek in ihrer kunstgeschichtlichen Dissertation »solche so Kostbahr ornirten Gallerien [...]« Die Bildprogramme von Carlo Carlones und Pietro Scottis Deckenfresken in den Kommunikationsgalerien von Schloss Ludwigsburg, Haldenwang 2011, S. 11–12 unter Hinweis auf Paul Sauer: Musen, Machtspiel und Mätressen. Eberhard Ludwig – württembergischer Herzog und Gründer Ludwigsburgs, Tübingen 2008, S. 8f und 69f.

73 Decker-Hauff: Frauen im Hause Württemberg (wie Anm. 68), S. 119; zu beachten ist auch der Beitrag von Joachim Kremer im vorliegenden Band.

74 Knapp: Magdalena Sibylla (wie Anm. 42), S. 303.

wartungen an eine Regentin. Sie erscheint als *Beschützerin* Stuttgarts und der Untertanen, als *Pflegerin der Armen, Trösterin der Witwen, Versorgerin vieler Waisen*.[75] Immer wieder soll sie unauffällig Geld für Notleidende gegeben haben.[76] Geistliche verglichen sie schon zu Lebzeiten mit der neutestamentlichen Tabea aus der Apostelgeschichte. Der Hofprediger Hochstetter griff diesen Vergleich in seiner Leichenpredigt auf. Und der Tübinger Theologieprofessor Wolfgang Jäger sagte in seiner Leichenpredigt, die Herzogin sei die »Vormauer« gewesen, »welche manches Unglück von dem Land« abgewendet habe.[77]

Abschließend lässt sich festhalten: Was ihre fürstlichen Handlungsoptionen anbelangt, so hatte Magdalena Sibylla ausreichend Anschauungsunterricht in Schweden. Dort wurde sie aber überdies zu einer gebildeten und mehrsprachigen jungen Frau erzogen. Ihre Französischkenntnisse waren ihr bei den Verhandlungen mit dem französischen Militär sicher hilfreich. Mit Nachdruck erkämpfte sie sich die Position der Mit-Obervormundschaft, deren zugehörigen Eid sie, wenn auch vertreten durch einen Agenten, vor dem Reichshofrat, dem obersten Lehensgericht des Reiches, ablegte. Um die ihr vom Herzogadminstrator auferlegte Nachrangigkeit im politischen Bereich nicht zu verletzten, regierte sie während seiner Abwesenheit zunächst stets mit der einleitenden auf den Administrator verweisenden Grußformel. Als Friedrich Carl dann offiziell Magdalena Sibylla für die Zeit seines Militärdienstes als alleinige Obervormünderin des Erbprinzen akzeptieren musste, regierte sie in eigenem Namen zum Wohl des Herzogtums, neben dem Alltagsgeschäft denke man an den Verbleib der Reichssturmfahne in württembergischer Hand. Und wohl noch stärker als alle politischen Mandate war aber ihr symbolisches Handeln, als sie in Zeiten höchster Gefahr für das Herzogtum vor Ort ausharrte und sich dem Feind mutig entgegenstellte, klug verhandelte und Zerstörungen verhindern konnte. Durch diese Taten wurde Magdalena Sibylla, so schreibt Sattler 1780, »als eine wahre Landes-Mutter bis in ihr Ende verehret und geliebet«.[78] Die Bezeichnung als Landesmutter (*mater patriae*) durch ihre Untertanen, unterstreicht zeitgenössisch eine Stelle in einem der Tübinger Stipendiatenbriefe, den der Theologiestudent Johann Christian Neu aus Wittenberg an Konsistorialrat Johann Lorenz Schmidlin geschrieben hatte.[79]

Dass ihr Engagement für das Haus Württemberg wie für Land und Leute trotz dieser Verdienste in der Historiographie gänzlich ausgeblendet werden konnte, zeigt ein Artikel über Friedrich Carl, den Eberhard Gönner 1961 in der NDB publizierte. Dass es neben Fried-

---

75 Ehren-Gedächtnis, Personalia-Teil (wie Anm. 10), S. 75; BRECHT: Magdalena Sibylla (wie Anm. 24), S. 22.

76 Ehren-Gedächtnis, Personalia-Teil (wie Anm. 10), S. 47.

77 Johann Wolfgang JÄGER: Die Wunderbahre Führung und Regirung GOTTES Auß Psalm LXXI v. 20. 21 Uber den Seeligsten Abschied der Durchläuchtigsten Fürstin u. Frauen [...] Magdalena Sibylla Verwittibten Hertzogin zu Würtemberg [...]. Stuttgart [o. J.], S. 5, in: Ehren-Gedächtnis [Scan der Universitätsbibliothek fol. 0247-0282]; vgl. BRECHT: Magdalena Sibylla (wie Anm. 24), S. 22.

78 SATTLER: Geschichte des Herzogthums Würtenberg (wie Anm. 17), Bd. 11, S. 167.

79 WLB Cod. hist. 4° 277, fol. 51^r (Stipendiatenbrief Nr. 68, Johann Christian Neu an Johann Lorenz Schmidlin, [Wittenberg], 13.01.1692). Für diesen Hinweis danke ich Götz HOMOKI, der eine Dissertation zum Thema *Topografien der Bildung. Kommunikation, Identität und Universitätswirklichkeit in Stipendiatenbriefen des ausgehenden 17. Jahrhunderts* anfertigt.

rich Carl noch eine Mitobervormünderin gab, wurde an keiner Stelle vermerkt, die Absetzung des Administrators betrieben Geheime Räte und Landstände – Magdalena Sibylla kommt nicht vor.[80] Dass Magdalena Sibylla die im Rahmen ihrer Möglichkeiten gegebenen politischen Handlungsoptionen geschickt zu nutzen verstand, steht außer Zweifel. Sie war eine *wolgeübte Regentin*, der *in Staats-Affairen nichts mehr fremde* vorkam.[81]

80 Eberhard GÖNNER: Friedrich Carl, in: NDB 5 (1961), S. 594f. http://www.deutschebiographie.de/sfz39283.html (27.04.2014).

81 Ehren-Gedächtnis, Personalia-Teil (wie Anm. 10), S. 45f.

Zwischen Hofleben und pietistischer Erbauung – Magdalena Sibylla von Württemberg und die Musik

Joachim Kremer

1. Das *Castrum doloris* als Visualisierung eines Lebensplans

Als Magdalena Sibylla von Württemberg im Jahre 1712 verstarb, wies das daraufhin publizierte *Castrum doloris* (Abb. 1) auf die grundlegenden Eckpunkte ihrer Vita hin:[1] Die personifizierte Zeit ist gerade im Begriff, ihren Namen in die Tafel der Geschichte einzutragen, doch deutet das Innehalten im Schreibvorgang die Vergänglichkeit an und ist Zeichen der tiefen Trauer: »Dieser ewige Ruhm/ ist als das Unverweßliche über das Irdische erhöhet/ worunter die Zeit den außgelauffenen Seiger und das bestimmte Lebens-Ende zeiget/ darbey eine Taffel hält/ darein die Historie den Namen einschreibt/ als sie aber die Worte obiit außtrucken will/ hat sie vor Traurigkeit nicht mehr die Kraftt/ solches außzuschreiben«.[2] Der personifizierte Glaube wendet seine Blicke gen Himmel und verweist auf das Kreuz als Symbol der christlichen Erlösung. Diese Fokussierung auf den gekreuzigten Christus bestimmt die Form des *Castrum* und bringt in visualisierter Form einen zentralen Aspekt der Lebensführung der Magdalena Sibylla in Erinnerung: die Ausrichtung auf Leiden und Sterben Christi. Ein solches Erinnern stellt weit mehr als eine im Nachhinein erfolgte Stilisierung dar, denn schon das Titelkupfer des von Magdalena Sibylla gedichteten und 1703 erschienenen Erbauungsbuchs mit dem Titel *Das mit JESU Gekreutzigte Hertz* (Stuttgart 1698) hatte dieses Motiv dem Buch vorangestellt (Abb. 2 und 3). Das Titelkupfer stellt eine durch die Haartracht zu identifizierende und am Fuße des Kreuzes kauernde Magdalena dar und

---

1 Albert KNAPP: Aus dem Leben der Herzogin Magdalena Sibylla von Württemberg, in: DERS.: Gesammelte prosaische Schriften, Erster Teil: Altwürttembergische Charaktere, Stuttgart 1870, S. 52–77, Max Zobel VON ZABELTITZ: Magdalena Sibylla von Württemberg, geb. Landgräfin zu Hessen-Darmstadt und ihre Andachtsschriften, in: Euphorion. Zeitschrift für Literaturgeschichte 23 (1921), S. 573–581, Hartmut LEHMANN: Pietismus und weltliche Ordnung in Württemberg vom 17. bis zum 20. Jahrhundert, Stuttgart [u. a.] 1969, S. 24–31, Martin BRECHT: Herzogin Magdalena Sibylle und die Frömmigkeit ihrer Zeit, in: Schwäbische Heimat 26 (1975), S. 21–31, Hansmartin DECKER-HAUFF: Frauen im Hause Württemberg, Leinfelden-Echterdingen 1997, S. 114–124 und aus musikwissenschaftlicher Sicht Linda Maria KOLDAU: Frauen, Musik, Kultur. Ein Handbuch zum deutschen Sprachgebiet der Frühen Neuzeit, Köln [u. a.] 2005, z. B. S. 256–259 sowie Joachim KREMER: Pietistisches Bekenntnis und öffentliche Repräsentation: Musik zum Begräbnis der Herzogswitwe Magdalena Sibylla von Württemberg (1712), in: Katharina HOTTMANN/Christine SIEGERT (Hgg.): Feste – Opern – Prozessionen. Musik als kulturelle Repräsentation (Jahrbuch Musik und Gender, Bd. 1), Hildesheim u. a. 2008, S. 45–59.

2 Erklärung Deß Castri Doloris Oder: Trauer-Gerüsts, in: ANONYM: Christ-Fürstliches Ehren-Gedächtniß/ Der Weiland Durchläuchtigsten Fürstin und Frauen/ Frauen Magdalena Sibylla Hertzogin zu Würtemberg und Teck [...], Stuttgart [1712], S. 4.

Abb. 1: Johann Ulrich KRAUS: Castrum doloris (1712).

Das mit JESU Gecreutzigte Hertz:
Oder
Andächtige Betrachtungen /
Des bittern Leidens und Sterbens unsers HERRN und Heilandes JESU Christi:
Wie auch der
Siben Letzten Wort am Creutz:
Samt angefügter
Creutz-Presse der glaubigen Seelen;
Mit vielen Sinn-Bildern / geistreichen Gebetten und neuen Liedern vermehret.
Alles zu GOttes Ehren /
Zu eigner / und des Nechsten Erbauung / verfaßt und zusammen getragen
Von
1 6 9 8.
Stuttgart / gedruckt und verlegt durch Paul Treuen / Hochfürstl. Würtemb. Hoff- und Cantzley-Buchdruckern.

Abb. 2: MSW [= Magdalena Sibylla von WÜRTTEMBERG]: Das mit Jesu Gekreutzigte Hertz, Stuttgart 1698, Titelseite.

changiert damit beziehungsreich zwischen der biblischen Magdalena und der herrschaftlichen Autorin dieser Sammlung, deren Identifizierung die Topographie dieser Szenerie ermöglicht: Das Kreuz ist im Umfeld des Stuttgarter Schlosses errichtet und die Türme der Stiftskirche sowie die umgebenden Weinberge lassen erkennen, dass es sich eindeutig um eine Stuttgarter Magdalena handelt. Eine solche Selbstinszenierung ist für den frühen Pietismus typisch, und auch eine evtl. von 1706 stammende und der Herzogswitwe gewidmete theologische Abhandlung über die heilige Magdalena bedient sich dieses Changierens.[3] Die nach ihrem Tod gedruckten *Personalia* überliefern ausdrücklich diese auf den genannten Darstellungen erkennbare und von ihr beim Gebet eingenommene, an das Kauern der Magdalena am Kreuz erinnernde Körperhaltung: *Wer das außerordentliche Glücke gehabt/ Sie im be-*

3 [Christian ECCARD?]: Die Bey Dem Grabe Jesu [...] Schmertzlich klagende und Thränende, jammernde, aber von Jesu weidlich Betröstete [...] Magdalena, o. O. [Ms. 1706?], D-Sl, Cod. theol. 4° 19. In der Öffentlichkeit wurde wahrgenommen, dass Magdalena »geistliche Lieder getichtet und gesungen« habe; Johann Jakob MAYER: Der Leidende und Gekreüzigte Jesus der Christen Lehr- und Trost-Spiegel [...], o. O., o. J. [Ms.], WLB, Cod. theol. 4° 7, Widmungsrede an Magdalena Sibylla, S. 2. Zur bildlichen Selbstdarstellung vgl. Jill BEPLER: zu meinen und aller dehrer die sichs gebrauchen wollen, nutzen, trost und frommen. Lektüre, Schrift und Gebet im Leben der fürstlichen Witwen in der Frühen Neuzeit, in: Martina SCHATTKOWSKY: Witwenschaft in der Frühen Neuzeit. Fürstliche und adlige Witwen zwischen Fremd- und Selbstbestimmung, Leipzig 2003 (Schriften zur sächsischen Geschichte und Volkskunde, Bd. 6), S. 317. Dieses Changieren wurde auch von Zeitgenossen wahrgenommen, wie die Erklärung des *Castrum doloris* belegt.

Abb. 3: Johann Samuel EDEL: Magdalena am Kreuz, Frontispiz (1698).

sondern auf ihren Knien ligend zu sehen/ und als zu GOTT ruffend zu hören/ der weißt hieran ohne innigste Hertzens-Bewegung nicht zu gedenken.[4]

Die in der *Erklärung Deß Castri Doloris*[5] erkennbare Ausrichtung auf Christus mag die Überzeugungen der Magdalena Sibylla widerspiegeln, ist aber aufgrund ihres hohen Grades an

4 Hochfürstliche Personalia, So nach gehaltener Predigt verlesen werden [Stuttgart 1712], in: ANONYM: Christ-Fürstliches Ehren-Gedächtniß/ Der Weiland Durchläuchtigsten Fürstin und Frauen/ Frauen Magdalena Sibylla Hertzogin zu Würtemberg und Teck [...], Stuttgart [1712], S. 37.

5 Erklärung Deß Castri Doloris Oder: Trauer-Gerüsts, in: ANONYM: Christ-Fürstliches Ehren-Gedächtniß/ Der Weiland Durchläuchtigsten Fürstin und Frauen/ Frauen Magdalena Sibylla Hertzogin zu Würtemberg und Teck [...], Stuttgart [1712], S. 3–4.

Abb. 4: Christian BALZ: Christliche und Getroste Ausfolge [...] (1712), S. 3.

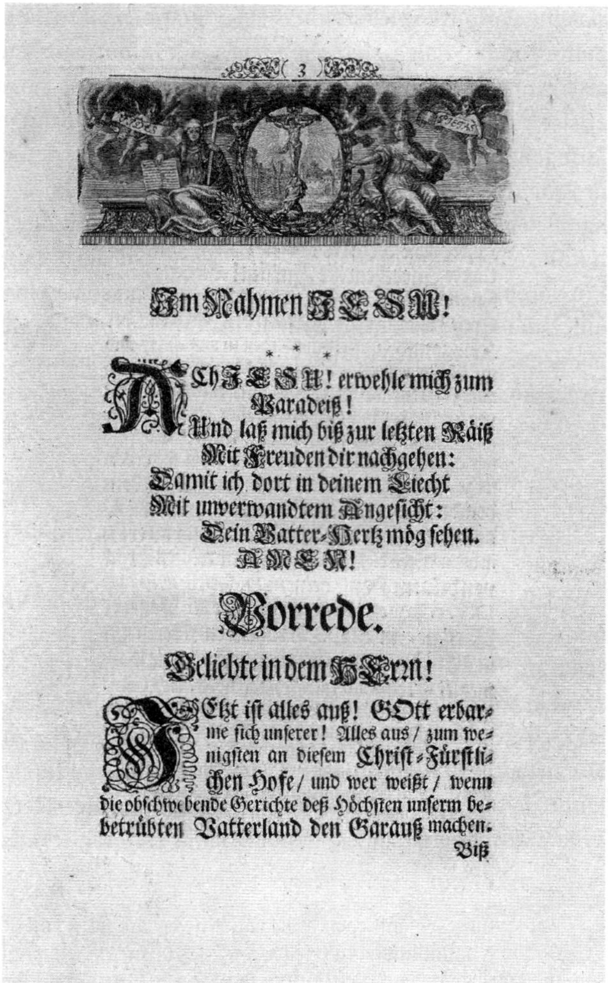

(3)

Im Nahmen JESU!

* * *

ACh JESU! erwehle mich zum Paradeiß!
Und laß mich biß zur letzten Räiß
Mit Freuden dir nachgehen:
Damit ich dort in deinem Liecht
Mit unverwandtem Angesicht:
Dein Vatter-Hertz mög sehen.
AMEN!

Vorrede.

Geliebte in dem HErrn!

JEtzt ist alles auß! GOtt erbarme sich unserer! Alles aus / zum wenigsten an diesem Christ-Fürstlichen Hofe / und wer weißt / wenn die obschwebende Gerichte deß Höchsten unserm bebetrübten Vatterland den Garauß machen.

Biß

argumentativer Stimmigkeit auch als Dokument einer frömmigkeitsgeschichtlichen Stilisierung zu verstehen. Auch Magdalenas Leichenpredigten haben diesen Duktus übernommen, indem sie etwa die vielen Anfechtungen erwähnen und konkret *von den Lüsten der Edlen/ von der Flatterie der Bedienten/ und den Reitzungen des Fleisches* sprechen. Allem habe die Herzogin dem Vorbild Christus folgend widerstanden,[6] und auch ikonographisch vermittelt die Leichenpredigt von Christian Balz diese Stimmigkeit, indem sie ebenso wie die Leichenpredigt des Superintendenten Georg Conrad Brodbeck das Motiv der am Kreuz kauernden Magdalena voranstellt (Abb. 4).[7] Diese anlässlich des Ablebens der Magdalena Sibylla entstandenen Kasualdrucke sind gerade wegen ihrer Stilisierung äußerst ergiebige Quellen: Sie sind

6 Christian BALZ: Christliche und Getroste Ausfolge [...], Stuttgart [1712], S. 25.

7 Siehe auch Georg Conrad BRODBECK: Die Christ-Fürstliche Magdalena [...] Stuttgart [1712], S. 3.

als eine Form frühpietistischer ›Hagiographie‹ zu verstehen, die mit den biographischen, kultur- und sozialgeschichtlich relevanten Informationen arbeitet und geradezu auf diese als unverzichtbare Belege angewiesen war, um eine stringente und damit beispielhafte Vita zu dokumentieren. Allerdings war der hessischen Landgrafentochter diese biographische Stringenz in keiner Weise vorgezeichnet. Das Leben der Magdalena Sibylla verlief vielmehr in Brüchen und Diskontinuitäten: Sie füllte in ihrem Leben unterschiedliche Rollen aus, nämlich die einer Landgrafentochter, einer am schwedischen Hof zur Erziehung weilenden Nichte, einer Herzogsgattin, einer zeitweise die Regierungsgeschäfte übernehmenden Witwe, einer Dichterin von Erbauungsschriften sowie einer Wohltäterin und Mäzenin (etwa durch die Ausgestaltung der Stettener Kapelle ab 1681). Gerade in dieser Vielfalt liegt offenbar der Sachverhalt begründet, dass sich bislang keine Disziplin dieser nur interdisziplinär zu fassenden Vita ausführlich angenommen hat.[8]

2. Die Vita der Magdalena Sibylla

Magdalena Sibylla wurde 1652 als erstes Kind Ludwigs VI. von Hessen-Darmstadt geboren und kam nach dem frühen Tode ihrer Mutter Maria Elisabeth von Holstein-Gottorp im Jahre 1665 an den Hof ihrer Tante, der schwedischen Königswitwe Hedwig Eleonora (1636–1715).[9] Anlässlich eines Besuchs des württembergischen Erbprinzen Wilhelm Ludwig (1647–1677) erfolgte die Verlobung, und am 6. November 1673 heiratete das Paar in Darmstadt, die Heimführung nach Württemberg erfolgte am 12. Februar 1674.[10] Noch im Jahr der Hochzeit starb Magdalenas Schwiegervater, Herzog Eberhard III.[11]; Magdalena Sibylla und Wilhelm Ludwig wurden damit zum regierenden Herzogspaar. Und wieder bald

8 Zur kulturgeschichtlichen Rolle von Witwen vgl. Günter Scholz: Fürstliche Witwen auf Schloß Böblingen, Böblingen 1987; Susanne Rode-Breymann: »Allein ihr angenehmster zeit vertreib ist die music«: Musenhöfe. Zentren der Künste, Orte der Bildung, in: Musikpädagogik als Aufgabe – Festschrift zum 65. Geburtstag von Siegmund Helms, Kassel 2003, S. 321–333 und Martina Schattkowsky: Witwenschaft (wie Anm. 3).

9 Dort war seit zwei Jahren der Kapellmeister Gustav Düben im Amt, dessen umfangreiche Musikaliensammlung als die bedeutendste Sammlung Skandinaviens aus dem 17. Jahrhundert gilt. Allerdings ist der heute als »Dübensammlung« bezeichnete Bestand von ca. 2300 Kompositionen erst im Laufe der Zeit (bis 1690) zusammengetragen worden. Das erschließt sich aus den ca. 100 dort vorhandenen Werken des Stuttgarter Kapellmeisters Samuel Friedrich Capricornus, die nur teilweise auf 1669 zu datieren sind.

10 HStA Stuttgart A 21 Bü 77: Fürstliche Heimführungen und Vermählungen, »IV. Heimführung der mit dem Erbprinzen Wilhelm Ludwig am 6. November 1673 zu Darmstadt vermählten Prinzessin Magdalena Sibylla, ältesten Tochter des Landgrafen Ludwig zu Hessen-Darmstadt, von Darmstadt nach Stuttgart am 12. Februar 1674. Dabei »Vorstellung Stuttgartischer jüngst gehaltener Hochfürstlicher Württemberg-Hessischer Heimführungsbegängnis etc.: 1 Band Folio (mit Kupfern). Zu Stuttgart verlegt und gedruckt durch Johann Weyrich Rößlin 1675.« Vgl. auch die Personalia (wie Anm. 4), S. 18.

11 Joachim Fischer: Herzog Eberhard III. (1628–1674), in: Robert Uhland (Hg.): 900 Jahre Haus Württemberg, Stuttgart 1984, S. 195–209.

darauf, schon im Juni 1677, starb unvermutet ihr Ehemann.[12] Der Thronfolger Eberhard Ludwig war damals noch nicht einmal ein Jahr alt[13], und Kaiser Leopold I. sprach die Obervormundschaft dem jüngeren Bruders des Herzogs, Friedrich Carl von Württemberg-Winnental, zu. Magdalena Sibylla wurde die Mitvormundschaft übertragen.[14] Vor allem die Bedrohung durch französische Truppen im Pfälzischen Erbfolgekrieg bedrängten das Herzogtum: 1688 musste Friedrich Carl infolge der akuten Bedrohung mit seinem Neffen nach Nürnberg fliehen. Magdalena Sibylla soll damals mit dem französischen General, dem Marquis de Feuquières, mit *durchdringender Vernunft* verhandelt haben, dass dieser nur *eine grosse Veneration haben* musste,[15] wodurch Stuttgart und das Land von weiteren Verwüstungen verschont wurden. Die 1712 publizierten *Personalia* heben hervor, dass sie *als eine Regentin das Regiment in Abwesenheit Deß Durchläuchtigsten Herrn Administratoris zum allgemeinen Heyl deß Landes mit [...] Wachtsamkeit und Eifer preiswürdigst und klüglich geführet* habe.[16] Im September 1692 geriet ihr Schwager Friedrich Carl in der Schlacht bei Ötisheim in Gefangenschaft, nach seiner Freilassung im Februar 1693 waren die Karten aber neu gemischt: Die Volljährigkeitserklärung seines Neffen Eberhard Ludwig war inzwischen auf Betreiben der Landstände und Magdalena Sibyllas durch Kaiser Leopold erfolgt, doch verlor Magdalena Sibylla unter der Regentschaft ihres Sohnes offensichtlich an Einfluss und zog sich weitgehend auf ihren Witwensitz nach Kirchheim und Stetten zurück. Spätere Darstellungen vermerkten, wie sehr sich ihre Lebensführung von der ihres Sohnes und dessen Vorliebe sowohl zu einer repräsentativen Stadt- und Schlossgründung wie auch zu seiner Maitresse Wilhelmine von Grävenitz unterschieden haben soll, eine differenzierte quellenfundierte Darstellung dieser unterschiedlichen Lebenskonzepte steht indes bis heute aus. Nur durch eine solche differenzierte Betrachtung wäre aber zu klären, ob, wann und inwieweit der Einfluss Magdalena Sibyllas zurückging, ob die Konzentration auf Dichtungen und eine erbauliche Lebensführung in den Vordergrund rückten.[17] Die Grävenitz scheint diese Tendenz indes keineswegs verstärkt zu haben, denn sie wurde erst 1705 am Hofe eingeführt, und zu diesem Zeitpunkt lag der dichterische Output der Herzogswitwe bereits vor: Die Publikationen der Magdalena Sibylla hatten schon 1680 eingesetzt, und nach 1705 erschien nur noch die zweite Auflage des *Gottgeweyhten Andachtsopffers* (1706).[18]

12 Vgl. die Leichenpredigten in: HStA Stuttgart J 67 Bü 7 II und HStA Stuttgart A 21 Bü 85: Todesfälle, Beisetzungen, Trauer, Beisetzung der regierenden Herzöge, 5) Herzog Wilhelm Ludwig zu Stuttgart am 19. Juli 1677.

13 HStA Stuttgart A 21 Bü 79: Fürstliche Geburten und Taufen, I., 3) Geburt des Erbprinzen Eberhard Ludwig am 18. September 1676 und Taufe am 21. September.

14 Vgl. dazu die »Akten betr. die Vormundschaft« HStA Stuttgart G 184 Bü 1–9, G 184 U 340.

15 Personalia (wie Anm. 4), S. 27f. Magdalena Sibylla hatte Sprachkenntnisse schon in ihrer Jugendzeit erworben, vgl. GLA Karlsruhe: Hfk–Hs Nr. 174: Sammlung französischer Gedichte und Sprüche »achevé 1673 a Jacobsthal«.

16 Personalia (wie Anm. 4), S. 26.

17 Dieser Frage widmet sich Sabine Holtz in diesem Band, S. 26f.

18 Dass letzteres aber nicht ausschließlich angenommen werden kann, deuten einige Rechnungsbelege an, die eher weltlichen Dingen gewidmet sind: Das Ballett *Atlas* wurde 1681 ihr zu Ehren aufgeführt.

Abb. 5: Johann Ulrich KRAUS: Castum doloris, Ausschnitt: „Gebetts-Thränen“ (1712).

Abb. 6: Johann Ulrich KRAUS: Castrum doloris, Ausschnitt: „Gluck-Henne“ (1712).

Magdalena Sibyllas Vita wird in einer Beschreibung der dem *Castum doloris* beigefügten Emblemata im Sinne einer Gottgefälligkeit gedeutet; den Tod des Gatten bewältigte sie durch ihre »Gebetts-Thränen«,[19] die ähnlich wie ein Regenbogen (Abb. 5) das irdische und das jenseitige Leben verbinden. Die »gefährliche[n] Zeiten«, in die die Administration des Herzogtums fiel, haben von ihrer »Weißheit, Gerechtigkeit und Frommheit« profitiert. Insbesondere wird ihres dreimaligen Einsatzes zum Wohle des Landes im Jahre 1688, 1693 und 1707 gedacht und mit dem Beschützerinstinkt einer »Gluck-Henne« verglichen (Abb. 6).[20] Dem gebildeten Leser muss sich 1712 also der Eindruck vermittelt haben, dass sich in eigentümlicher Weise erfüllt hat, was anlässlich der Eheschließung der jungen Landgrafentochter 1674 in einem Singspiel besungen worden war: Damals hatte der aus Memmingen stammende Theologiestudent Michael Schuster (1649–1693) ein Singspiel mit dem Titel *In der Frembde erworbene Lavinia*[21] verfasst, das in der Stuttgarter Residenz durch *die Fürstl. Würtembergische[n] Hof-Musicos* aufgeführt wurde. Der Librettodruck verschweigt leider den Namen des Komponisten, lässt aber erkennen, dass es sich bei dem Stück um ein auf Anlass und Herkunft abgestimmtes Gelegenheitswerk gehandelt hat: Venus, Cupido, Meer-Nymphen, Sirenen, die Sibylle aus Cumae und Aenaes sind nur einige der mythologischen Personen, die auftreten. Die *Aria des Schluß-Redners* (mit Chorrefrain) formulierte die – für eine Hochzeitsaufführung obligatorischen – guten Wünsche: *Lebet vereinigte Häuser beglücket [...] Lebet/ und Ewre Feind muthig erthrücket!*[22]

Das Beispiel der Eheschließung weist also darauf hin, dass die unterschiedlichen sozialen Rollen der Magdalena Sibylla auch mit Musik verbunden waren, und wenn man sich des Berichts erinnert, dass Magdalena und die in der Nähe befindlichen Personen in der Stunde ihres Todes »eine ausserordentlich schöne und angenehme Music gehöret« haben, deren Herkunft nicht zu klären war, die aber als »ein Stück deß von Gott Ihro gegönnten Vorschmacks des ewigen Lebens und eine Annäherung der unter vielem himmlischen Zujauch-

---

19 Entwurff und Erklärung Derer in Kupffer gebrachten Sinnbilder und Emblematum, in: ANONYM: Christ-Fürstliches Ehren-Gedächtniß/ Der Weiland Durchläuchtigsten Fürstin und Frauen/ Frauen Magdalena Sibylla Hertzogin zu Würtemberg und Teck [...], Stuttgart [1712], S. 5–12, hier S. 10.

20 Entwurff und Erklärung Derer in Kupffer gebrachten Sinnbilder und Emblematum, S. 10.

21 Michael SCHUSTER: In der Fremde erworbene Lavinia: Welche in einem musicalischen Freuden-Spil/ Bey Der Hochfürstlichen Heimführungs Solennitaet Der Durchleuchtigsten Fürstin und Frauen/ Frauen Magdalena Sibylla/ Hertzogin zu Würtemberg und Teck [...] Geborner Land-Gräfin zu Hessen [...] in Hochfürstlicher Residentz zu Stuttgart den [ ] Hornung/ Anno 1674. aufgeführt worden durch die Fürstl. Würtembergische Hof-Musicos, Stuttgart 1674. Ein Exemplar befindet sich in: Forschungs- und Landesbibliothek Erfurt/Gotha, Signatur: Poes 8° 02170-2171 (14).

22 SCHUSTER: Fremde (wie Anm. 21), S. 60.

zen Sie empfangenden heiligen Engeln« verstanden wurde,[23] dann sind damit zumindest zwei ganz unterschiedliche Musikerfahrungen und Musiziersphären der Lebenswelt der Magdalena Sibylla erkennbar, die unter Umständen auch verschiedene Lebensphasen und biographische Kontexte repräsentieren.

3. Unterschiedliche Musikbegegnungen

Mit dem zu ihrer Eheschließung aufgeführten Singspiel war Magdalena Sibylla in eine Musikkultur gekommen, die eine weit zurückreichende Tradition aufwies (etwa mit den Stuttgarter Ballettaufführungen des frühen 17. Jahrhunderts) und die vor allem in den 1660er Jahren anlässlich verschiedener Hochzeiten wieder intensiviert worden war.[24] Auch am Ort ihrer eigentlichen Herkunft, dem hessisch-darmstädtischen Hof, hatte ihre Stiefmutter Elisabeth Dorothea von Sachsen-Gotha-Eisenach ganz im Gegensatz zur verstorbenen Mutter die Hofkapelle wieder ausgebaut, warb 1671 ihrem Vater den in Gotha tätigen Kapellmeister Wolfgang Carl Briegel ab und ließ ihren Kindern, Magdalenas Halbgeschwistern, eine Musik- und Tanzausbildung zukommen. Diese wirkten mitunter in Ballettopern Briegels mit.[25]

Magdalena weilte zu dieser Zeit bereits in Schweden und die 1712 gedruckten *Personalia* berichten, dass Hedwig Eleonora ihre Base Magdalena

> *zu wahrer Gottesforcht und allen Christlichen auch Dero hohen Stand geziemenden Tugenden auferzogen/ insonderheit aber zu dem Grund der wahren Klugheit in allen Ständen/ der Verläugnung und Brechung Dero eigenen Willens/ Christlichen Demuth/ Unterwerffung unter Gottes und der Obern Willen/ zu Erlernung fremder/ sonderlich der Schwedisch- und Frantzösischen Sprache/ auch beständiger Arbeitsamkeit/ und Fleißt mit Dero eigenen Händen geführt habe.*[26]

Es ist vorstellbar, dass Magdalena Sibylla nach dem Tode ihres Gatten ihrer Tante gedachte, die von 1660 bis 1672 die Regierungsgeschäfte für ihren minderjährigen Sohn Karl XI. (1655–1697) geführt hatte. Allerdings läuft man Gefahr, diese formale Tatsache aus würt-

---

23 Beschreibung der Emblemata, S. 11 und 12. Auch Hedingers in der Leichenpredigt überlieferte Sterbensgeschichte erwähnt zwei zur Harfe des Kapellmeisters gesungene Trostlieder, nämlich *Jesu, hilf siegen, du Fürste des Lebens* (Darmstädter Gesangbuch 1698) und *Mit Fried und Freud ich fahr dahin*; vgl. Wolfgang SCHÖLLKOPF: Johann Reinhard Hedinger (1664–1704). Württembergischer Pietist und kirchlicher Praktiker zwischen Spener und den Separatisten (Arbeiten zur Geschichte des Pietismus, Bd. 37), Göttingen 1999, S. 135. Gemeint war wohl der seit 1703 amtierende Kapellmeister Johann Georg Christian Störl, nicht der »Senior«-Kapellmeister Theodor Schwartzkopf oder der Oberhofkapellmeister Johann Christoph Pez.

24 Samantha OWENS: The Rise and Decline of Opera at the Württemberg Court, 1698–1733, in: Melanie BUCCIARELLI/Norbert DUBOWY/Reinhard STROHM (Hgg.): Italian Opera in Central Europe, Bd. 1: Institutions and Ceremonies, Berlin 2006, S. 100.

25 So z. B. 1686 und 1687; KOLDAU: Frauen (wie Anm. 1), S. 120f.

26 Personalia (wie Anm. 4), S. 15.

tembergischer Sicht überzubetonen und vereinfachend als Vorbild zu werten. Weit vorsichtiger und sogar kritischer bezüglich ihrer politischen Rolle äußert sich 1842 Friedrich Straß: »Weil die Königin Hedwig Eleonora der erforderlichen Seelenstärke ermangelte, befand sich die Gewalt der Regentschaft bald bei dem Reichsrathe.«[27] Was Magdalena Sibylla genau am schwedischen Hof an Bildung und Prägung genossen hat, ist einigermaßen offen. Indes fällt die starke Präsenz norddeutscher Theologen in ihrer Bibliothek auf, dort finden sich viele Autoren von Rang und Namen: Bemerkenswert hoch ist der Anteil norddeutscher Erbauungsschriften und Predigten, wobei ein großes Interesse an der Passionshistorie und an jenen Theologen festzustellen ist, die heute im Vorfeld des Pietismus verortet werden, z. B. *Arnds Bücher Vom wahren Christenthum* und *Arndts Paradißgärtlein 3. exempl.* [S. 90], *Scrivers Seelenschatz* [S. 19 und 40], *Hochstetters Bußpredigten* [S. 32], *Lütkemanns apostolische aufmunterung* [S. 35] oder *Hinckelmanns außerlesene Predigten* [S. 55]. Offen scheint indes, inwieweit Magdalena Sibylla auch den dichterischen Ambitionen ihres Vaters und ihres Bruders Ludwig verbunden war, die beide Mitglieder in der Fruchtbringenden Gesellschaft waren.[28] Der Vater hatte mit Johann Winkler (1642–1705) einen frühpietistischen Prediger 1671 zunächst nach Homburg und ab 1676 als Hofprediger nach Darmstadt berufen; nach seiner Übersiedlung nach Hamburg trat er dort als ein heftiger Operngegner hervor.[29] Zumindest muss Magdalena Sibylla davon gewusst haben, auch wenn sie diese Entwicklung nicht vor Ort mitverfolgen konnte.

Nach ihrer Eheschließung war Magdalena Sibylla in das sich konsolidierende Stuttgarter Musikleben hineingewachsen, das sich zunehmend repräsentative musikalische Formen aneignete.[30] Kriegsbedingt wurden zwar während der Regierung Wilhelm Ludwigs ambitionierte Aufführungen eingestellt, in den 1680er Jahren wurde aber vor allem durch den Administrator Friedrich Carl der enge Kontakt zur französischen Kultur gesucht, und zwar durch Ballettaufführungen, die Anstellung des Tanzmeisters François Courtel und die Verschickung des Musikers Theodor Schwartzkopf zur weiteren Ausbildung nach Paris.[31] Die Ambition, moderne französische Musikformen und damit auch aktuelle gesellschaftliche Verhaltensformen aufzunehmen, wird durch die Aufführung des Balletts *Le Rendez-Vous*

27 Friedrich Strass: Handbuch der Weltgeschichte, 5. Theil: Handbuch der neueren Geschichte II. Theil, Jena 1842, S. 394. Zum kulturellen Leben am schwedischen Hof vgl. die Internationale Tagung *A Queen emerges. Hedwig Eleonora of Sweden and Baroque Court Culture around the Baltic*, 1–4. Oktober 2013 in Stockholm, Drottningholm und Gripsholm; der Tagungsbericht erschien unter folgendem Titel: Merit Laine (Hg.): Hedvig Eleonora. den svenska barockens drottning (Skrifter från Kungl. Husgerådskammaren, Bd. 15), Karlstad 2015. Vgl. auch den folgenden Bericht: Doris Gerstl: Minerva am Webstuhl. Hedwig Eleonora und die barocke Hofkultur, in: Kunstchronik 67 (2014), S. 131–138.

28 Der Landgraf war der »Unerschrockene« und Ludwig war der »Huldreiche«.

29 Johannes Geffcken: Johann Winckler und die Hamburgische Kirche in seiner Zeit (1684–1705), Hamburg 1861 und Claudia Tietz-Buck: Johann Winckler (1642–1705). Anfänge eines lutherischen Pietisten (Arbeiten zur Geschichte des Pietismus, Bd. 50), Göttingen 2008.

30 Das Begräbnis Eberhards III. wurde angemessen begangen, auch mit Funeralkompositionen.

31 Owens verweist auf die Briefe von Magg und Schwartzkopf aus dem Jahre 1688 an Herzog Friedrich Carl in: HStA Stuttgart A 21 Büschel 631, ebd. S. 101. Zu Magg vgl. Owens: The Rise (wie Anm. 24), S. 101.

Abb. 7: Magdalena Sibylla von Württemberg mit ihrem Sohn Eberhard Ludwig (1690).

des Plaisirs nach Musik von Schwartzkopf im Oktober 1684 deutlich, bei dem der Erbprinz Eberhard Ludwig, auch zwei seiner Schwestern und weitere Höflinge mitwirkten. Die heute im Hauptstaatsarchiv Stuttgart erhaltene Librettosammlung dokumentiert Ballett- und Singspielaufführungen der Jahre 1668–1688 und belegt damit eine höfisch-repräsentative Musikkultur, die mit dem Wirken der Kapellmeister Theodor Schwartzkopf und Johann Sigismund Kusser verbunden ist.[32]

Zeitgleich stellte Magdalena Sibylla zwischen ihrem Sohn und ihrer Welt der Erbauungsliteratur einen engen Bezug her, wie die gemeinsame Darstellung von Mutter und Sohn in einem Exemplar ihres *Gott-Geweyhten Andachts-Opffers* von 1690 zeigt (Abb. 7). Dennoch ist

32 Vgl. die unter der Signatur A 21 Bü 634, Hofmusik und Theater im Hauptstaatsarchiv Stuttgart erhaltenen Textbücher zu: *Ballet des Bien-Venues* (Stuttgart, 19. November 1668); *Das verbesserte Parisurteil* (zu Ehren von Herzog Wilhelm Ludwigs 28. Geburtstag, Aufführung am 6. Januar 1674 in Darmstadt); *In der Fremde erworbene Lavinia* (aufgeführt in Stuttgart, Februar 1674); *Ballett Atlas* (zu Ehren der verwitweten Herzogin Magdalena Sibylla am 4. Dezember 1681); *Paridis Urtheil* (singendes Schauspiel von Vizekapellmeister Theodor Schwartzkopf, Aufführung Stuttgart, 10. Dezember 1686); *Endymiou* (Singspiel von Kapellmeister Theodor Schwartzkopf, Aufführung Stuttgart, 6. Juni 1688; zwei verschiedene Exemplare mit Varianten am Schluß). Vgl. dazu Samantha Owens: »Eine liebliche/ von vielen Violen bestehende Musik«: Ballet instrumentation at German Protestant courts, 1650–1700. A Study of libretti in Wolfenbüttel and Stuttgart libraries, in: The Royal Musical Association research chronicle 41 (2008), S. 25–67.

Abb. 8: Johann Ulrich Kraus: Magdalena Sibylla von Württemberg, Porträt, Ausschnitt (1712).

ihre Partizipation an den genannten theatralischen Aufführungen – zumindest ansatzweise – bis 1699 nachweisbar: Zur Eheschließung war das Singspiel *Lavinia* aufgeführt worden, 1699 wurde ihr zu Ehren das Singspiel *Der In seiner Freyheit vergnügte Alcibiades* gegeben,[33] möglicherweise in der Vertonung Agostino Steffanis, die 1697 in Hamburg und ca. 1700 in Braunschweig aufgeführt wurde. Sicher nahm sie auch Johann Sigismund Kussers Suitensammlung *Composition de musique* zur Kenntnis, die dieser eben aus Frankreich zurückkehrende Stipendiat 1682 dem Schwager Friedrich Carl gewidmet hatte, und ganz gewiss kannte sie Kussers Arien aus seiner Oper *Ariadne*, weil sich dieser Ariendruck unter dem Titel *Heliconische Musenlust* in ihrer Bibliothek befand. Auch die im Bibliothekskatalog aufgeführten, allerdings nicht näher spezifizierten »Opernbücher« weisen auf die theatralisch-repräsentative Musiksphäre hin, wobei ziemlich sicher zu vermuten ist, dass es sich dabei um Librettodrucke und nicht etwa um Schriften für oder gegen die Oper gehandelt hat.[34]

Mit dem Verlust der sozialen und politischen Rolle Magdalena Sibyllas nach der Volljährigkeitserklärung ihres Sohnes scheint sich aber mit der räumlichen Distanz zwischen Residenzstadt und Witwensitz auch eine Verlagerung bzw. Verengung des Musikinteresses vollzogen zu haben. Indiz dafür ist das stets um den Hals der Herzogin hängende Kleinod, ein an den Tod gemahnendes diamantenes Stundenglas mit Totenkopf, das Magdalena selbst bei den »grösten Festivitäten« getragen haben soll (Abb. 8).[35] Zumindest behaupten die *Personalia* von 1712, dass sie ständig dieses Kleinod getragen habe, doch gibt es Darstellungen der jüngeren Magdalena Sibylla, die dem widersprechen. Eine – wenn auch nur an-

33 Der In seiner Freyheit vergnügte Alcibiades: Zu Ehren der Durchleuchtigsten Fürstin [...] Frauen Magdalena Sibylla, verw. Hertzogin zu Würtemberg [...] d. 28. April 1699. in einem Sing-Spiel vorgestellet, Stuttgart [1699]; WLB, D.D.oct. 89 (in der Vertonung Agostino Steffanis 1697 in Hamburg und ca. 1700 in Braunschweig aufgeführt).

34 Vgl. den Hinweis von Andreas Münzmay in diesem Band, S. 148.

35 Anonym: Erklärung des Kupffer-Blats, in: Christ-Fürstliches Ehren-Gedächtniß/ Der Weiland Durchläuchtigsten Fürstin und Frauen/ Frauen Magdalena Sibylla Hertzogin zu Würtemberg und Teck [...], Stuttgart [1712], S. 12–14, hier S. 13.

genommene – ständige Erinnerung an die Vergänglichkeit und die Hinfälligkeit des menschlichen Daseins wäre kaum mit dem höfisch-repräsentativen Musikinteresse in Einklang zu bringen, so dass auch nach den sozialen, weltanschaulichen und moralischen Implikationen der musikalische Sphären zu fragen ist.

4. Musik – ›Teufelszeug‹ oder Mittel zur geistlichen Erbauung?

Welche Rolle der Musik im Herzogtum Württemberg der Magdalena Sibylla zugestanden werden konnte, gibt der Fall des Stuttgarter Hofmusikers Philipp Gottfried Weydner zu erkennen, der zwei Tage nach seinem Selbstmordversuch am 3. März 1702 verstarb. Johann Henrich Reitz berichtet in seiner *Historie Der Wiedergebohrnen* (Idstein 1717) von

> *Einem frommen Jüngling (der sich in der hypochondrischen Kranckheit theils vom Gnadenzug Gottes, theils von feindlicher Beängstigung, überworffen sahe, daß er in äussersten Zweifel an seiner Seligkeit gerieht, weil er vormittags mit Singen Gott gedient, und nachmittag mit seiner Musik in der Opera dem Teuffel ein Opffer gebracht, und einmal in der Angst in Verstands-Verwirrung kam, dass er sich in* [den] *Hals stach, davon er eine hitzige Kranckheit bekommen, und in hertzlicher Buß gestorben ist.*[36]

In der Vita Weydners prallen zwei gänzlich unterschiedliche soziale Sphären der Musik aufeinander, und vor allem die weltliche Sphäre war um 1700 in einer Umbruchsphase. Die Modernisierung der Instrumentalmusik, der Bühnenmusik, die nachfolgende Theatralisierung der Kirchenmusik und die pietistische Frömmigkeitspflege bewirkten, dass musikalische Sphären als unversöhnliche Konzepte verstanden werden konnten, und an der Oper als einer von den Affekten bestimmten Gattung entzündeten sich oft heftige Auslassungen.[37] Das Schicksal des suizidalen Musikers, dessen Gemütszustand gerade durch die Unterschiedlichkeit der Sphären seines musikalischen Handelns verstärkt worden war, mag drastisch sein, aber es weist darauf hin, dass der Chronist Reitz diesen Sachverhalt für überlieferungswürdig hielt, gerade weil sich Stuttgart in jener Zeit unter Eberhard Ludwig anschickte, zu einem Opernzentrum zu werden. Damit wurden aber auch erneut und trotz einer gewissen Voreingenommenheit des Herausgebers, der vorbildliche Exempla einer pietistischen Lebensführung publizieren wollte, die moralischen Implikationen der Musik, hier insbesondere der Oper, dargestellt. Der Fall verweist also auf die tiefe Spaltung von

36 Durch Johann Samuel Carl, so SCHÖLLKOPF: Johann Reinhard Hedinger (wie Anm. 23), S. 123f; Johann Henrich REITZ: Historie Der Wiedergebohrnen, Bd. 3, Teil VI, Idstein 1717, S. 367. Zu Weydner (Weidner) vgl. JOSEF SITTARD: Zur Geschichte der Musik und des Theaters am Württembergischen Hofe. Nach Originalquellen, Erster Band: 1458–1733, Stuttgart 1890, S. 68.

37 Vgl. dazu beispielsweise Joachim KREMER: Joachim Gerstenbüttel (1647–1721) im Spannungsfeld von Oper und Kirche. Ein Beitrag zur Musikgeschichte Hamburgs (Musik der frühen Neuzeit. Studien und Quellen zur Musikgeschichte des 16.–18. Jahrhunderts, Bd. 1), Hamburg 1997, S. 106–133.

Anschauungen und Haltungen, die an der Musik offensichtlich wurden. Die Liedsammlungen Magdalena Sibyllas und des Stuttgarter Stiftspredigers Johann Reinhard Hedinger sind auf geistliche Erbauung ausgerichtet und stehen musikalisch und textlich weit entfernt von solcher Opernmusik. Das passt auch zu Hedingers kritischem Bemühen, die Moral am Hofe zu heben und Vergnügungen einzuschränken: Zu seinem 1704 erschienenen *Beichtspiegel* verfasste Hedinger *Eine Zugabe von Comödien, Operen und anderen kurtzweiligen Schau-Spielen, samt deren Ausflüchten.*[38] Aber Hedinger wusste wovon er sprach, er kannte Empfänge, Feste, Tanz- und Fechtunterricht, Ball- und Theaterbesuche, weil er dieses in der Beschreibung der Kavaliersreise des Prinzen Johann Friedrich erwähnt.[39]

Die Phase der musikalischen Umorientierung hatte in Stuttgart bereits 1682 mit der Widmung der Suitensammlung *Composition de musique*[40] durch Johann Sigismund Kusser, einem Schüler des berühmten Versailler Komponisten Jean-Baptiste Lully, an den württembergischen Herzogsverwalter Friedrich Carl begonnen. Mit dem Hinweis »suivant la Method Francoise« wurde auf dem Titelblatt dieser Frankreichbezug angepriesen,[41] und mit der Person Kussers als Fachmann für französische Musik, mit der Gattung »Ouvertürensuite« und auch mit den Singspielen und den Ballettaufführungen der 1680er und 90er Jahre schickte sich der Stuttgarter Hof an, modern und konkurrenzfähig zu werden. Das überregional entscheidende Opernzentrum war Stuttgart zu jener Zeit nicht, aber dennoch war das moralisch-musikalische Schreckensbild der Oper durchaus bekannt und gegenwärtig, wie das Beispiel des Musikers Weydner zeigt.

Wenig bekannt ist indes (auch der heutigen Forschung) die andere Seite der musikalischen ›Medaille‹, der damalige Zustand der geistlichen Musik und insbesondere der Kirchenmusik. Um anzudeuten, warum diese Frage von außerordentlicher Brisanz ist, bedarf es eines kurzen forschungsgeschichtlichen Rückblicks: Das bis 1695 vorhandene Stuttgarter kirchenmusikalische Repertoire ist detailliert bekannt, weil in jenem Jahr ein Katalog der Musikalien der Stuttgarter Stiftskirche erstellt wurde, der zahlreiche, heute zum Teil verschollene Werke nachweist. Aber dieser Katalog erfasst Repertoire, das vor der entscheidenden Modernisierung der evangelischen Kirchenmusik lag, also vor der Einführung der sog. madrigalischen Kantate, die den Worten Erdmann Neumeisters zufolge nichts anderes als ein »Stück aus einer Opera« sei, nämlich »von Stylo Recitativo und Arien zusammen ge-

38 Johann Reinhard HEDINGER: Beichtspiegel oder Kurtze Anzeige wie ein rechtschaffener Christ und Communicant nach seinem Beruff und Stand sich vor Gott prüfen solle, angehängt an: Christliche Erweckung bussfertiger Communicanten, Stuttgart 1702, nach S. 170. 1703 beklagte Hedinger auch die Ausgaben für Geigen und fürs Lautenstimmen; vgl. SCHÖLLKOPF: Johann Reinhard Hedinger, S. 68.

39 SCHÖLLKOPF: Johann Reinhard Hedinger (wie Anm. 23), S. 39 beruft sich auf die Reisebeschreibung in: WLB (Handschriftenabteilung), Cod. Hist. 4° 195.

40 Johann Sigismund KUSSER: Suiten für Orchester (Musikalische Denkmäler, Bd. XI), Mainz u.a. 1994.

41 Joachim KREMER: Händel, Frankreich und die Rolle des ›Französischen‹ für den vermischten Geschmack, in: Hans Joachim MARX/Wolfgang SANDBERGER (Hgg.): Göttinger Händel-Beiträge XIV, Göttingen 2012, S. 57–82.

setzt.«[42] Der Jahrhundertbeginn bietet aber ein heterogenes Erscheinungsbild: Selbst in der unmittelbaren Umgebung des Kantatenschöpfers Neumeister dauerte es bis 1709/10, bis dieser Kantatentyp in komponierter Form in die Kirchen kam, zudem kann man nicht davon ausgehen, dass die Übernahme überall erfolgte und die fortdauernde Existenz älterer Typen ist damit nicht ausgeschlossen. Unter »Aria« kann deshalb in dieser Übergangszeit auch ein Strophenlied verstanden werden, wie es z. B. der Stuttgarter Hofmusiker Johann Georg Störlin mit der Aria *Darum sag ich ab der Welt* in seiner wohl um 1705 in Stuttgart gedruckten *Kantate, welche die Freund- und Leutseligkeit Gottes in Jesu Christo durch dessen heilsame Geburt und Menschwerdung betrachtet, vorstellet. In gebundener Rede von Friedrich Wallisern* komponierte.[43] Solche Kompositionen können in ihrer strophischen Anlage und ihrer liedhaften Melodik gleichermaßen eine Nähe zur liturgischen Musik wie auch zur häuslichen Erbauungsmusik dokumentieren.

5. Das geistliche Lied

Die 1698 und 1702 in einem Katalog erfasste Bibliothek Magdalena Sibyllas[44] enthält eine kleine Zahl von Musikdrucken, vor allem auf geistliche und moralisierende Texte. Vorhanden sind neun Liedsammlungen des in Wedel an der Elbe ansässigen Pastors Johann Rist, eine Liedsammlung des Rudolstädter Kapellmeisters Philipp Heinrich Erlebach, dazu die *Andächtige Singlust* von Amalia Catharina zu Erbach, zwei Drucke des bislang kaum bekannten Stuttgarter Hofmusikers Johann Christoph Stierlin und die Arien aus Johann Sigismund Kussers Oper *Ariadne*, unter dem Titel *Heliconische Musenlust*. Sie alle stammen aus der Zeit vor 1700, und vorwiegend handelt es sich um strophische Kompositionen, die mitunter arios ausgeformt und – wie im Falle Erlebachs – mit obligaten Instrumentalstimmen gesetzt sein können.

Gemeinsam mit ihren eigenen Andachtsbüchern, dem *Andachtsopfer* und der *Kreuzpresse*, die beide um 1706 erneut gedruckt wurden,[45] ist also ein Liedrepertoire im Besitz der Mag-

---

42 So der Vorbericht zu Neumeisters *Geistlichen Cantaten* (1705); zit. nach Irmgard SCHEITLER: Deutschsprachige Oratorienlibretti. Von den Anfängen bis 1730 (Beiträge zur Kirchenmusik, Bd. 12), Paderborn u. a. 2005, S. 139.

43 Johann Georg STÖRLIN: Kantate, welche die Freund- und Leutseligkeit Gottes in Jesu Christo durch dessen heilsame Geburt und Menschwerdung betrachtet, vorstellet. In gebundener Rede von Friedrich Wallisern, Stuttgart [ca. 1705]. Eine Beschreibung der Kantate findet sich in Ekkehard KRÜGER: Die Musikaliensammlung des Erbprinzen Friedrich Ludwig von Württemberg-Stuttgart und der Herzogin Luise Friederike von Mecklenburg-Schwerin in der Universitätsbibliothek Rostok, Bd. II,2: Katalog. Komponisten Q-Z, Anonymi, Sammelwerke, Register, Beeskow 2006, S. 904f.

44 Verzeichnis der Jenigen Bücher, so Sich in der Bibliothec der Durchleüchtigsten Verwittibten Fraw Hertzogin befinden [...] angefangen den 30.ten Junii ao. 1698. und wiederum erneüert den 1ten Martii ao. 1702, WLB, Handschriftenabteilung Cod. hist. 8° 305.

45 Magdalena Sibylla von WÜRTTEMBERG: Gott geweyhtes Andachts-Opffer, Darinn eine Gott gelassene Seele [...] mit Gebett und Liedern demütigst aufopffert, Stuttgart 1690 und Magdalena Sibylla von WÜRTTEMBERG: Das mit Jesu gekreutzigtes Hertz: oder andächtige Betrachtungen des bittern

dalena Sibylla nachweisbar, das für Solostimme mit Generalbass gedacht ist, das aber auch mehrstimmig sein kann. Dem Typus des durch den Generalbass begleiteten Sololieds stehen auch Magdalenas eigene Dichtungen nahe, nämlich die Folgenden:

Christliche Betrachtung der betrübten Zeit, und freudenvolle Ewigkeit. Aus unterschiedlichen Trauer- und Todts-Gedichten, auch Andächtigen Abhandlungen, von Dem Zustand künfftiger Dinge, nach diesem irdischen Leben in Zweyen Theilen beschreiben, Und mit Geistlichen Sinnbildern gezieret, Von Einer Gott-liebenden Seelen, Nürnberg 1680.

Gott geweyhtes Andachts-Opffer, Darinn eine Gott gelassene Seele sich Ihrem Jesu tägllich: Morgens, Mittags und Abends, in heißter ANDACHTS-GLUT, mit Gebett und Liedern demütigst aufopffert, Stuttgart 1690.

Das mit Jesu gekreutzigtes Hertz: oder andächtige Betrachtungen des bittern Leidens und Sterbens unseres Herrn und Heylands Jesu Christi, wie auch der letzten sieben Worte am Kreutz, samt angefügter KREUTZ-PRESSE der glaubigen Seelen, Stuttgart 1698.

Geistliche Krancken-Apotheck: Das ist Christliche und Schrifftmäßige Unterweisung [...], Stuttgart 1703.

Gottgeweyhtes Andachtsopffer, 2. Aufl. 1706.

Auflagen nach 1712:
Das mit Jesu gekreutzigtes Hertz, Stuttgart 1714.

Gottgeweyhtes Andachtsopffer, Stuttgart ca. 1722.

XXIII. Geistliche Betrachtungen über verschiedene Kreutz- und Trost-Sprüche, Stuttgart 1731.

Das mit Jesu gekreutzigtes Hertz, Stuttgart 1732.

Gottgeweyhtes Andachtsopffer, Stuttgart 1746.

Magdalenas literarische Produktionen und ihre musikalische Rezeption bewegen sich also nahe an der Schnittstelle, die auch der Stuttgarter Stiftsprediger Johann Reinhard Hedinger (1664–1704) im Jahre 1700 mit einem Gesangbuch bediente. Sein für die Hofgemeinde bestimmter *Andächtiger Hertzens-Klang* nahm 59 Lieder von Paul Gerhardt, auch Lieder von Johann Rist, Johann Heermann, dazu sechs Lieder von Philipp Jacob Spener und 46 Lieder

Leidens und Sterbens unseres Herrn und Heylands Jesu Christi, wie auch der letzten sieben Worte am Kreutz, samt angefügter Kreutz-Presse der glaubigen Seelen, Stuttgart 1698.

von Ludämilie von Schwarzburg-Rudolstadt auf. Hedingers Buch war gleichermaßen als Hausgesangbuch und als Kirchengesangbuch gedacht,[46] und 1711 gab der Stuttgarter Kapellmeister und Stiftsorganist Johann Georg Christian Störl dazu ein Choralbuch heraus, sein *Choral Schlagbuch von alten und neuen, vornehmlich in Dr. Hedingers Gesangbuch enthaltenen Liedern: Im Discant und Bass*. Hedingers Lieder waren damit an zentraler Stelle verordnet worden, und sie wurden auch musicaliter rezipierbar, wie der Titel sagt in »Discant und Bass«. Mit seinen Auflagen von 1705 und 1713 vermittelte dieses Buch also frühpietistisches Liedgut, und zwar bereits vier Jahre vor dem Erscheinen des Freylinghausenschen Gesangbuches im Jahre 1704.[47]

Der Autor des Buches, Hedinger, stand dem Hof und auch Magdalena Sibylla nahe. Er war Sekretär und Reiseprediger des Prinzen Johann Friedrich (gestorben 1693), und 1692 war er Feldprediger des Administrators Friedrich Carl gewesen. Magdalena Sibylla hatte ihn im Spätsommer 1694 nach Gießen empfohlen, was im Zuge der pietistischen Umgestaltung der dortigen Universität eine wichtige Einflussnahme darstellte.[48] Auch bei seiner Berufung als Hofprediger und Konsistorialrat nach Stuttgart im Jahre 1699 soll Magdalena die Fäden gezogen haben. Hedinger widmete 1702 seinen *Passionsspiegel*, der eigene Liederdichtungen enthält, der Herzogswitwe, 1706 und 1716 erlebte das Buch Neuauflagen.[49]

An dieser Stelle ist deutlich erkennbar: Mit den angekauften Lieddrucken, mit der Eigenproduktion, den Wiederauflagen der herzoglichen Erbauungsschriften und mit den ihnen nahestehenden württembergischen Liederbüchern ist in den Jahren 1680 bis 1711 eine rela-

---

46 Andächtiger Hertzens-Klang/ In dem innersten Heiligthum Gottes/ einer glaubigen Seele/ Mit Psalmen/ Lob-Gesängen und geistlichen Liedern angestimmet: Neu-zusammengelesenes Gesang-Buch/ Darinn 400. geistreiche und schöne/ grossen Theils unbekandte Lieder/ Samt denen andern bereits üblichen Gesängen enthalten; Zum heiligen Gebrauch Hochfürstl. Würtemb. Hof-Kirchen [...] Mit einem Anhang einiger der nötigsten Glaubens- und Lebens-Regeln/ und etlicher Geboth angefertiget / von D. Joh. Reinhard Hedingern/ Consistorial-Raht und Hof-Predigern, Stuttgart 1700. Vgl. Wolfgang SOMMER: Johann Reinhard Hedinger als Hofprediger in Stuttgart, in: DERS.: Politik, Theologie und Frömmigkeit im Luthertum der Frühen Neuzeit. Ausgewählte Aufsätze (Forschungen zur Kirchen- und Dogmengeschichte, Bd. 74), Göttingen 1999, S. 124f. Siehe dazu auch SCHÖLLKOPF: Johann Reinhard Hedinger (wie Anm. 23), S. 129. Trotz der 23, teils veränderten Luther-Lieder ist dieses Gesangbuch typisch für die Frömmigkeitsbewegung um 1700.

47 Die zeitliche Abfolge von Darmstädter Gesangbuch (1698), Hedinger (1700 und 1702) und Freylinghausens Gesangbuch (1704) lässt eine Abhängigkeit des letzteren annehmen; vgl. SCHÖLLKOPF: Johann Reinhard Hedinger (wie Anm. 23), S. 134. Die zentrale Rolle des Darmstädter Gesangbuches unterstrich bereits Oswald BILL: Christoph Graupners Choralbuch von 1728 im pietistischen Umfeld. Einflüsse des Gesangbuchs von Eberhard Philipp Züehl auf den Kirchengesang in Hessen-Darmstadt, in: Gudrun BUSCH/Wolfgang MIERSEMANN (Hgg.): Pietismus und Liedkultur (Hallesche Forschungen, Bd. 9), Tübingen 2002, S. 201–226.

48 Auf ihrer Reise nach Schweden hatte Magdalena in Gießen Station gemacht: vgl. Ernst MÜLLER: Als Die Durchleuchtigste Prinzessin/ Prinzessin Magdalena Sibylla/ Landgräffin zu Hessen [...] Von Darmstad/ in Holstein und darauß in Schweden [...] geführet ward/ und Am 5ten des Christmonats/ dieses 1665ten Jahrs/ zu Giessen/ glücklich angelanget/ Bewilkommte Ihre Fürstliche Durchleucht [...], Gießen 1665.

49 Johann Reinhard HEDINGER: PASSIONS-SPIEGEL,Oder Zwölff andächtige Betrachtungen/So viel merckwürdige Umstände des blutigen Leidens und Sterbens JESU CHRISTI unsers HERRN/Deren jede Mit drey Liedern begleitet/ [...], Stuttgart 1702.

tiv große Dichte liedgeschichtlicher Quellen nachweisbar, in deren Umfeld Magdalena Sibyllas literarische Produktionen gut platziert sind. Zwar ist gegenwärtig noch nicht näher bekannt, ob die hier benannten Drucke alle dasselbe theologische, literarische und musikalische Anliegen teilen, denn vergleichende Untersuchungen liegen nicht vor.[50] Gemeinsam ist aber diesen Quellen, dass sie wie das Konzept des von Magdalena Sibylla favorisierten strophischen Liedes[51] partizipative Gattungen darstellen. Sie sind leicht aufzuführen, und gerade durch diese Eigenschaft kann – wie es der Stuttgarter Hofmusicus Johann Christoph Stierlin sagt – *eine Englische Lust/ und [ein] Vorschmack deß ewigen Lebens empfunden/ der traurige Geist vertrieben/ die Lebensgeister aufgemundert/ und die Seele/ von dem Irdischen/ zu dem Himmlischen/ gezogen* werden.[52] Die Grenze zwischen häuslichem Erbauungslied, Gemeindelied und solistisch-kunstvollem (wenngleich auch strophischem) Lied ist damit alles andere als klar definiert. Und sogar die Umtextierung von Opernmusik ist damit nicht ausgeschlossen: Heinrich Georg Neuß hatte in seiner Liedsammlung *Heb-Opfer zum Bau der Hütten Gottes* (Lüneburg 1692) einigen seiner Dichtungen sogar Opernmelodien unterlegt.[53] Der auch seitens der Forschung meist als unvereinbar betrachtete Gegensatz von »Oper« und »geistlichem Lied«, der in diskursgeschichtlicher Hinsicht sicher wirkte und nachweisbar ist, löst sich in diesem Fall auf, weil der Rezeptionskontext, also die geistliche Einbindung, die übergeordnete Kategorie darstellt. Die in der Bibliothek Magdalena Sibyllas vorhandenen *Zeit- und Ewigkeitsbetrachtungen* Stierlins sind dabei eine Ausnahme: Deutlich um Expressivität bemüht, heben sie Worte wie »Höllenschlund« hervor, aber gerade darin wirken sie im ausgehenden 17. Jahrhundert und vor dem Hintergrund einer französisch-galanten Melodik altertümelnd; in Melodiebildung und Binnengliederung sind sie so gänzlich verschieden von den damals modernen Kompositionen. Rainer Bayreuther hatte als bestimmend für die pietistische Musikauffassung die Kategorie der »Üppigkeit« betrachtet, deren Vermeidung alle anderen Mittel untergeordnet seien. Aber nicht nur eine gewisse reduktionistische Haltung, sondern auch eine bestimmte Kontextualisierung konnte die pietistische Rückbindung leisten.[54] Ohne an dieser Stelle eine ausgiebige Diskussion der verschiedenen

---

50 An dieser Stelle wird erkennbar, dass der Terminus »Lied«, den auch Magdalena benutzte und der Hartmut Lehmann dazu verleitete, von Kompositionen Magdalenas zu sprechen (die aber in ihrem Nachlass nicht vorliegen), im Sinne von »carmen« zu sehen ist. Damit ist die musikalische Ausgestaltung eines literarischen *carmen* nur eine nachgeordnete Frage. Vorrangig ist die theologische Ausrichtung der Texte, weswegen Magdalena weitgehend nur mit wortgebundener Musik in Verbindung war; vgl. LEHMANN: Pietismus und weltliche Ordnung (wie Anm. 1), S. 30.

51 Koldau wies ebenfalls auf die »hohe Bedeutung« hin, die Magdalena Sibylla dem geistlichen Lied beimaß; KOLDAU: Frauen (wie Anm. 1), S. 256.

52 Johann Christoff STIERLIN: Musicalische/ Geistliche/ Zeit- und Ewigkeits-Betrachtung/ Bestehend/ In Fünff-und Zwantzig Arien, worunter Zwölf Monat-Lieder zu finden, die übrigen aber in allerhand Zeiten zu gebrauchen seynd [...] Stuttgart 1688, [Vorrede].

53 Joachim KREMER: Musikalisches Werk und historischer Kontext. Überlegungen zur ›pietistischen Musik‹ am Beispiel von Carl Philipp Emanuel Bachs Passionskantate und Ludwigsluster Choralkantaten, in: Udo STRÄTER (Hg.): Interdisziplinäre Pietismusforschungen. Beiträge zum Ersten Internationalen Kongress für Pietismusforschung 2001 (Hallesche Forschungen, Bd. 17/1 und 17/2), Bd. 1, Tübingen 2005, S. 452.

54 KREMER: Musikalisches Werk (wie Anm. 53), S. 441–452.

Ansätze zur Frage einer pietistischen Musik zu leisten, kann bezogen auf Magdalena Sibylla festgestellt werden, dass das strophische Lied weniger in den Verdacht der Üppigkeit kam (detaillierte Analysen der Melodien wären dennoch anzustellen, um den zeitgenössischen Vorwurf des schwärmerischen Singens zu bewerten oder auszuschließen), und dass sowohl der häusliche wie liturgische Kontext dem gleichen Zweck der geistlichen Erbauung dienen konnte.

6. Kirchenmusik – geistliche Musik – pietistische Musik?

Die Dichtungen Magdalena Sibyllas stehen also dem Kreuzungsbereich von Erbauungsmusik und Kirchenmusik nahe. Man kann sich diese sogar musikalisiert vorstellen, weil die Texte bei identischer Reimstruktur auf vorhandene Melodien gesungen werden können. Vorstellbar ist diese ad hoc-Aufführung, da auch der Kupferstich des *Castrum doloris* die Titelkupfer ihrer Druckpublikationen integriert und nicht etwa in eine Sphäre der Privatheit abgedrängt hat (Abb. 1). Die Stimmigkeit der vorgestellten Vita ist damit Programm, und zu dieser Stimmigkeit stellte eine Musikalisierung der Texte keinen Widerspruch dar.

In der Lebenswirklichkeit der Magdalena Sibylla hatte Musik einen unverzichtbaren Platz: Sie kannte die Bühnen- und Ballettmusik, hatte vermutlich die hochmoderne Instrumentalmusik zur Kenntnis genommen, die Kusser ihrem Schwager widmete, aber in ihrem eigenen musikalischen Handeln favorisierte sie immer die sinntragende Vokalmusik. Es war folglich in ihrer Todesstunde die Vokalmusik, die sie ein letztes Mal erweckte: *da dieser Englische Gesang sich hören ließ/ öffnete die Gottseelige Hertzogin ihre bißhero eingeschlummerte[n] Augen gantz munter [...] hörete begierig zu/ bezeugete auch hernach mit Dero Ja-Wort/ es gehöret zu haben.*[55] Ihr musikalischer Blick geht damit immer (und mit dem Singen von Liedern sogar bis zu ihrem Tode) vom Text aus. Das bezeugen die 1712 gedruckten *Personalia*:

> *Da auch noch des Donnerstags Morgens gegen 8. Uhr die Bettstunde vor Dero Hoch-Fürstl. Zimmer gehalten wurde/ empfunde Dero Seele absonderlich aus dem Gesang so grosse Freudigkeit/ daß Sie aus den äusserlichen Geberden zu schliessen und mithin im Singen unermüdet fortzufahren war. Es wurden Ihnen sonderlich auch vorgesungen/ die von Ihnen so werthgehaltene Lieder:*
> *Valet will ich dir geben etc.*
> *Meinen JEsum laß ich nicht etc.*
> *Herr Jesu Christ wahr Mensch etc.*
> *Hertzlich thut mich verlangen etc.*
> *Freu dich sehr/ O meine Seele etc.*
> *JESU hilff siegen etc.*
> *Gleichwie der Hirsch etc.*
> *Ich ruff zu dir etc.*

55 Personalia (wie Anm. 4), S. 63.

JESU meines Lebens Leben etc.
Gottlob ein Schritt zur Ewigkeit etc.
Was Gott thut/ das ist wohl etc.
Jesu deine tieffe Wunden etc.
Und das Ihro vorher tieff ins Hertz gedruckte Lied:
Warum solt ich mich dann grämen?[56]

Ebenso deutet eine Komposition des ab 1686 an der Stuttgarter Stiftskirche tätigen Organisten Philipp Jakob Böddecker diese Nähe an, nämlich seine offenbar 1701 beim Stuttgarter Buchdrucker Paul Treu erschienenen Choralvariationen mit dem folgenden Titel

> *Höchst-schätzbares seelen-Kleinod/ hangend/ an dem hell-leuchtenden geistlichen/ Morgen-Stern/ Oder/ Zwey schöne geistreiche Lieder [...] Der Durchleuchtigsten Fürstin und Frauen/ Frauen/ Magdalenae Sibyllae [...] Seiner Gnädigsten Fürstin und Frauen/ Als Hoch-erleuchten Urheb- und Dichterin deß obberührten/ Ersten Liedes/ [...] In einem doppelten (und einfachen und fugirten) Musical. Contra-Punct/ mit 4. Stimmen/ samt einem General-Bass und Violon/ gesetzt und überreicht.*

Böddecker kombiniert in dieser Komposition das von Magdalena Sibylla gedichtete Lied *Was ist doch höher wol zu schätzen* (das in Hedingers *Andächtiger Hertzens-Klang* aufgenommen wurde) mit dem Lied *Wie schön leucht uns der Morgenstern* von Philipp Nicolai.[57]

Nicht als Komponistin, aber als produktive Liederdichterin, als Autorin verschiedener Erbauungsschriften und eines Gesangbuches war sie damit produktiv, und ihre Autorität war mit einer Lebenshaltung verbunden, die nicht in der Privatheit blieb, sondern nach außen getragen wurde: Nach der Schlacht bei Ötisheim im September 1692 verordnete sie einen Buß- und Bettag, bei dem die frühpietistischen Pastoren zur Buße aufriefen.[58] Bei der Berufung Hedingers nach Marburg wirkte sie offenbar gemeinsam mit ihrer hessischen Stiefmutter im Hintergrund mit, doch ist diese Rolle nicht bis ins letzte geklärt. Formal sprach Eberhard Ludwig die Empfehlung aus, im Hintergrund scheinen aber die einflussreichen Fürstenmütter in Darmstadt und Stuttgart (mit-)gewirkt zu haben.[59]

Sieht man Magdalena Sibylla aufgrund dieser vielfach nachzuweisenden *praxis pietatis* als geistlichen Kristallisationspunkt, dann versteht man, warum der Hofmusiker Stierlin, der in seinem Vorwort die allseits »Hohe Gewogenheit« der Herzogin »gegen[über] der Edlen Music, und derselben Ergebene« betont, ihr und auch ihren Kindern diese geistlichen *Ewigkeits-Betrachtungen* widmete. Gerade aber in der Verwischung der Grenze zwischen Liturgie und Alltag, zwischen Gottesdienst und Leben sowie zwischen Musik und Literatur liegt die

---

56 Personalia (wie Anm. 4), S. 72f.

57 Die Komposition befindet sich (fragmentarisch) unter der Signatur HB XVII 717 in der WLB; vgl. Clytus GOTTWALD: Codices musici (Die Handschriften der württembergischen Landesbibliothek Stuttgart, Zweite Reihe: Die Handschriften der ehemaligen königlichen Hofbibliothek, Sechster Band: Codices musici, Bd. 3), Wiesbaden 2004, S. 263f.

58 LEHMANN: Pietismus und weltliche Ordnung (wie Anm. 1), S. 27f.

59 SCHÖLLKOPF: Johann Reinhard Hedinger (wie Anm. 23), S. 53f.

Abb. 9: Magdalena Sibylla von WÜRTTEMBERG: Leichen-Arie (1712).

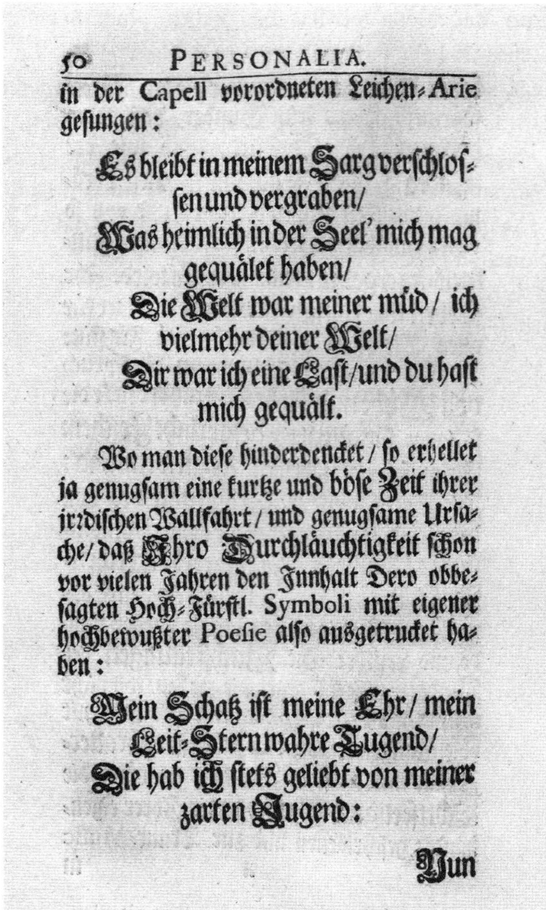
50 PERSONALIA.

in der Capell vorordneten Leichen-Arie gesungen:

Es bleibt in meinem Sarg verschlos-
sen und vergraben/
Was heimlich in der Seel' mich mag
gequälet haben/
Die Welt war meiner müd/ ich
vielmehr deiner Welt/
Dir war ich eine Last/und du hast
mich gequält.

Wo man diese hinderdencket/ so erhellet ja genugsam eine kurtze und böse Zeit ihrer irrdischen Wallfahrt/ und genugsame Ursache/ daß Ihro Durchläuchtigkeit schon vor vielen Jahren den Innhalt Dero obbesagten Hoch-Fürstl. Symboli mit eigener hochbewußter Poesie also ausgetrucket haben:

Mein Schatz ist meine Ehr/ mein
Leit-Stern wahre Tugend/
Die hab ich stets geliebt von meiner
zarten Jugend:

Nun

pietistische Grundtendenz, alle Lebensbereiche der Frömmigkeit unterzuordnen, so wie es Magdalena Sibylla selbst praktiziert haben soll. Die von ihr gedichtete, in der Hofkapelle gesungene *Leichen-Arie* (Abb. 9) benennt damit aber auch ein recht zwiespältiges Verhältnis zur Welt:

Es bleibt in meinem Sarg verschlossen und vergraben,
was heimlich in der Seel' mich mag gequälet haben/
Die Welt war meiner müd/ ich vielmehr deiner Welt/
Dir war ich eine Last/ und du hast mich gequält.[60]

In dieser Kompromisslosigkeit aber und im Gegensatz zu der von ihrem Schwager und ihrem Sohn nachdrücklich betriebenen Modernisierung der höfischen Kultur Württembergs

60 Personalia (wie Anm. 4), S. 50.

trug Magdalena Sibyllas Beispiel zu einer Bewusstseinserweiterung bei: Der Pietismus stellte ein Lebensmodell vor Augen, das frei gewählt werden konnte und sozial nicht festgelegt, sondern Stände übergreifend war. Während aber der Hofmusiker Weydner an der Polarität zwischen Oper und Frömmigkeit zerbrach, beförderte die Unterschiedlichkeit der Lebensentwürfe auch das Bewusstsein für Handlungsspielräume und Wahlmöglichkeiten. Nur so ist nämlich zu verstehen, dass Johann Heinrich Zedler in seinem *Universal-Lexicon* 1735 über die »Lebens-Art« nachdachte und dabei ausdrücklich auf die Freiheit in der individuellen Lebensgestaltung hinwies.[61]

61 Johann Heinrich ZEDLER: Lebens=Art, in: Grosses vollständiges Universal LEXICON Aller Wissenschaften und Künste, Bd. 16, Halle-Leipzig 1735, Sp. 1273–1276.

»Hier liegt mein Heiland in dem Garten«. Herzogin Magdalena Sibylla und der Pietismus in Württemberg

Eberhard Fritz

In der württembergischen Landesgeschichte wäre eine adelige Dame wie Herzogin Magdalena Sibylla wohl kaum der Erwähnung wert, wäre sie nicht durch ihre geistlichen Gedichte und die von ihr zumindest mitinitiierte Ausstattung der Schlosskapelle an ihrem Witwensitz Stetten im Remstal hervorgetreten.[1] Zwar war sie die Gemahlin des regierenden Herzogs Wilhelm Ludwig von Württemberg, aber dieser verstarb nach nur dreijähriger Regierungszeit, damit endete eine nur vier Jahre dauernde Ehe.[2] Durch den plötzlichen Tod verlor die Herzogin unvermittelt ihre Stellung als Landesfürstin und sank auf den Status einer fürstlichen Witwe herab.[3] Auch wenn sie neben dem Herzog-Administrator Friedrich Karl als »Mitvormünderin« für ihren kleinen Sohn und Thronfolger Herzog Eberhard Ludwig eingesetzt wurde[4], kam ihre Stellung nicht mehr der einer regierenden Herzogin gleich. Allerdings war ihr in einem Vergleich ein Informationsrecht über alle wichtigen Staatsangelegenheiten zugestanden worden. Damit konnte sie auf der politischen Ebene intervenieren und in die Opposition zum Herzog-Administrator Friedrich Karl gehen, was dessen Handlungsfreiheit einengte.[5] Bis zum Regierungsantritt ihres Sohnes Eberhard Ludwig im Jahr 1693 nahm sie ihre Rechte als Mitvormünderin aktiv wahr[6], so dass sich die Frage stellt, ob man diese Funktion wie Walter Grube oder Gabriele Nieder als »politisch einflusslos« bezeichnen kann.[7] Vor allem in den »Franzosenkriegen« engagierte sie sich

1 Joachim FISCHER: Herzogin Magdalena Sibylla, in: Sönke LORENZ/Dieter MERTENS/Volker PRESS (Hgg.): Das Haus Württemberg. Ein biographisches Lexikon, Stuttgart 1997, S. 162f.

2 Joachim FISCHER: Herzog Wilhelm Ludwig, in: LORENZ/MERTENS/PRESS: Haus Württemberg (wie Anm. 1), S. 161f.

3 Martina SCHATTKOWSKY (Hg.): Witwenschaft in der Frühen Neuzeit. Fürstliche und adlige Witwen zwischen Fremd- und Selbstbestimmung (Schriften zur sächsischen Geschichte und Volkskunde, Bd. 6), Leipzig 2003.

4 HStA Stuttgart G 181 U 340 (Bestätigungsurkunde Kaiser Leopolds I. über die Mitvormundschaft, 5.8. 1678). G 184 Bü 6 (Akten über die Vormundschaft). Nach Eberhard v. STOHRER: Die Reichsverwesung. Ein Beitrag zur Geschichte des württembergischen Verfassungsrechts, in: WVjH 18 (1909), S. 428, war Herzogin Magdalena Sibylla im Ehevertrag ausdrücklich eine Mitregierung für einen minderjährigen Sohn im Falle ihrer Verwitwung zugesichert worden.

5 Sinngemäß zitiert nach Bernd WUNDER: Der Administrator Herzog Friedrich Karl von Württemberg (1652–1698), in: ZWLG 30 (1971), S. 117–163, hier S. 125.

6 Beispielsweise mischte sich die verwitwete Herzogin gemeinsam mit dem Geheimen Rat massiv in die Verhandlungen um die hannoversche Kurwürde ein und bezog eine Gegenposition zu Herzog-Administrator Friedrich Karl. Wolfgang BURR: Die Reichssturmfahne und der Streit um die hannoversche Kurwürde, in: ZWLG 27 (1968), S. 264–270.

7 Walter GRUBE: Der Stuttgarter Landtag 1457–1957. Von den Landständen zum demokratischen Parlament, Stuttgart 1957, S. 349; Gabriele NIEDER: Ferdinand Christoph Harpprecht (1650–1714),

Abb. 1: Bartholomäus KILIAN: Magdalena Sibylla von Württemberg (1674).

für ihr Land und versuchte, so weit wie möglich, Schaden vom Herzogtum abzuwenden (Abb. 1).

Nach dem Tod ihres Gemahls Herzog Wilhelm Ludwig hatte die verwitwete Herzogin gemäß den Bestimmungen des Ehevertrags ihren Wohnsitz außerhalb der Residenzstadt Stuttgart, im ihr zugewiesenen Schloss Stetten im Remstal, genommen.[8] Dort verblieb ihr ein Hofstaat, aber sie musste sehen, wie sie die Statusminderung verkraftete und die Zeit in der Witwenresidenz ausfüllte. Da die Herzogin aber der neuen Frömmigkeitsrichtung des Pietismus anhing, konnte sie sich als »besondere Förderin und Fürsprecherin« (Wolfgang Schöllkopf) profilieren.[9]

Immerhin trat sie durch den Tod ihres Mannes heraus aus dessen Schatten und nahm eine eigenständige Rolle ein.[10] Deshalb ist die Herzogin nur vor dem Hintergrund ihrer Zeit

---

Tübinger Rechtsprofessor und Württembergischer Rat für Mömpelgarder Angelegenheiten zur Zeit der französischen Reunionen (Tübinger Rechtswissenschaftliche Abhandlungen, Bd. 111), Tübingen 2011, S. 65.

8 HStA Stuttgart GL 155 Bü 73.

9 Wolfgang SCHÖLLKOPF: Johann Reinhard Hedinger (1664–1704). Württembergischer Pietist und kirchlicher Praktiker zwischen Spener und den Separatisten (Arbeiten zur Geschichte des Pietismus, Bd. 37), Göttingen 1999, S. 25.

10 Hansmartin DECKER-HAUFF: Frauen im Hause Württemberg. Leinfelden-Echterdingen 1997, S. 113–124. In dieser Sammlung narrativer Lebensbilder ohne Anmerkungen zeichnet Decker-Hauff

zu verstehen, in der sich bedeutende religiöse und geistige Entwicklungen vollzogen. Vielfach wird sie als frühe Pietistin gesehen, als eine Frau aus dem Hochadel, welche sich dieser neuen Frömmigkeitsbewegung zuwandte und sich aktiv religiös betätigte.[11] Um die Herzogin in den Kontext ihrer Zeit einzuordnen, bedarf es sozusagen einer vertikalen und einer horizontalen Betrachtung. Zum einen muss ihr Status als Angehörige des regierenden Hauses Württemberg berücksichtigt werden, zum anderen aber ist sie im frühen Pietismus zu verorten. Es kann also hier nicht darum gehen, ein Lebensbild der Herzogin zu zeichnen, sondern eher darum, ihre Lebenswelt und ihre religiöse Einstellung näher zu betrachten.

1. Religiöse und kulturelle Interessen in der Dynastie

Was ihre geistigen und religiösen Interessen anbetrifft, so war Herzogin Magdalena Sibylla im Haus Württemberg keineswegs eine singuläre Erscheinung. So weit zu sehen ist, scheinen die Ereignisse des Dreißigjährigen Krieges in der württembergischen Herrscherfamilie einen geistigen Schub ausgelöst zu haben. Im Lauf der langen Kriegszeit war die Dynastie stark in Mitleidenschaft gezogen worden. Herzog Eberhard III. musste zeitweise nach Straßburg flüchten, darüber hinaus drohte ihm der dauernde Verlust eines Drittels seines Landes. Auch finanziell litt die vielköpfige Familie Mangel, denn die ökonomischen Ressourcen reichten kaum aus, um jedem Mitglied eine angemessene Versorgung zu sichern. So gelang es über zwei Generationen hinweg nicht, alle im Haus vorhandenen Töchter standesgemäß zu verheiraten. Zwei Schwestern des Herzogs Eberhard III. blieben unverheiratet. Allerdings war man immer um die Ausbildung sämtlicher Nachkommen, also auch der Prinzessinnen, sehr besorgt. Deshalb ließ man sie von Pfarrern und Lehrern unterrichten. Damit nahmen Ansehen und Stellung dieser adeligen Frauen auch dann zu, wenn sie entgegen der Erwartungen keinen Ehepartner fanden. Ein herausragendes Beispiel ist die Schwester des Herzogs Eberhard III., Prinzessin Antonia (1613–1679).[12] Sie regte die heute noch erhaltene kabbalistische Lehrtafel in der Kirche in Teinach an – nach Elisabeth Moltmann-Wendel »ein Altar weiblicher Heilsschau« – und nahm vermutlich starken Einfluss

ein kritisches Bild der Herzogin (S. 114): »Sie ist sehr schwierig zu beurteilen, denn es gibt Anekdoten über sie, die sie in einem nicht günstigen Licht erscheinen lassen, und es gibt fromme Selbstzeugnisse, die ihre Verwurzelung im frühen Pietismus dokumentieren.«

11 Martin BRECHT: Herzogin Magdalena Sibylla und die Frömmigkeit ihrer Zeit, in: Schwäbische Heimat 26 (1975), S. 21–31; Sybille OSSWALD-BARGENDE: Ein »Polarstern« am württembergischen Firmament. Vor 350 Jahren wurde Herzogin Magdalena Sibylla von Württemberg geboren, in: Schlösser 2 (2002), S. 2–5.

12 Linda Maria KOLDAU: Frauen – Musik – Literatur. Ein Handbuch zum deutschen Sprachgebiet der Frühen Neuzeit, Köln 2005, S. 246–250. Eberhard FRITZ: Prinzessin Antonia von Württemberg im geistigen und religiösen Umfeld des württembergischen Hofes, in: Eva Johanna SCHAUER/Eberhard FRITZ/Elisabeth FRISTER (Hrsg.): Bildung – Glaube – Seelenheil. Das Vermächtnis der Prinzessin Antonia von Württemberg. Die Teinacher Lehrtafel, Lindenberg im Allgäu 2014, S. 7–23.

auf die Gestaltung.[13] Hier werden schon Elemente einer mystischen Frömmigkeit sichtbar, wie sie später im Pietismus eine wichtige Rolle spielen sollten.[14] So sieht Otto Betz die Prinzessin und ihre Berater bereits als Pioniere des Pietismus in Württemberg.[15] Im Nachlassinventar der Prinzessin Antonia ist nur noch ein Restbestand an Büchern aufgeführt, da die Prinzessin noch zu Lebzeiten ihre besten Bücher verschenkt hatte. Es weist sie als für »die damalige Zeit und gewöhnlich gebildete und dazu fromme« hochadelige Dame aus.[16]

Auch eine weitere Schwester des Herzogs, Herzogin Anna Johanna (1619–1679), trieb theologische Studien und erlernte die alten Sprachen.[17] Sie übersetzte 1672 das theologische Lehrbuch *Loci theologici* des württembergischen Theologieprofessors Matthäus Hafenreffer (1591–1619), welches allerdings nicht im Druck erschien.[18] Bereits in dieser Generation ist also bei mehreren Frauen aus der württembergischen Herrscherdynastie ein über die konventionellen Formen weiblicher Frömmigkeit hinausgehendes Interesse an der Theologie und an den verwandten Wissenschaften festzustellen.

Dieses Interesse setzte sich in der folgenden Generation fort. Bei drei Töchtern des Herzogs Eberhard III., also Schwägerinnen der Herzogin Magdalena Sibylla, sind erneut entsprechende Neigungen festzustellen. Herzogin Christine Charlotte (1645–1699) heiratete Fürst Georg Christian von Ostfriesland, der jedoch nach dreijähriger Ehe verstarb. Danach regierte sie als Vormünderin ihres Sohnes 25 Jahre lang Ostfriesland und zählte zu den umstrittensten Fürstinnen ihrer Zeit, weil sie in schwere Auseinandersetzungen mit den Ständen des Landes geriet. Sie kannte Philipp Jakob Spener persönlich, und ihr Sohn, Fürst Christian Eberhard, öffnete während seiner Regierungszeit von 1690 bis 1708 dem Pietis-

---

13 Elisabeth MOLTMANN-WENDEL: Ein Altar weiblicher Heilsgeschichte. Antonia von Württemberg, Kabbalistin und Mäzenatin, in: DIES. (Hg.): Das Leben lieben – mehr als den Himmel. Frauenporträts, Gütersloh 2005, S. 125–141; Eva Johanna SCHAUER: Friedrich Christoph Oetinger und die kabbalistische Lehrtafel der württembergischen Prinzessin Antonia in Teinach, in: Sabine HOLTZ (Hg.): Mathesis, Naturphilosophie und Arkanwissenschaft im Umkreis Friedrich Christoph Oetingers (1702–1782), Stuttgart 2005, S. 165–181; Otto BETZ/Isolde BETZ: Licht vom unerschaffnen Lichte. Die kabbalistische Lehrtafel der Prinzessin Antonia, Metzingen 2000.

14 Gerhard SCHÄFER: Elemente. Die Welt der großen Schwabenväter des 18. Jahrhunderts und ihre Erben, in: BWKG 95 (1995), S. 123: »Es bleibt zu fragen, ob mit dieser Lehrtafel nicht die in Württemberg so vorhandene Sonderprägung des Pietismus, der Spekulative Pietismus des 18. Jahrhunderts, vorweg genommen ist. Und was Spener in seiner Pia desideria anregen wollte ..., all das tritt in der Lehrtafel der Prinzessin Antonia zutage.«; Otto BETZ: Kabbala Baptizada. Die jüdisch-christliche Kabbala und der Pietismus in Württemberg, in: Pietismus und Neuzeit 24 (1998), S. 130–159.

15 BETZ/BETZ: Licht (wie Anm. 13), S. 94.

16 Reinhard BREYMAYER: Städtisches und literarisches Leben in Stuttgart im 17. Jahrhundert. Ein bibliographischer Versuch mit besonderer Berücksichtigung der Prinzessin Antonia von Württemberg und ihrer Bibliothek, in: Klaus GARBER (Hg.): Stadt und Literatur im deutschen Sprachraum der Frühen Neuzeit. Bd. 1, Tübingen 1998, S. 308–383.

17 Michael KLEIN: Herzogin Anna Johanna, in: LORENZ/MERTENS/PRESS: Haus Württemberg (wie Anm. 1), S. 159.

18 Martin H. JUNG: »Coelestis doctrina« und »Praxis Christiana« in der altlutherischen Orthodoxie. Die Loci theologici Matthias Hafenreffers als Versuch praxisbezogener Theologie zwischen Reformation und Pietismus, in: BWKG 96 (1996), S. 40.

Abb. 2: Georg Andreas Wolfgang d. Ä.: Feuerwerk zur Verehelichung Magdalena Sibyllas und Wilhelm Ludwigs von Württemberg.

mus in Ostfriesland alle Türen.[19] Von ihrer Schwester, der unverheirateten Herzogin Anna Katharina (1648–1691), ist bekannt, dass sie eine sehr große Bibliothek mit Erbauungsliteratur besaß. Eine viel jüngere Schwester, Sophia Charlotte (1671–1717), heiratete Herzog Johann Georg III. von Sachsen, den Regenten des Herzogtums Sachsen-Eisenach. Nach dem Tod ihres Gemahls, also als fürstliche Witwe, berief sie im Jahr 1701 den bekannten pietistischen Theologen Gottfried Arnold als Hofprediger an ihren Witwensitz Allstedt. Sie

19 Martin Brecht/Klaus Deppermann (Hg.): Der Pietismus im achtzehnten Jahrhundert (Geschichte des Pietismus, Bd. 2), Göttingen 1995, S. 439.

unterhielt Verbindungen zu August Hermann Francke in Halle, dem bedeutendsten pietistischen Zentrum in Deutschland.[20]

Herzogin Magdalena Sibylla kam also durch ihre Eheschließung an einen Hof, an dem man sich auch in der Herrscherdynastie der Theologie und dem aufkommenden Pietismus öffnete. Aber bereits in ihrer hessischen Herkunftsfamilie waren religiöse und lyrische Interessen gepflegt worden. Der Vater, Landgraf Ludwig IV. von Hessen-Darmstadt, hatte vorwiegend religiöse Gedichte geschrieben und veröffentlicht, aber auch die Psalmen Davids in »zierliche deutsche Reime« übersetzt.[21] Nachdem die Mutter früh verstorben war, hatte man das Mädchen zu ihrer Tante, Königin Hedwig Eleonora von Schweden, an den Hof in Stockholm gebracht, wo es erzogen wurde. Herzogin Magdalena Sibylla verfügte also über einen weiten Horizont.[22] Als sie dann im Jahr 1673 den Herzog Wilhelm Ludwig von Württemberg heiratete (Abb. 2), kam sie an einen der mittleren deutschen Fürstenhöfe. Als protestantisches Territorium war Württemberg freilich über seine geografische Größe hinaus bedeutend, vor allem wegen der Landesuniversität Tübingen.

Dabei fällt jedoch auf, dass die regierenden Herzöge als Oberhaupt der protestantischen Landeskirche der neuen Frömmigkeitsbewegung eher reserviert gegenüber standen. Am ehesten hätte sich vielleicht der Ehemann von Magdalena Sibylla, Herzog Wilhelm Ludwig, für den Pietismus eingesetzt. Er galt als sehr religiös, aber durch seinen frühen Tod lässt sich diese Frage nicht beantworten.

2. Früher Pietismus in Württemberg

Gefördert wurde das Interesse für die pietistische Bewegung durch die Popularität, welche Philipp Jakob Spener in Württemberg genoss. Speners Büchlein *Pia desideria* gilt als Programmschrift des Pietismus. Dass er so eng mit Württemberg verbunden war, verwundert kaum, denn er stammte aus dem elsässischen Ort Rappoltsweiler[23], nicht weit entfernt von der württembergischen linksrheinischen Herrschaft Reichenweier.[24] Früh lassen sich Kontakte zum Stuttgarter Hof nachweisen, so beispielsweise zu Prinzessin Antonia. Sie schenkte Spener ein theologisches Manuskript, und die beiden betrieben zusammen kab-

20 Gerhard RAFF: Hie gut Wirtemberg allewege, Bd. 3: Das Haus Württemberg von Herzog Wilhelm Ludwig bis Herzog Friedrich Karl. Mit den Linien Stuttgart, Winnental, Neuenstadt am Kocher, Neuenbürg, Mömpelgard und Oels, Bernstadt und Juliusburg in Schlesien und Weiltingen, Stuttgart/Leipzig 2002, S. 345.

21 K. Eberhard OEHLER: Nachtigall und Hofpoet. Johann Ulrich Erhard, ein barocker schwäbischer Dorfpfarrer, in: BWKG 97(1997), S. 39.

22 Vgl. Bernd WUNDER: Die französisch-württembergischen Geheimverhandlungen 1711, in: ZWLG 28 (1969), S. 387.

23 Heute heißt der Ort Ribeauvillé.

24 Heute heißt der Ort Riquewihr.

balistische Studien.[25] Als Begleiter des jungen Grafen von Rappoltstein nahm Spener 1662 an der Hochzeit der Fürstin Christine Charlotte mit Graf Georg Christian von Ostfriesland in Stuttgart teil. Er blieb auch später mit ihr im Kontakt und beriet sie in religiösen Fragen.[26]

Nach der Berufung Speners als Pfarrer in Frankfurt am Main gehörte der aus einer württembergischen Familie stammende Rechtsanwalt Johann Jakob Schütz zu seinen wichtigsten Mitarbeitern. Deshalb ergaben sich fast automatisch Kontakte zur Universität Tübingen. Allerdings äußerte Schütz schon nach kurzer Zeit zunehmend Kritik an der Kirche, zerstritt sich mit Spener und separierte sich. Er wurde zum Begründer einer wichtigen und einflussreichen Gruppe von Separatisten in Frankfurt.[27] Spener blieb zeitlebens Geistlicher und stand deshalb für einen kirchenloyalen Pietismus. Bemerkenswerterweise unterhielt er aber Beziehungen zu den separatistischen Gruppen (Konventikel), welche sich um die Pfarrer Ludwig Brunnquell in Löchgau, Johann Jakob Zimmermann in Bietigheim und Eberhard Zeller in Göppingen gebildet hatten, und betreute die radikalen Pietisten als Seelsorger.[28]

Außerdem pflegte Spener Kontakte zu einem Familienmitglied aus einer Nebenlinie des Hauses Württemberg, Herzog Friedrich von Württemberg-Neuenstadt (1615–1682).[29] Als dieser in seinem Schloss eine Bibliothek einrichten wollte, ließ er sich von Spener beraten und wollte ihn vermutlich sogar als Bibliothekar anstellen.[30] Georg Jakob Schütz (1620–1687), der Bruder des Johann Jakob Schütz, arbeitete für den Herzog als Advokat, sodass Herzog Friedrich sowohl mit Spener als auch mit Schütz in Verbindung blieb.[31] Wie bedeutend die Bibliothek im Schloss Neuenstadt gewesen sein muss, lässt sich daran erkennen, dass sie 1688 von der regierenden Linie des Hauses Württemberg in Stuttgart erworben wurde und als Grundstock für den Wiederaufbau der während des Dreißigjährigen Krieges stark in Mitleidenschaft gezogenen herzoglichen Bibliothek diente.[32] Herzogin Magdalena Sibylla ließ sich vom Inspektor der Kunstkammer ein Verzeichnis der »Antiquitäten und Raritäten« in dieser Bibliothek vorlegen.[33]

Bei denjenigen Personen aus dem Haus Württemberg, die sich für theologische Fragen interessierten und sich dem Pietismus öffneten, lassen sich zwei charakteristische Merkmale feststellen. Zunächst einmal handelte es sich in aller Regel um Angehörige der Fami-

---

25 Johannes WALLMANN: Philipp Jakob Spener und die Anfänge des Pietismus (Beiträge zur Historischen Theologie, Bd. 42), Tübingen 1986, S. 154–157.

26 August THOLUCK: Vorgeschichte des Rationalismus. Zweiter Teil: Das kirchliche Leben des siebzehnten Jahrhunderts bis in die Anfänge der Aufklärung, Berlin 1861, S. 152.

27 Andreas DEPPERMANN: Johann Jakob Schütz und die Anfänge des Pietismus (Beiträge zur historischen Theologie, Bd. 119), Tübingen 2002.

28 Eberhard GUTEKUNST: Das Pietistenreskript von 1743, in: BWKG 94 (1994), S. 14.

29 Christoph EBERLEIN: Herzog Friedrich, in: LORENZ/MERTENS/PRESS: Haus Württemberg (wie Anm. 1), S. 221–223.

30 WALLMANN: Philipp Jakob Spener (wie Anm. 25), S. 154.

31 DEPPERMANN: Johann Jakob Schütz (wie Anm. 27), S. 39.

32 Michael KLEIN: Die Handschriften der Sammlung J 1 im HStA Stuttgart (Die Handschriften der Staatsarchive in Baden-Württemberg, Bd. 1), Wiesbaden 1980, S. 33.

33 Joseph GIEFEL: Zur Gründungsgeschichte der K. Landesbibliothek, in: WVjH 13 (1904), S. 140.

lie, die aufgrund ihrer Lebenssituation einen minderen Status einnahmen, sei es als unverheiratete oder verwitwete Frauen oder als Angehörige von Nebenlinien. Da der Status standesgemäß verehelichter Familienmitglieder signifikant höher war als der von ehelos lebenden, lässt sich eine kompensatorische Funktion von Gelehrsamkeit nicht übersehen. Bereits Johann Valentin Andreä erkannte, dass die wissenschaftliche Betätigung, aber auch die Förderung von Wissenschaft und Kunst durch diese sozial deklassierten Frauen »die Langeweile und den Verdruß über ihr Schicksal verscheuchten«.[34] In Anlehnung an Sabine Holtz' Arbeit zu den politischen Führungsschichten kann man hier jedoch von einer Verwissenschaftlichung der adligen Gönnerinnen sprechen.[35] Dasselbe gilt für die Angehörigen der Nebenlinien, deren Hauptproblem darin bestand, die erforderlichen finanziellen Mittel für eine standesgemäße Lebensführung aufzubringen. Ihre einzige Chance, jemals in der Regierung des Herzogtums mitzuwirken, konnte sich daraus ergeben, dass der regierende Herzog starb und sie wenige Jahre lang als Administrator die vormundschaftliche Regierung für den unmündigen Nachfolger übernehmen konnten. Weiter fällt auf, dass vor allem Frauen aus dem Rahmen der privaten, erbaulichen Frömmigkeit heraustraten und sich für theologische Fragen interessierten. Sie setzten sich im Gespräch oder in einer Korrespondenz mit den Gelehrten auseinander und wurden von diesen mit Achtung behandelt. Daneben stellten die hochadeligen Damen auch Mittel und Möglichkeiten bereit, um religiöses Gedankengut zu verbreiten. Sie hatten nicht nur Zugang zum Buchmarkt der damaligen Zeit, sondern konnten auch Kunstwerke in Auftrag geben, wie Prinzessin Antonia in Teinach oder Herzogin Magdalena Sibylla in Stetten.

Hier kam der Pietismus in seiner frühen Phase den veränderten religiösen Bedürfnissen entgegen. Damit wird nun die horizontale Ebene wichtig, nämlich die religiöse Praxis der Herzogin Magdalena Sibylla im Kontext des frühen Pietismus.[36] Dieser war von einer starken Aufbruchsstimmung geprägt, da er sich erst entfalten und entwickeln musste. Neue Formen religiöser Betätigung kamen auf, während alte Rollenmuster hinterfragt wurden. Bis zum frühen 18. Jahrhundert spielten Frauen im Radikalen Pietismus eine wichtige Rolle.[37] Denn zunächst hatte die neue Bewegung bei den Theologiestudenten an der Universität Tübingen Eingang gefunden. Einige dieser jungen Männer wurden aus dem Kirchendienst ausgeschlossen und mussten das Land verlassen. Gleichzeitig fand der Pietismus Anhängerinnen und Anhänger im Adel und im gehobenen Bürgertum, also in der städtischen Oberschicht. In Calw separierten sich einige Männer und Frauen aus den vermö-

---

34 Gerhard Raff: Hie gut Wirtemberg allewege, Bd. 2: Das Haus Württemberg von Herzog Friedrich I. bis Herzog Eberhard III. Mit den Linien Stuttgart, Mömpelgard, Weiltingen, Neuenbürg, Neuenstadt am Kocher und Oels in Schlesien, Stuttgart/Leipzig 1993, S. 538.

35 Sabine Holtz: Bildung und Herrschaft. Zur Verwissenschaftlichung politischer Führungsschichten im 17. Jahrhundert (Schriften zur südwestdeutschen Landeskunde, Bd. 32), Leinfelden-Echterdingen 2002.

36 Christoph Kolb: Die Anfänge des Pietismus und Separatismus in Württemberg, Stuttgart 1902.

37 Eberhard Fritz: Radikaler Pietismus in Württemberg. Religiöse Ideale im Konflikt mit gesellschaftlichen Realitäten (Quellen und Forschungen zur württembergischen Kirchengeschichte, Bd. 18), Epfendorf 2003, S. 279–282.

gendsten Familien des Herzogtums von der Kirche.[38] Mit ihrer Hinwendung zum Pietismus ist Herzogin Magdalena Sibylla eher untypisch, denn sie gehörte einer regierenden Dynastie an. Normalerweise fühlten sich in erster Linie Angehörige des niederen Adels, vorwiegend solche aus reichsritterschaftlichen Familien, von der neuen religiösen Bewegung angesprochen. Auch hier spielt wiederum ein kompensatorisches Element herein, da diese Adeligen als Diener an den großen Höfen oder als Beamte eines Landesherren ihren Lebensunterhalt verdienen mussten. Auf ihren eigenen Besitzungen waren sie dagegen frei und nahmen deshalb ihre kirchlichen Rechte verstärkt wahr, indem sie beispielsweise kirchenkritische Pfarrer in ihren Dörfern anstellten.[39] Eine der wichtigsten Protagonistinnen in Württemberg war die Baronin Amalia Hedwig von Leiningen.[40] Auf ihrem Gut Ihinger Hof bei Renningen, nicht weit von der Residenzstadt Stuttgart gelegen, ließ sie Separatisten wohnen und gestattete ihnen, dort Versammlungen abzuhalten.[41] Wichtige separatistische Gruppen bestanden auch in den an Württemberg angrenzenden Reichsstädten Esslingen am Neckar[42], Ulm[43] und Reutlingen[44]. Da sich der Pietismus als Sammelbewegung aller Menschen verstand, die mit Ernst Christen sein wollten, ergaben sich Beziehungen zwischen den Gleichgesinnten über die Landesgrenzen hinweg. Die pietistisch gesinnten Gelehrten unterhielten umfangreiche Korrespondenzen und es entwickelte sich ein florierender Büchermarkt.[45] Überhaupt bildete der Pietismus eine eigene Kultur aus. Charakteristisch für seine religiöse Gedankenwelt waren allegorische Darstellungen, in denen theologische Überlegungen mit Hilfe von Sinnbildern veranschaulicht wurden. In diesen Kontext gehört die Stettener Schlosskapelle, das früheste und reichste Beispiel einer Kirchenausschmückung in dieser Art in ganz Württemberg.[46] Aber auch die Lesepraxis der damaligen Zeit

38 Hartmut LEHMANN: Pietismus und Wirtschaft in Calw am Anfang des 18. Jahrhunderts. Ein lokalhistorischer Beitrag zu einer universalhistorischen These von Max Weber, in: ZWLG 21 (1972), S. 249–277; Matthias SCHÖNTHALER: »Es will sich zu einer Trennung bei der Kirche anlassen.« Pietismus in Calw im 17. und frühen 18. Jahrhundert, in: Martin BRECHT/Hermann EHMER/Matthias SCHÖNTHALER (Hgg.): Mit Gott gewagt, niemals verzagt. Drei Vorträge zu Johann Valentin Andreäs 350. Todesjahr (Kleine Reihe des Archivs der Stadt Calw, Bd. 18), Calw 2004, S. 79–132.

39 FRITZ: Radikaler Pietismus (wie Anm. 37), S. 61–71.

40 Gisela SCHLIENTZ: Die Visionärin Amalia Hedwig von Leiningen (1684–1756), in: Weib und Seele. Frömmigkeit und Spiritualität evangelischer Frauen in Württemberg. Ausstellungskatalog des Landeskirchlichen Museums, Ludwigsburg 1998, S. 81–87.

41 Eberhard FRITZ: »Viele fromme Seelen und Querköpfe«. Der Ihinger Hof im Besitz der Familie von Leiningen als Ort der Kommunikation zwischen Pietisten und Separatisten im 18. Jahrhundert, in: BWKG 111 (2011), S. 161–191.

42 Tilman Matthias SCHRÖDER: Das Kirchenregiment der Reichsstadt Esslingen. Grundlage – Geschichte – Organisation (Esslinger Studien, Schriftenreihe, Bd. 8), Esslingen 1987.

43 Friedrich KEIDEL: Der Pietismus in der Ulmischen Kirche, in: BWKG 1888, S. 76–80, 84–87, 93–96 und 1889, S. 1–6, 9–12, 17–20, 25–29, 33–35, 41–45.

44 Theodor SCHÖN: Geschichte des Pietismus, Separatismus und Chiliasmus in der Reichsstadt Reutlingen, in: BWKG 13 (1909), S. 63–81.

45 Vgl. dazu Hans-Jürgen SCHRADER: Literaturproduktion und Büchermarkt des radikalen Pietismus: Johann Heinrich Reitz' »Historie der Wiedergebohrnen« und ihr geschichtlicher Kontext (Palaestra, Bd. 283), Göttingen 1989.

46 Zweiter Halbsatz zitiert nach Reinhard LIESKE: Die Emporebilder in Freudental und ihre Botschaft. Ein Beispiel früher Kirchenausmalung? In: BWKG 103 (2003), S. 60–62, hier S. 60. Vermutlich han-

beeinflusste die pietistische Literaturproduktion. Dabei griff man mit Gedichten und Liedern auf eine im Protestantismus weit verbreitete Form der Vermittlung und Einübung religiöser Gedanken zurück. Es gehörte für gebildete Pietisten fast zum guten Ton, derartige lyrische Texte zu schreiben.[47] Daneben las man in Büchern, von denen einige zu regelrechten Bestsellern wurden. Viele Predigt- und Erbauungsbücher waren so aufgebaut, dass man allein, in der Familie oder in der pietistischen Versammlung regelmäßig einen Abschnitt lesen oder vorlesen konnte.

Die Entstehung des Pietismus hängt eng mit der allgemeinen politischen Lage in Deutschland und Europa zusammen. Der Dreißigjährige Krieg hatte die konfessionellen Positionen aufgeweicht, nachdem es zu Bündnissen von Staaten unterschiedlicher Konfession gekommen war. Gleichzeitig setzte eine zunehmende Individualisierung der Frömmigkeit ein. Vor allem die Menschen aus den höheren Schichten waren nicht mehr unmittelbar bereit, den Geistlichen zu folgen. Hier weist die herzogliche Familie ein typisches Muster auf, indem sich Frauen und Männer aus eigener Initiative am gelehrten Diskurs beteiligten und sich mit Gelehrten als ernstzunehmende Gesprächs- und Korrespondenzpartner austauschten. Dabei förderte die andauernde Krisenstimmung in Mitteleuropa mit wiederholten Kriegen und Kriegsängsten apokalyptische Stimmungen.[48] Denn im Grunde genommen erlebten weite Teile des Deutschen Reiches zwischen 1618 und 1715 ein Jahrhundert der Kriege und Krisen.[49] Das Herzogtum Württemberg gehörte zu den am stärksten betroffenen Territorien. Damit schienen die Prophezeiungen aus dem biblischen Buch der Offenbarung des Johannes Wirklichkeit zu werden, nach denen sich das Ende der Welt in Katastrophen ankündigt. In den pietistischen Gruppen fanden vielfach chiliastische Gedanken, also die Erwartung einer nahen Wiederkunft Christi, Eingang.[50] Aus dieser Haltung heraus suchte man Möglichkeiten, ein Leben nach biblischen Maßstäben zu führen, ob nun innerhalb oder außerhalb der Kirche. Da sich die Pietisten grundsätzlich als Mitglieder einer einheitlichen Bewegung verstanden, kam es zwar durchaus zu teilweise starken Spannungen innerhalb der verschiedenen Richtungen und Gruppierungen. Vielfach aber gingen kirchenloyale und separatistische Pietisten ohne Scheu miteinander um und nahmen sich gegenseitig ernst. Bereits um 1700 lässt sich ein weit reichendes pietistisches Netzwerk von Gruppen und einzelnen Personen ausmachen. In einigen größeren Städten

---

delt es sich bei den Emblemata (Sinnbildern) aus der Dekoration einer Kirche im Generallandesarchiv Karlsruhe Hfk-Hs Nr. 171 aus dem Nachlass der Herzogin um die Entwürfe für die Schlosskapelle Stetten.

47 Vgl. dazu K. Eberhard Oehler: »Der zeigt dir einen andern Weg, als du vormal erkannt«. Der Pietist und Psalmensänger Michael Müller (1673–1704), in: BWKG 101 (2001), S. 49–69.

48 Herbert Narbuntowicz: Reformorthodoxe, spiritualistische, chiliastische und utopische Entwürfe einer menschlichen Gemeinschaft als Reaktion auf den Dreißigjährigen Krieg, Freiburg im Breisgau 1994.

49 Volker Press: Kriege und Krisen. Deutschland 1600–1715 (Neue Deutsche Geschichte, Bd. 5), München 1991.

50 Martin Brecht: Chiliasmus in Württemberg im 17. Jahrhundert, in: Pietismus und Neuzeit 14 (1988), S. 25–49.

des Landes, so in der Residenzstadt Stuttgart[51], in Bietigheim, Leonberg, Calw[52] und Herrenberg, bestanden pietistische Versammlungen, welche untereinander in Verbindung standen.[53] Die württembergischen Pietisten unterhielten auch Beziehungen zu ihren Gesinnungsgenossen in den an Württemberg grenzenden Reichsstädten Esslingen, Reutlingen, Ulm und Biberach.[54] Schon zu diesem Zeitpunkt hatte sich ein dichtes Kommunikationsnetz herausgebildet, welches durch umherreisende Pietisten aufrechterhalten wurde. Ein Beleg dafür ist das Stammbuch des Christoph Ludwig Gabler[55], einem wohl in seiner Jugend mit dem radikalen Pietismus sympathisierenden Studenten, der jedoch nie auffällig wurde. Dort finden sich die Unterschriften eines ganzen Kreises von radikalen und kirchenloyalen Pietisten, darunter so bekannte Namen wie Gottfried Arnold und Johann Friedrich Rock, seit 1716 der wichtigste Wanderprediger der Inspirierten in Württemberg.[56]

3. Herzogin Magdalena Sibylla und der Pietismus in Württemberg

Wenn die verwitwete Herzogin Magdalena Sibylla als frühe Pietistin beschrieben wird, so gibt es dafür zwei überlieferte gegenständliche Zeugnisse: ihre gedruckten Werke[57] und geistlichen Dichtungen[58] sowie die mit emblematischen Bildern reich ausgestattete Kapelle ihres Witwensitzes Schloss Stetten im Remstal.[59] Mit der von ihr initiierten Bildausstattung des Schlosses folgte sie einem Trend in ihrer Familie. Denn fast gleichzeitig ließ die Schwiegertochter der Fürstin von Ostfriesland, Fürstin Sophia Eberhardina geborene Gräfin von Oettingen-Oettingen, zusammen mit ihrem Gatten Fürst Christian Eberhard

---

51 Paul SAUER: Geschichte der Stadt Stuttgart, Bd. 3: Vom Beginn des 18. Jahrhunderts bis zum Abschluß des Verfassungsvertrags für das Königreich Württemberg 1819, Stuttgart 1995, S. 278–281.

52 SCHÖNTHALER: Pietismus (wie Anm. 38).

53 Nach wie vor grundlegend ist das Werk von KOLB: Anfänge (wie Anm. 36).

54 Zu Biberach vgl. die Auseinandersetzungen von 1707 bei Eberhard FRITZ: Radikaler Pietismus in südwestdeutschen Städten im 17. und frühen 18. Jahrhundert. Die Reichsstädte Biberach und Memmingen und ihre Verbindungen zum separatistischen Netzwerk, in: Frieder MISSFELDER/Andreas SCHMAUDER (Hgg.): Hahn und Kreuz, Stuttgart 2010, S. 242–248.

55 Ingeborg KREKLER: Die Autographensammlung des Stuttgarter Konsistorialdirektors Friedrich Wilhelm Frommann (1707–1787) (Die Handschriften der Württembergischen Landesbibliothek Stuttgart, Sonderreihe, Bd. 2), Wiesbaden 1992, S. 838.

56 Paul KRAUSS: Johann Friedrich Rock. Separatist und Inspirierter, in: Robert UHLAND (Hg.): Lebensbilder aus Schwaben und Franken, Stuttgart 1983, S. 86–114. Eberhard FRITZ: »Nicht sogleich wiederum zurück, sondern weiter und weiter!«. Die »Inspirations-Reisen« des Johann Friedrich Rock nach Württemberg und in südwestdeutsche Reichsstädte, in: BWKG 115 (2015), S. 35–70.

57 Gottfried MÄLZER: Die Werke der württembergischen Pietisten des 17. und 18. Jahrhunderts, Berlin/New York 1972, S. 184f.; Max Zobel VON ZABELTITZ: Magdalena Sibylla und ihre Andachtsschriften, in: Euphorion 23 (1921), S. 573–581. Geistliche Lieder und Gebete der Herzogin finden sich in HStA Stuttgart G 124 Bü 25 sowie in Generallandesarchiv Karlsruhe Hfk-Hs Nr. 168.

58 Eduard Emil KOCH: Geschichte des Kirchenlieds und Kirchengesangs der christlichen, insbesondere der deutschen evangelischen Kirche, Bd. 5, Stuttgart 1866, S. 24f.

59 Reinhard LIESKE: Protestantische Frömmigkeit im Spiegel der kirchlichen Kunst des Herzogtums Württemberg, München 1973, S. 158–184.

von Ostfriesland in den Jahren 1681 und 1695 einen emblematischen Bilderzyklus an der Orgelempore und der Orgel in der evangelischen St. Marien-Kirche in Buttforde bei Jever anbringen.[60]

Dennoch lassen sich aus der nicht sehr umfangreichen Überlieferung zu Herzogin Magdalena Sibylla auch andere Seiten erschließen, als die der demütig-frommen Witwe. Als Landesherrin, die an einem Königshof erzogen worden war, blieb sie sich ihrer exponierten Stellung bewusst, wie sich schon an ihrem Kampf um die Mitvormundschaft für den unmündigen Sohn Herzog Eberhard Ludwig erkennen lässt. Auf den erhaltenen Porträts ist sie trotz ihres Witwenstandes sehr gut gekleidet und trägt kostbaren Schmuck. Sie war also keineswegs bereit, sich an ihren Witwensitz zurückzuziehen und dort passiv der Regierungstätigkeit des Herzog-Administrators Friedrich Karl zuzusehen. Dieser war vom französischen Königshof beeinflusst und führte Elemente der neuen repräsentativen Hofsitten und des frühen Absolutismus in Württemberg ein. Damit geriet er in Konflikt mit der Landschaft, die nicht nur aufgrund des erhöhten finanziellen Aufwands, sondern auch wegen religiöser und moralischer Bedenken Widerstand gegen diese Neuerungen leistete.[61] Dabei nutzte man durchaus den konfessionellen Gegensatz und die aktuelle militärische Bedrohung durch Frankreich, um die Ablehnung der barocken Repräsentation zu legitimieren. Ein persönlicher Konflikt zwischen der Herzogin Magdalena Sibylla und der Herzogin Marianne von Württemberg (1653–1693), Tochter des Herzogs Ulrich (1617–1679), zeigt, dass auch die Herzogin dieser Linie folgte. Da Herzogin Marianne als Tochter eines nachgeborenen Prinzen in hohe Schulden geraten war und ihren Lebensunterhalt nicht mehr bestreiten konnte, kam sie 1692 an den Stuttgarter Hof. Innerhalb kurzer Zeit kam es zu schweren Streitigkeiten zwischen der französisch erzogenen, entschieden katholischen Prinzessin und Herzogin Magdalena Sibylla.[62] Politisch vertrat Magdalena Sibylla einen konservativen Kurs und begegnete, wie die Landschaft, dem Herzog-Administrator mit großen Vorbehalten. Sie stand in enger Verbindung mit prominenten Vertretern der Landschaft. Besonders enge Beziehungen pflegte sie mit dem Prälaten von Bebenhausen, Johann Andreas Hochstetter (1637–1720) – später in pietistischen Kreisen der »württembergische Spener« genannt –dem Rechtsberater Johann Heinrich Sturm (1651–1709) und dem Konsistorialdirektor Johann Georg von Kulpis (1652–1698).[63] Hier verbanden sich pietistische Einstellungen mit einer Ablehnung des absolutistisch-barock ausgerichteten Hofes. Allerdings liebte die verwitwete Herzogin zeitlebens das Theater, pflegte also keineswegs einen asketischen Lebensstil. Im März 1699 widmete ihr Philipp Kuhlmann von der Hofkomödiantentruppe aus Bautzen ein dreiaktiges »Freudenspiel« mit dem Titel *Comoedia, genannt die verliebte Königin Artemisia oder Die heimliche Liebe*. Um die gleiche Zeit widmete ihr

60 LIESKE: Emporebilder (wie Anm. 46), S. 61; vgl. zum Bilderzyklus Gottfried KIESOW: Architekturführer Ostfriesland, Bonn 2010, S. 347f.

61 SCHÖLLKOPF: Johann Reinhard Hedinger (wie Anm. 9), S. 25f.

62 Gerd WUNDER: Der Streit um das Kapellenrecht des französischen Gesandten in Stuttgart 1686/1687, in: BWKG 72 (1972), S. 114.

63 GUTEKUNST: Pietistenreskript (wie Anm. 28), S. 14.

Abb. 3: Ferdinand STENGLIN: Johanna Elisabeth von Württemberg.

Christian Janetzky von der Velthenschen Truppe eine Komödie *Die heillose Königin Odomire oder die lebendig begrabene Prinzessin Meroleme.*[64]

Als dann die kriegerischen Auseinandersetzungen in das Herzogtum Württemberg hineingetragen wurden, zeigte die verwitwete Herzogin eine mutige Entschlossenheit, indem sie sich weigerte, das Land zu verlassen. Sie verhandelte mit den französischen Kommandeuren und konnte sie manches Mal von gewalttätigen Aktionen gegen die Untertanen abbringen. Der König von Frankreich verlangte die Stellung von Geiseln. Daraufhin veranlasste die Witwe des Herzogs drei der mit ihr befreundeten Mitglieder der Landschaft, sich zur Verfügung zu stellen. Obwohl die Geiselhaft dieser Männer länger dauerte als zunächst angenommen, wurde ihr der Einsatz für ihr Land bereits zu Lebzeiten hoch angerechnet.

Daneben scheint sie auch bereits früh in religiöser Hinsicht verehrt worden zu sein. Nach dem Regierungsantritt ihres Sohnes, Herzog Eberhard Ludwig im Jahr 1693, geriet sie bald mit diesem in Konflikt. Sie hatte ihn sehr religiös erzogen und war sicher sehr enttäuscht, als er sich als Erwachsener und regierender Landesherr von ihr entfernte und sich ablöste. Bislang wurde das Verhältnis von Mutter und Sohn in der Forschung vorwiegend

64 Rudolf KRAUSS: Zur Geschichte des Schauspiels am württembergischen Hofe bis zum Tode Karl Alexanders, in: WVjH 16 (1907), S. 406f.

auf diesen Gegensatz in den religiösen Auffassungen reduziert, aber dieses Bild ist verkürzt. Es ging nicht nur um die unterschiedlichen Lebenswelten, sondern auch um Angelegenheiten von zentraler politischer Bedeutung. Vier Jahre nach dem Regierungsantritt heiratete der junge Herzog die Prinzessin Johanna Elisabeth von Baden-Durlach (1680–1757). Obwohl es sich um eine arrangierte Ehe handelte, scheinen die ersten Jahre gut verlaufen zu sein. Ein Jahr nach der Hochzeit wurde der Erbprinz Herzog Friedrich Ludwig geboren, so dass ein Thronfolger vorhanden war. Allerdings beklagte sich Herzogin Johanna Elisabeth (Abb. 3) aus nicht näher bekannten Ursachen bereits 1703 bei ihrer Schwiegermutter Herzogin Magdalena Sibylla: »Sie müße bekenen, daß es schier eine Schande sey, daß Sie das Brodt so lang vergebenst essen sollte«.[65] Schon damals scheint sich also das Verhältnis zwischen den Ehegatten abgekühlt zu haben. Bald wandte sich Herzog Eberhard Ludwig seiner Mätresse Christiane Wilhelmine von Grävenitz (1686–1744) zu, die er 1707 in morganatischer Ehe heiratete.

Herzogin Magdalena Sibylla stellte sich auf die Seite der Herzogin Johanna Elisabeth und tat alles, um die beiden Ehegatten wieder zu versöhnen. Auch dafür wurden in der Forschung vorwiegend religiöse Gründe geltend gemacht. Dabei wird jedoch übersehen, dass eine fürstliche Ehe im Zeitalter des Barocks nicht als monogame Bindung verstanden wurde. Selbst viele Theologen befanden, dass ein Adeliger, der im Interesse des Staates oder der Dynastie eine Ehe schließen musste, nicht an das biblische Gebot der Monogamie gebunden sei.[66] Insofern hätte die Beziehung zu einer Mätresse an sich wohl kaum zu schweren Konflikten zwischen den Ehegatten geführt. Das eigentliche Problem der Mätresse von Grävenitz lag darin, dass sie sich massiv in die Politik einmischte und damit die regierende Herzogin Johanna Elisabeth aus ihrer Stellung verdrängte. Die Gemahlin von Herzog Eberhard Ludwig war in ihrer Ehre tief verletzt, weil ihr ihre Rechte als regierende Fürstin genommen wurden. Herzogin Magdalena Sibylla konnte sich sehr gut in die Situation ihrer Schwiegertochter hineinversetzen, nahm Anteil an deren verzweifelter Situation und stellte sich auf ihre Seite.[67]

Allerdings mussten die Pietisten innerhalb kurzer Zeit erkennen, dass ihr Spielraum für die von ihnen intendierte Umgestaltung der Gesellschaft nach ihren christlichen Idealen kleiner wurde.[68] Der junge Herzog trat sein Amt in einer Zeit an, in der die absolutistischen Bestrebungen der Landesherren allgemein zunahmen. Fünf Jahre nach seinem Regierungs-

65 HStA Stuttgart G 124 Bü 39 (Brief von Herzogin Magdalena Sibylla an Herrn von Rathsamhausen, Stuttgart, 22.10. 1703).

66 Sybille Osswald-Bargende: Die Mätresse, der Fürst und die Macht. Christina Wilhelmina von Grävenitz und die höfische Gesellschaft, Frankfurt/New York 2000, S. 93–146.

67 Vgl. Heinrich August Krippendorf: Anekdoten vom württembergischen Hof. Memoiren des Privatsekretärs der herzoglichen Mätresse Christina Wilhelmina von Grävenitz (1714–1738), bearb. v. Joachim Brüser (Veröffentlichungen der Kommission für Geschichtliche Landeskunde in Baden-Württemberg, Reihe A, Bd. 59), Stuttgart 2015, S. 21, S. 58 (Die Mätresse Christiane Wilhelmine von Grävenitz wird als »grausamste Feindin« Herzogin Magdalena Sibyllas bezeichnet, die »so oft zum Himmel geseufzt hatte für eine gerechte Bestrafung des grausamsten Geschöpfs«.).

68 Hartmut Lehmann: Pietismus und weltliche Ordnung in Württemberg vom 17. bis zum 20. Jahrhundert, Stuttgart 1969, S. 30.

antritt berief er einen Landtag ein und danach nie wieder; Wolfgang Schöllkopf sieht darin die Wende zum absolutistischen Fürstentum.[69] Daneben orientierten sich die deutschen Fürsten zunehmend am französischen Königshof mit seiner verschwenderischen Repräsentation. Herzog Eberhard Ludwig folgte diesem Ideal, berief viele auswärtige Berater und Beamte an seinen Hof und vergrößerte seine Hofhaltung. Als weithin sichtbares Wahrzeichen des neuen landesfürstlichen Verständnisses ließ er ab 1704 den Erlachhof auf einem freien Feld, nur wenige Kilometer von der Residenzstadt Stuttgart entfernt, zu einem barocken Schloss umbauen.[70] Wenige Jahre danach gründete er bei diesem Schloss eine Stadt, die er nach sich selbst Ludwigsburg benannte. Diese neue Mode der barocken Hofhaltung unterschied sich mit ihrer Verschwendung, Leichtlebigkeit und mit ihrer Lösung von den alten Gewohnheiten grundlegend vom Hof der vorherigen Herzöge. Herzogin Magdalena Sibylla sparte nicht mit Kritik an ihrem Sohn, den sie gerne als frommen Fürsten gesehen hätte. Dadurch entzweiten sich Mutter und Sohn. Resigniert schrieb Magdalena Sibylla im Juli 1710 in einem Brief:

> [...] *ich habe nicht mehr ein einiges Mahl mein Sohn gesehen, so lang ich hir bin, u[nd] werde auf alle Ahrt u[nd] Weiße chicanirt, in allem, waß man mir versprochen hatt, das ich doch gesehen will, waß endlich noch darauß werden wirdt.*[71]

Die verwitwete Herzogin stellte sich auf die Seite der Landschaft, welche die barocke Hofhaltung des Fürsten nicht nur aus religiösen, sondern auch aus finanziellen Gründen kritisierte. Ein besonders enges Verhältnis hatte sie zu dem Landschaftskonsulenten Johann Heinrich Sturm.[72] So erschien der regierende Herzog fast schon als gottlos, während die pietistisch eingestellte Mutter zur Identifikationsfigur der württembergischen Pietisten wurde. Nicht nur ihr unerschrockener Einsatz für das Land während der Kriegsjahre trug zu ihrem Ruf bei, sondern auch eine religiös fundierte Verklärung. Schon im Jahr 1690 hatte in den frommen Kreisen des Herzogtums Württemberg eine Wundergeschichte über sie kursiert. Das von der Herzogin verfasste *Andachtsopfer* wurde angeblich nach der Kirchheimer Feuersbrunst von 1690 völlig unversehrt und mit einem neu eingeprägten Kreuzzeichen aufgefunden.[73]

Mit Widmungen von Büchern statteten die Autoren den adeligen Personen, unter deren Protektion sie standen, ihren Dank ab. Gleichzeitig erhofften sie sich davon weitere Zuwen-

---

69 SCHÖLLKOPF: Johann Reinhard Hedinger (wie Anm. 9), S. 27.

70 Staatliche Schlösser und Gärten Baden-Württemberg (Hg.): Schloss Ludwigsburg – Geschichte einer barocken Residenz, Tübingen 2004.

71 HStA Stuttgart G 124 Bü 39 (Brief von Herzogin Magdalena Sibylla an Herrn von Rathsamhausen, Stetten, 23.7. 1710). In den noch nicht ausgewerteten Briefen in diesem Aktenbüschel finden sich weitere kritische Äußerungen der verwitweten Herzogin über ihren Sohn und Solidaritätsbekundungen mit Herzogin Johanna Elisabeth.

72 LEHMANN: Pietismus und weltliche Ordnung (wie Anm. 68), S. 30.

73 Martin SCHARFE: Wunder und Wunderglaube im protestantischen Württemberg, in: BWKG 68/69 (1968/69), S. 200.

dungen, Beförderungen oder Ehrungen.[74] So widmete Johann Reinhard Hedinger der Herzogin sein 1702 erschienenes Buch *Passionsspiegel*.[75] Andererseits förderte die verwitwete Herzogin solche Gunstbezeugungen, zumal sie die Erinnerung an sie in den gebildeten Kreisen des Herzogtums aufrecht hielten und auch ihre Position gegenüber ihrem regierenden Sohn stärkte. So ermutigte sie den mit ihr eng in Verbindung stehenden Hirsauer Pfarrer und Lehrer Ehrenreich Weismann (1641–1717), eine ihr zugedachte »Meditation« zu vollenden.[76] Wahrscheinlich handelte es sich um die 1680 publizierten und ihr gewidmeten *Christlichen Betrachtungen der Betrübten*.[77] Gemeinsam mit Weismann veröffentlichte die Herzogin ein Erbauungsbuch.[78]

Ganz im Geist der Zeit war am württembergischen Hof ein Hofpoet angestellt, der die Herrscherfamilie in panegyrischen Versen zu bejubeln hatte. Seit etwa 1695 bekleidete der Pfarrer und Professor für Poesie Johann Ulrich Erhard (1649–1718) diese Position. Er scheint aber der Herzogin Magdalena Sibylla aufrichtig zugetan gewesen zu sein, denn er schrieb wiederholt Gedichte über sie. Hatte er sie zu ihrem Geburtstag 1697 noch als »Gluckhenne« bedichtet, die sich schützend auf das Land setzte, so verglich er sie im Glückwunschgedicht zum Neuen Jahr 1706 mit Debora, der ersten Richterin des Alten Testaments.[79] Hier lässt sich eine Parallele zu Prinzessin Antonia ziehen, die sich in der Teinacher Lehrtafel ebenfalls quasi als biblische Person darstellen ließ. Noch im selben Jahr erschien Erhards Buch *Himmlische Nachtigall* (Stuttgart 1706) mit 100 von ihm gedichteten Liedern. Er widmete es der Herzoginwitwe Magdalena Sibylla.[80]

Eine besondere Ehre widerfuhr der Herzogin kurz vor ihrem Tod, als noch zu ihren Lebzeiten ihr Lied *Hier liegt mein Heiland in dem Garten* im 1711 publizierten Gesangbuch *Tübinger Seelenharfe* erschien.[81] Über die übliche Verehrung gegenüber einer Landesfürstin hinaus wurde sie damit außerhalb der höfischen Zirkel als pietistische Liederdichterin anerkannt, indem eines ihrer Lieder Eingang in den Gottesdienst fand. In Württemberg wurde das Lied erst im pietistischen Gesangbuch von 1741 abgedruckt.[82] Ihre ganze religiöse Gedankenwelt ließ die Herzogin in der Schlosskapelle ihres Witwensitzes Stetten in zahlreichen Bil-

---

74 OEHLER: Nachtigall und Hofpoet (wie Anm. 21), S. 52–54.
75 SCHÖLLKOPF: Johann Reinhard Hedinger (wie Anm. 9), S. 130.
76 Archiv des Hauses Württemberg: Familienmitglieder Bü 104 (Herzogin Magdalena Sibylla an Ehrenreich Weismann, 19. Dezember 1678).
77 Christoph KOLB: Die Anfänge des Pietismus und Separatismus in Württemberg, in: WVjH 9 (1900), S. 381.
78 Jill BEPLER: »zu meinem und aller dehrer die sichs gebrauchen wollen, nutzen, trost und frommen«. Lektüre, Schrift und Gebet im Leben der fürstlichen Witwen in der Frühen Neuzeit, in: SCHATTKOWSKY: Witwenschaft (wie Anm. 3), S. 316.
79 OEHLER: Nachtigall und Hofpoet (wie Anm. 21), S. 47.
80 OEHLER: Nachtigall und Hofpoet (wie Anm. 21), S. 51.
81 Alex VON FRANKENBERG: Die Tübinger Seelenharfen. Ein Kapitel württembergischer Gesangbuchgeschichte aus pietistischer Zeit, in: Julius RAUSCHER (Hg.): Aus dem Lande von Brenz und Bengel. 50 Jahre württembergische Kirchengeschichtsschreibung, Stuttgart 1946, S. 205.
82 VON FRANKENBERG: Die Tübinger Seelenharfen (wie Anm. 81), S. 205.

dern festhalten.[83] Als Seelsorger wirkte dort der Pfarrer Johann Jakob Beurlin, bei dem indessen, so weit die Quellen erkennen lassen, keine ausgeprägte pietistische Einstellung hervortritt.[84]

Wie zerrüttet indessen das Verhältnis zwischen der Verstorbenen und ihrem Sohn, dem regierenden Herzog Eberhard Ludwig, gewesen war, zeigt die Vorgehensweise des Herzogs nach dem Tod seiner Mutter. Diese hatte testamentarisch ein Kapital von 4000 Gulden gestiftet, dessen Zinsen von 250 Gulden jährlich am 12. August an bedürftige Witwen und Waisen württembergischer Pfarrer verteilt werden sollten. Viele Jahre lang wurden diese Unterstützungen nicht ausbezahlt und der Herzog tat nichts, um den letzten Willen seiner Mutter zu erfüllen. Auch an anderen Beispielen lässt sich diese Gleichgültigkeit gegenüber der Mutter zeigen.[85]

4. Familiäre Verbindungen nach Hessen

Ein Leben lang blieben für Herzogin Magdalena Sibylla die Verbindungen zu ihrem Heimatland Hessen wichtig. Bis zu ihrem Tod wurde sie bei wichtigen Anlässen mit ihrem vollen Titel genannt, der die Zugehörigkeit zu beiden Dynastien zum Ausdruck brachte:

> *Magdalena Sibylla, Herzogin zu Württemberg und Teck, Gräfin zu Mömpelgard, Frau zu Heidenheim, geborene Landgräfin zu Hessen, Fürstin zu Hersfeld, Gräfin zu Katzenelnbogen, Dietz, Ziegenhain, Nidda, Schauenburg, Isenburg und Büdingen.*[86]

Aus der Zugehörigkeit zu dieser Herrscherdynastie bezog sie ihr Selbstbewusstsein, hier hatte sie ihre familiären und religiösen Wurzeln. Die neue Frömmigkeitsbewegung des Pietismus stellte ein zusätzliches Bindeglied zwischen den beiden protestantischen Territorien dar. Da der Pietismus ohnehin vom Gedanken der Gemeinschaft aller Menschen, welche mit Ernst Christen sein wollten, getragen war, verloren verfasste Kirchengemeinden oder nationale Zugehörigkeiten ihre Bedeutung.

Besonders deutlich trat die nach wie vor sehr enge Beziehung der Herzogin zu Hessen im Konflikt um den württembergischen pietistischen Pfarrer Johann Reinhard Hedinger hervor. Gegen Ende des 17. Jahrhunderts hielt auch an der Universität Gießen der Geist des

83 Werner FLEISCHHAUER: Barock im Herzogtum Württemberg, Stuttgart 1958, S. 39; Reinhard LIESKE: Die Bilderwelt evangelischer Kirchen in Württemberg, in: BWKG 90 (1990), S. 117.

84 Hermann EHMER: Johann Jakob Beurlin, 1692–1709, Pfarrer in Stetten. Die Laufbahn eines württembergischen Theologen, in: Andreas STIENE/Karl WILHELM (Hgg.): Alte Steine – neues Leben. Geschichten und Geschichte der Evangelischen Dorfkirche in Stetten im Remstal, Stetten im Remstal 1998, S. 32–36.

85 Christoph KOLB: Zur Geschichte des Pfarrstandes in Altwürttemberg, in: BWKG 57/58 (1957/58), S. 189.

86 HStA Stuttgart G 124 Bü 23.

Pietismus Einzug, massiv gefördert durch die Herzogin Eleonora Juliana.[87] Im Jahr 1694 wurde Hedinger als Theologieprofessor nach Gießen berufen, nachdem sich vor allem die weiblichen Mitglieder des hessischen Herrscherhauses Landgräfin Dorothea Charlotte, Herzogin Eleonora Juliana und ihre Stieftochter Herzogin Magdalena Sibylla von Württemberg für ihn eingesetzt hatten.[88] Innerhalb kurzer Zeit kam es zu Auseinandersetzungen zwischen den traditionell orientierten und den pietistisch gesinnten Professoren. Hedinger geriet in Schwierigkeiten und wurde von Landgraf Ernst Ludwig von Hessen nur durch die Protektion der Herzogin Magdalena Sibylla gehalten.[89]

Die engen dynastischen Verbindungen zwischen Hessen-Darmstadt und Württemberg wirkten sich auch auf der akademischen Ebene aus. Zwischen der pietistisch geprägten Universität Gießen und der württembergischen Landesuniversität Tübingen, wo sich eine ganze Generation von Theologiestudenten für pietistische Ideen und Literatur begeisterte, bauten sich Beziehungen auf. So wurde der junge württembergische Theologe Johann Albrecht Bengel grundlegend von dem bedeutenden Gießener Theologieprofessor Johann Heinrich May beeinflusst. Er übernahm Mays Heilslehre für seine biblische Theologie.[90]

Bis zu ihrem Lebensende blieb Herzogin Magdalena Sibylla mit dem Hof ihres Bruders in Verbindung, wie der erhaltene Briefwechsel mit dem hessischen Geheimen Rat und Kriegsratspräsidenten Johann Wolfgang Freiherr von Rathsamhausen ausweist.[91] Über ihn hielt sie sich über die Vorgänge am Hof ihres regierenden Bruders auf dem Laufenden. Aber dem landgräflichen Rat schrieb sie auch viele persönliche Dinge, von Berichten über ihre regelmäßigen Badekuren bis zu den Sorgen mit ihrem Sohn Herzog Eberhard Ludwig. Dieser Briefwechsel wurde offenbar noch nicht wissenschaftlich untersucht. Obwohl darin die religiösen Einstellungen der verwitweten Herzogin nur am Rande und in allgemeinen Zusammenhängen zur Sprache kommen, gewähren die Briefe einen Einblick in ihre politischen Überlegungen und in ihre alltäglichen Sorgen.

5. Der Tod der Herzogin

Als Herzogin Magdalena Sibylla am 11. August 1712 um 16 Uhr »nach außgestandener kurzen, aber gar beschwehrlichen Leibes-Krankheit ganz sanfft, aber gleichsam nur einschlafend«[92] verstarb, hatte sie sich darauf – ganz in pietistischer Manier – gründlich vorberei-

87 Rüdiger MACK: Pietismus und Frühaufklärung an der Universität Gießen und in Hessen-Darmstadt, Gießen 1984.

88 MACK: Pietismus und Frühaufklärung (wie Anm. 87), S. 55, S. 241.

89 Hermann KNAPP: Johann Reinhard Hedinger (1664–1704) als Professor in Gießen und Oberhofprediger in Stuttgart. Auf Grund seither noch nicht erforschter Originalakten, in: BWKG 90 (1990), S. 280–287, hier S. 286.

90 MACK: Pietismus und Frühaufklärung (wie Anm. 87), S. 13f.

91 HStA Stuttgart G 124 Bü 39.

92 HStA Stuttgart G 124 Bü 23 (Vogt zu Kirchheim an Herzog Eberhard Ludwig, 11.8.1712).

tet. Unmittelbar nach dem Tod wurde eine Inventur über ihre Hinterlassenschaft in Stuttgart, Stetten und Kirchheim vorgenommen. Dabei fand sich in Kirchheim eine eigenhändige Erklärung der Verstorbenen, wie es nach ihrem Tod mit ihrem Leichnam gehalten werden sollte.[93] Auch der Eintrag im Kirchheimer Totenbuch brachte neben den üblichen Lobreden auf eine ehemalige Landesfürstin noch einmal ihre pietistische Religiosität zum Ausdruck.[94]

Wie die Nachlassinventare ausweisen, lebte die verwitwete Herzogin durchaus standesgemäß. Entsprechend hinterließ sie ein bedeutendes Vermögen von 160.968 Gulden 14 Kreuzer, darunter Schmuck im Wert von 70.570 Gulden.[95] Die zahlreiche, namentlich aufgeführte Dienerschaft entsprach ebenfalls ihrem hohen Rang. Trotz ihrer pietistischen Gesinnung trieb die Herzogin also einen erheblichen Repräsentationsaufwand, um ihre Stellung als Mutter des regierenden Landesherren zu demonstrieren.

Indessen tritt ihre pietistische Religiosität noch einmal eindrucksvoll bei der Inventur ihres Schlafgemachs hervor. Dieser intime Raum diente auch der Erbauung, denn in den Schränken und Kommoden fanden sich in den Schubladen zahlreiche eigenhändig geschriebene religiöse Texte und Manuskripte.[96] In der fünften Schublade auf der linken Seite des Schlafzimmers wurden »etlich gedruckte Sachen von der Pietisterey« gefunden, deren einzelne Titel nicht aufgeführt sind.

Drei Wochen nach ihrem Tod wurde Herzogin Magdalena Sibylla mit allem Pomp, der einer Landesherrin zustand, in der Gruft der Stuttgarter Stiftskirche feierlich beigesetzt.[97] Auch hier zeigte sich ihre pietistische Gesinnung, denn die Beisetzung war vom Choralgesang dominiert.[98] Es erklangen alte Kirchenlieder und pietistische Choräle: *Mein Wallfahrt ich vollendet hab*, *Herzlich tut mich verlangen*, *Ich fahr dahin mit Freuden*, *So hab ich nun vollendet den schweren Lebenslauf*, *Herzlich lieb hab ich dich, o Herr*, *Einen guten Kampf hab ich gekämpft* – dieses Lied wurde musiziert – und schließlich zum Schluss die beiden »gewöhnlichen« Lieder *Mit Fried und Freud ich fahr dahin* und *Meinen Jesum laß ich nicht*.[99] Für die Trauerfeierlichkeiten

93 HStA Stuttgart G 124 Bü 23 (Gabriel Moser, Kirchheim, an den Herzog, 12.8.1712).

94 Wortlaut des Totenbucheintrags bei Heinz Kauber: Viel Mut – viel Kummer – viel Tränen. Herzogin Magdalena Sibylla von Württemberg, in: Stiene/Wilhelm: Alte Steine – neues Leben (wie Anm. 84), S. 28–31.

95 HStA Stuttgart G 124 Bü 20 (Inventarien über die Hinterlassenschaft).

96 HStA Stuttgart G 124 Bü 20. Das Inventar listet auf: Allerhand geistliche Betrachtungen, geschrieben; Lauter geschriebene Predigten; Allerhand geschriebene Vers; 1 geschriebenes geistliches Buch, mit Silber beschlagen; Etlich gedruckte Sachen von der Pietisterey; Etlich geschriebene Vota und Personalien; Allerhand geschriebene Predigten; Görlitzisch Gesangbuch; Württembergisches kleines Gesangbuch; 1 geschriebenes Confect-Buch mit gar vihl von Ihro Durchlaucht geschriebene geistlich Vers.

97 Hohenlohe-Zentralarchiv Neuenstein GA 90 Nr. 188*.

98 Vgl. Joachim Kremer: Die Herzogswitwe Magdalena Sibylla von Württemberg: Förderin des frühen Pietismus in Württemberg, in: Sigrid Hirbodian/Sabine Klapp/Tjark Wegner (Hgg.): Frauen in Württemberg. (landeskundig. Tübinger Vorträge zur Landesgeschichte, Bd. 1), Ostfildern 2016, S. 139–149.

99 HStA Stuttgart A 21 Bü 737 (Project, wie es mit der fürstlichen Leichprocession [...] zu halten); Joachim Kremer: Pietistisches Bekenntnis und öffentliche Repräsentation. Musik zum Begräbnis der Herzogswitwe Magdalena Sibylla von Württemberg (1712), in: Katharina Hottmann/Christine

musste Herzog Eberhard Ludwig sogar seine Vasallen zwangsweise zur Teilnahme verpflichten. So drückte die Herzogin noch nach ihrem Tod der Beisetzung ihren persönlichen Stempel auf.

Interessanterweise schritt im Beerdigungszug unter den Adeligen von Amts wegen der Herrenberger Forstmeister Georg Siegfried von Leiningen mit, der Ehemann der wichtigen Separatistin Baronin Amalia Hedwig von Leiningen.[100] Bedingt durch ihren Rang als ehemals regierende Landesfürstin hatte Herzogin Magdalena Sibylla ihre pietistische Frömmigkeit immer im Rahmen der protestantischen Landeskirche gepflegt. Ihr Tod fiel in eine Zeit, in der die pietistische Bewegung unter den Angehörigen der Führungsschicht nachließ und sich stärker in die bäuerlich-handwerklichen Kreise verlagerte. Auf diese Weise sickerte der Pietismus in das Volk ein und übte im Lauf der Jahrhunderte einen starken Einfluss auf die Religiosität und Kultur Württembergs aus, auch wenn er nie zur Massenbewegung geworden ist.

SIEGERT (Hgg.): Feste – Opern – Prozessionen. Musik als kulturelle Repräsentation (Jahrbuch Musik und Gender, Bd. 1). Hildesheim 2008, S. 45–59.

100 FRITZ: Fromme Seelen (wie Anm. 41).

Magdalena Sibylla von Württemberg als Dichterin und Herausgeberin geistlicher Lieder

Judith P. Aikin

In seiner Leichenpredigt für die Herzogin Magdalena Sibylla von Württemberg lobte der Hofprediger Joseph Malblanc die Verstorbene als Sammler- und Dichterin von besonders schönen geistlichen Liedern, die sie in ihren veröffentlichten Andachtsbüchern mit einem breiteren Publikum teilte: *Sie war eine Geistreiche Dichterin/ wie Miriam und Debora/ und die schöne[n] Lieder/ die Sie in Ihren Gebett-Büchern zusammen getragen und sonsten aufgesetzt/ seynd keine leere[n] Hülsen ohne Korn/ noch ledige Schaale ohne Kern/ sondern lauter Geist und Krafft.*[1] Auch in ihrem Lebenslauf, *Hoch-Fürstliche Personalia*, der nach der dritten Leichenpredigt vorgetragen wurde, berichtet der anonyme Biograph darüber, wie die verwitwete Herzogin *viele schöne geistreiche Bücher* als Autorin und Kompilatorin herausgab. Zwei Titel werden dabei explizit genannt: *Andachts-Opffer* und *Creutz-Presse*. Der Biograph erwähnt auch *die selbst von Ihrer Durchläucht der Seeligsten Fürstin als einer rechten und in Wahrheit Christlichen Sibylla aufgesetzte[n] Geistliche[n] Andachten/ Gebetter und Lieder/ womit gantze Bücher angefüllet*. Vor allem lobt er jene *geistliche[n] liebliche[n] Lieder*, die sie selbst gedichtet hatte.[2] Wie ein früher Wissenschaftler schon bemerkte, wurden die Titelkupfer der Bücher, die sie herausgegeben und zum Teil selbst gedichtet hatte, als Repräsentationen ihrer geistlichen Leistungen auf dem Frontispiz des Leichenpredigtbandes abgebildet.[3]

Schon 1680 gab Magdalena Sibylla – als Mitverfasserin – ein Gedächtniswerk für ihren verstorbenen Gatten heraus. Darin erschienen viele alexandrinische Verse und einige Oden, die ihr zuzuschreiben sind.[4] Zehn Jahre später fing sie an, eine Reihe von Andachtsbüchern zu kompilieren und herauszugeben: *Gott-Geweyhtes Andachts-Opffer* (1690, stark ver-

1 Joseph Malblanc: Die Herrliche Vorzüge eines seeligen Todes, Christliche Leich-Sermon, in: Christ-Fürstliches Ehren-Gedächtniß, Der Weiland Durch läuchtigsten Fürstin und Frauen, Frauen Magdalena Sibylla Hertzogin zu Würtemberg und Teck, Stuttgart 1712, S. 22.

2 Hoch-Fürstliche Personalia, in: Ehren-Gedächtniß (wie Anm. 1), S. 33–34 und S. 38.

3 M. Zobel von Zabeltitz: Magdalena Sibylla von Württemberg, geb. Landgräfin zu Hessen-Darmstadt und ihre Andachtsschriften, in: Euphorion 23 (1921), S. 38.

4 [Magdalena Sibylla von Württemberg und Ehrenreich Weißmann]: Christliche Betrachtung Der Betrübten Zeit/ und Freudenvollen Ewigkeit: Aus unterschiedlichen Trauer- und Todts-Gedichten/ auch Andächtige Abhandlungen/ Von Dem Zustand künfftiger Dinge/ nach diesem Irrdischen Leben in Zweyen Theilen beschrieben/ Und Mit Geistlichen Sinnbildern gezieret Von Einer Gott-liebenden Seelen, Nürnberg 1680. Obwohl die sechs liedförmigen Gedichte, die in diesem Werk enthalten sind, keine Melodienanzeigen geben, sind sie vielleicht als geistliche Lieder anzusehen. Zwei davon tragen sogar das Incipit (die erste Zeile) eines alten Liedes, sind aber Neudichtungen. Da dieses Buch doch nicht zum allgemeinen Gebrauch während der täglichen Privatbetstunden angeboten wurde, lasse ich diese Gedichte beiseite und konzentriere mich auf die vier Titel, die Magdalena Sibylla zwischen 1690 und 1703 herausgab.

Im Namen der
Hochheiligen Drey-Einigkeit:
GOtt geweyhtes
Andachts-Opffer
Darinn
Eine Gott gelassene Seele
sich Ihrem JEsu täglich: Mor-
gens / Mittags / und Abends / in heisser
Andachts-Glut / mit Gebett und Liedern
demütigst aufopffert ; dem Allmächtigen Ewigen
GOTT zu Lob / Preiß und
Ehren /
In tieffester Demut zusammen getragen / und zu
dem Druck befördert
Von
Stuttgart /
Verlegts Paulus Treu / Mitbestellter Hoch-
Fürstl. Wirtenb. Hof- und Cantzley-Buch-
trucker. Im 1690 Jahr.

Abb. 1: Magdalena Sibylla von WÜRTTEMBERG: Gott Geweyhtes Andachts-Opffer [...], Stuttgart 1690, Titelseite.

mehrte Ausgabe 1691), *Das mit Jesu gekreuzigte Hertz* (1691), *Der glaubigen Seelen Kreutz-Presse* (1691) und *Geistliche Krancken-Apotheck* (1703).[5] Zwar hatte Magdalena Sibylla ihre Bücher anonym herausgegeben, wie es sich für eine Frau und Fürstin ihrer Zeit ziemte, aber ihr Monogramm auf den meisten Titelblättern, ein schwer zu entzifferndes Dickicht ihrer Initialen »M. S. v. W.«, dient als halbversteckter Hinweis auf ihre Herausgeber- und mögliche Autorschaft (Abb. 1). Davon abgesehen gibt es keine Spuren ihrer Identität in den verschiedenen Ausgaben, die zu Magdalena Sibyllas Lebzeiten und in den folgenden Jahrzehnten erschienen sind. Trotzdem konnten Woods und Fürstenwald in ihrem Lexikon der Schriftstellerinnen der frühen Neuzeit alle vier Buchtitel mit Sicherheit Magdalena Sibylla zuschreiben, nicht zuletzt, weil man in Stuttgart immer noch von ihrer Verfasserschaft wusste. Um diese Werke handelt es sich hier.

5 Siehe in Anhang I. eine Bibliographie der Werke und Ausgaben, die auf Grund meiner Forschungen, beide in den Online-Katalogen und durch Untersuchung der Exemplare in Stuttgart, Wolfenbüttel, Halle und Gotha, die ältere von Jean M. WOODS und Marie FÜRSTENWALD verfasste Bibliographie der Werke und Ausgaben erweitert und korrigiert. Ich bin ihrem Artikel über Magdalena Sibylla, der mir einen Ausgangspunkt zu dieser Studie gab, äußerst dankbar. Siehe Jean M.WOODS/Maria FÜRSTENWALD: Schriftstellerinnen, Künstlerinnen und gelehrte Frauen des deutschen Barock: ein Lexikon, Stuttgart 1984, S. 134. Auch der im Jahr 1991 erschienene bibliographische Beitrag über Magdalena Sibylla und ihre zu ihren Lebzeiten erschienenen Werke in Gerhard DÜNNHAUPT: Personalbibligraphien zu den Drucken des Barock, Bd. 4, Stuttgart 1991, S. 2633–2637, lässt sich auf der Basis meiner Forschungen jetzt verbessern.

Die vier Werke sind typische Andachtsbücher, die für den privaten Gebrauch in der sogenannten »Hauskirche« bestimmt waren. Das erste Werk, *Gott-Geweyhtes Andachts-Opffer*, bietet für jeden Tag in der Woche Gebete, Psalmen und Lieder für drei Betstunden an: morgens, nachmittags und abends.[6] In späteren Ausgaben gab es auch einen Abschnitt für Beichte, Buße und Kommunion, sowie ein angehängtes »Wetterbüchlein«.[7] Noch später kam eine zusätzliche Liederauswahl in den Anhang hinzu, wie man in den Titeln nach 1717 sehen kann, vielleicht nicht mehr unter Magdalena Sibyllas herausgeberischer Übersicht.

Die übrigen Werke sind in durchnummerierte Betrachtungen aufgeteilt, wobei jede Betrachtung mit Selbstgesprächen in Prosa oder Alexandrinern beginnt. Zum Teil mit Reimgebeten oder Prosagebeten untermengt, mündet jede Betrachtung in Gesang, denn drei bis sieben Lieder bringen die Betstunde zu einem erfreulichen Ende. Das zweite Werk, *Das mit Jesu Gekreuzigte Hertz*, enthält Betrachtungen über die Passion Christi. Das dritte (und meistens mit dem zweiten zusammen gebundene) Werk, *Kreutz-Presse*, enthält Texte, die in Zeiten von Leid und Trübsal (»Kreutz«) zum Trost bestimmt waren.[8] Im vierten Werk, *Geistliche*

6 Deshalb ist Dünnhaupts Annahme, dass ein 1683 anonym herausgegebenes Werk aus Stuttgart mit einem ähnlichen Titel (*Neu-vermehrtes Recht-glaubiger Christen wahres Andachts-Opffer*) ihr zuzuschreiben ist, unberechtigt. Das Buch, anscheinend ein unicum in Privatbesitz, kann zwar nicht näher analysiert werden, aber aus dem von Dünnhaupt angegebenen Titel muss man schließen, dass das Buch nur Kirchengesänge und geistliche Lieder enthält. Es soll also als reines Gesangbuch betrachtet werden. Vielleicht hatte Magdalena Sibylla auch dieses Buch herausgegeben, aber dies ist keine erste Ausgabe von ihrem *Gott Geweyhtes Andachts-Opffer*. Das Gesangbuch enthielt wahrscheinlich eine Sammlung der populärsten Kirchenlieder sowie neue geistliche Lieder aus der *Praxis Pietatis Melica* von Johann Crüger oder aus Johann Sauberts *Nürnberger Gesangbuch* von 1676/77. Aber es existierten noch nicht die zwei Quellen, ohne die Magdalena Sibyllas Werk von 1690 nicht zu denken ist: das Andachtsbuch von 1685 der Gräfin Aemilia Juliana von Schwarzburg-Rudolstadt, das das Format und viele Lied- und Gebettexte in Magdalena Sibyllas Andachtsbuch bestimmt hat, und die Sammlung der Lieder von Ludaemilia Elisabeth von Schwarzburg-Rudolstadt aus dem Jahr 1687, die Magdalena Sibylla für ihre Andachtsbücher von 1690 bis 1703 so reichlich ausbeutete, wie ich unten zeigen werde.

7 Wahrscheinlich schon in der verloren gegangenen zweiten Ausgabe von 1691, die erste, die mit dem Vorwort und Bericht über die wunderbare Rettung eines Exemplars der ersten Ausgabe versehen wurde. In diesem Vorwort werden auch die angehängten Nachträge erwähnt. Die späteren Ausgaben (siehe Anhang I), die außer Titelblatt und Ausgabenummer identisch sind, wurden wahrscheinlich immer wieder mit den Schriften für die Ausgabe von 1691 gedruckt. Im Text findet man die Lieder immer auf denselben Seiten, und bis etwa 1734 sogar mit derselben veralteten Interpunktion und Buchstabierung, wie in den anderen Ausgaben nach dem zweiten. Die Zahl der jeweiligen Ausgabe nach der zweiten, die jedes Mal im Vorwort auf den neuesten Stand gebracht wurde, ist verwirrend, denn es kommen zwei verschiedene Daten vor. Die Vorige wird als ausverkauft genannt, die Nächste ist in Vorbereitung, aber welche die gegenwärtige Ausgabe ist, bleibt unklar. In meiner Bibliographie der Ausgaben (Anhang I) gebe ich beide Zahlen an, z. B. »Ausgabe 4/5«.

8 Woods/Fürstenwald: Schriftstellerinnen (wie Anm. 5) listen diesen Titel als unabhängiges Werk auf, während Dünnhaupt die *Kreutz-Presse* als den dritten Teil von *Das mit Jesu gekreuzigte Hertz* ansieht, Dünnhaupt: Personalbibliographien (wie Anm. 5). Da ich aber ein alleinstehendes Exemplar der *Kreutz-Presse* gefunden habe, das nur sein eigenes Titelblatt besitzt, muss ich mit Woods/Fürstenwald übereinstimmen. Die *Kreutz-Presse* hat ja nichts mit den Passions-Betrachtungen des vorigen Titels gemeinsam. Die explizite Erwähnung der *Kreutz-Presse* in den *Hoch-Fürstlichen Personalia* zeigt, dass die Zeitgenossen das Buch als selbständig betrachteten. In Bezug auf die Liederauswahl sehe ich diesen Titel, zusammen mit dem auch in den *Personalia* genannten *Andachts-Opffer*, als die wichtigsten Werke Magdalena Sibyllas an.

Krancken-Apotheck, sind Betstundentexte für Kranke und Sterbende zu finden. Insgesamt kommen in diesen Andachtsbüchern 480 verschiedene geistliche Lieder vor. Fast alle, deren Autorschaft man bestimmen kann, stammen aus der Zeit nach 1630, die meisten sogar nach 1665.

In Bezug auf Magdalena Sibyllas Tätigkeit als Dichterin von »geistlichen lieblichen Liedern« listen Woods und Fürstenwald sieben Lieder, die in verschiedenen Ausgaben des Württembergischen Gesangbuches gedruckt wurden und mit ihren Initialen als Autorin versehen sind (siehe Anhang II). Diese ihr offen zugeschriebenen Lieder kommen in den Gesangbuchausgaben von 1700, 1705 und 1713 vor, also hauptsächlich zu ihren Lebzeiten. Es kommen jedoch nur zwei der sieben Lieder in den oben erwähnten, von der Herzogin verfassten Büchern vor. Möglicherweise wurden viele andere Lieder in ihren Büchern von ihr selbst gedichtet, aber, wie alle Texte in diesen Sammlungen, weisen diese keine Autorennamen auf. Zusammen mit den sieben ihr zugeschriebenen Liedtexten werden diese sonst unbekannten Lieder unten besprochen.

Jedoch stammen die meisten Lieder (sowie viele der Prosatexte und Reimgebete), die in den Werken Magdalena Sibyllas vorkommen, von anderen Dichtern. Es war mir möglich, 75 % der Lieder in früheren Gesangbüchern oder in hymnologischen Lexika zu identifizieren. Aus welchen Quellen schöpfte Magdalena Sibylla? Wer waren diese Dichter – und Dichterinnen –, deren Lieder sie gern in ihre Andachtsbücher einbezog? Das Inventar ihrer privaten Bibliothek, mit Einträgen aus den Jahren 1698 und 1702, bietet eine Vielfalt von Andachtsbüchern, Liedersammlungen und Gesangbüchern, die ihr als mögliche Quellen zugänglich waren.[9] Die Auswahl der übernommenen Lieder zeigt jedoch, welche dieser Quellen am wichtigsten waren, und was für Lieder sie dem Inhalt und der Ästhetik nach besonders bevorzugte.

Die wichtigste Quelle, die Magdalena Sibylla nutzte, war das *Nürnbergische Gesangbuch* von 1676/1677.[10] Ihre Liederauswahl aus dieser wichtigen Sammlung umfasst nicht nur alte Kirchengesänge sowie die populärsten Lieder Paul Gerhardts, sondern auch viele der neuesten Jesuslieder, die dem Geschmack der Neuen Frömmigkeits-Bewegung entsprachen. Für ihr zweites Werk, *Das mit Jesu Gekreuzigte Hertz*, scheint das *Nürnbergische Gesangbuch* sogar die Hauptquelle gewesen zu sein.[11] Die zweitwichtigste Quelle für die meisten Werke sind zwei Andachtsbücher, die Aemilia Juliana von Schwarzburg-Rudolstadt, eine befreundete

9 *Verzeichnus der Jenigen bücher, so sich in der Bibliothek der durchleüchtigsten Verwittibten Fraw Hertzogin befinden [...] angefangen den 30. Juny anno 1698. und wiederum erneüert den 1. Martij anno 1702*, WLB, Cod. hist. 8o 305; Mikrofiche Buchgesch. Ta 9720. Jill Bepler hat mehrmals über dieses Inventar geschrieben. Ich bin ihr besonders dafür dankbar, dass sie mir den noch ungedruckten Vortrag »Traditions of reading, writing and collecting: books in the lives of dynastic women in Early Modern Germany« zugesendet hat.

10 Nürnbergisches Gesang-Buch, darinnen 1160 außerlesene, so wol alt- als neue, geist-, lehr-, und trostreiche Lieder, auf allerley Zeit-, Freud-, und Leid-Fälle der gantzen Christenheitgerichtet [...] Mit einer Vorrede Johann Sauberts, Nürnberg 1677. In der ersten Ausgabe von ihrem *Andachts-Opffer* stammen z. B. 42 der 92 Lieder aus diesem Gesangbuch, in der zweiten Ausgabe sogar 64 der 216 Lieder.

11 Es stammen 40 der 75 Lieder (53 %) aus dem *Nürnbergischen Gesangbuch*.

Reichsgräfin, 1685 und 1687 anonym veröffentlichte: *Täglicher Morgen- Mittags- und Abend-Opffer*[12] und *Die Stimme der Freundin.*[13] Es ist zu vermuten, dass Aemilia Juliana beide Bücher, die viele ihrer eigenen Lieder und alle Lieder ihrer verstorbenen Schwägerin Ludaemilia Elisabeth von Schwarzburg-Rudolstadt enthalten, zwischen 1687 und 1689 ihrer Brieffreundin Magdalena Sibylla geschenkt hat. Dazu erschienen einige originale, noch nicht gedruckte Lieder von Aemilia Juliana in den Werken Magdalena Sibyllas: ein Hinweis darauf, dass die Rudolstädtische Gräfin auch handschriftliche Lieder an ihre Freundin schickte.[14] Andere Bücher, die im Inventar genannt wurden, dienten der Herzogin ebenfalls als Quellen, vor allem *Geistliche Andachts-Flamme* (wahrscheinlich die einflussreiche Ausgabe von 1680), die offiziellen Gesangbücher von Lüneburg und Braunschweig (1661) und Georg Lintzners *Memento Mori, das ist: Heilsame Todes-Gedancken* (1675, zweite Ausgabe 1680).

Bezüglich der Auswahl einzelner Dichter und Dichterinnen sind im Vergleich zu anderen Liedautoren die Lieder der zwei Gräfinnen von Schwarzburg am meisten vertreten: 75 Lieder stammen von Ludaemilia Elisabeth und 51 Lieder von Aemilia Juliana. Danach folgt Johann Rist mit seinen 28 Liedern, eine Auswahl, die Magdalena Sibylla aus ihren Exemplaren seiner Werke entnehmen konnte.[15] Dann folgen die 15 Lieder von Paul Gerhardt (alle aus dem *Nürnbergischen Gesangbuch* entnommen). Andere Autoren, von denen mindestens vier Lieder vorkommen, sind Ahasverus Fritsch, Jakob Ritter, Magnus Hesenthaler und Herzog Anton Ulrich von Braunschweig-Wolfenbüttel.

Trotz der Vielzahl der Liedtexte der beiden Gräfinnen von Schwarzburg in den Andachtsbüchern von Magdalena Sibylla kann man nicht von einer überwiegend weiblichen Auswahl aus den benutzten Quellen sprechen.[16] Darüber hinaus stammen von bekannten Liederdichterinnen nur drei Lieder. Betrachtet man das Inventar der Privatbibliothek Magdalena Sibyllas, ist dies nicht zu erwarten, denn es umfasst die Titel mehrerer von fürstlichen und

---

12 Täglicher Morgen- Mittags- und AbendOpffer/ bestehend in Gebet-Seuffzern und geistlichen Liedern, Rudolstadt 1685. Die enthaltenen Lieder sind meistens von Aemilia Juliana.

13 Die Stimme der Freundin/ Das ist: Geistliche Lieder/ Welche/ aus brünstiger und biß ans Ende beharreter Jesus-Liebe/ verfertiget und gebraucht Weiland Die HochGebohrne Gräfin und Fräulein/ Fr. Ludämilia Elisabeth/ Gräfin und Fräulein zu Schwartzburg und Hohnstein usw. Christseligen Andenckens, Rudolstadt 1687.

14 Diese Freundschaft, die nur in den Liedern und Andachtsbüchern der beiden Landesmütter auszufinden ist, habe ich in einem anderen Beitrag besprochen: Judith P. AIKIN: Devotional Songs as Evidence of a Women's Friendship: Magdalena Sibylla of Württemberg-Stuttgart and Aemilia Juliana of Schwarzburg-Rudolstadt, in: German Life and Letters 57 (2014), S. 496–511.

15 Joachim Kremer hat die neun Bände von Rist, die im Inventar genannt wurden, in seinem Artikel identifiziert: Joachim KREMER: Pietistisches Bekenntnis und öffentliche Repräsentation: Musik zum Begräbnis der Herzogswitwe Magdalena Sibylla von Württemberg (1712), in: Jahrbuch Musik und Gender 1 (2008), S. 59.

16 Früher sah ich Magdalena Sibyllas *Andachts-Opffer* als Antwort auf die fast ausschließlich männliche Auswahl bei Freylinghausen. Siehe Judith P. AIKIN: Beteiligung von Frauen am ›geist=reichen‹ Gesang um 1700: Herzens=Music (Nürnberg 1703), Andachts=Opffer (Stuttgart 1705) und Freylinghausens Geist=reiches Gesang=Buch (Halle 1704) mit Zugabe (1705), in: Wolfgang MIERSEMANN/ Gudrun BUSCH (Hg.): ›Singt dem Herrn nah und fern‹. 300 Jahre Freylinghausensches Gesangbuch (Hallesche Forschungen, Bd. 20), Tübingen 2008, S. 123–42. Nachdem ich aber die Ausgabe von 1690 sowie das Inventar der Buchsammlung der Herzogin erforscht habe, musste ich zu diesem neuen Schluss kommen.

adligen Damen verfassten Andachtsbücher, die Lieder enthalten, und sogar auch ein Buch ihrer Tante, Anna Sophia von Hessen-Darmstadt.[17] Dieses Werk enthält 31 originale Lieder, von denen viele in anderen Gesangbüchern der Zeit auftauchen. Jedoch sind keine der rhythmisch schönen Lieder von Anna Sophia in den Werken von Magdalena Sibylla zu finden. Magdalena Sibylla besaß außerdem die Gesangbücher einer geborenen Landgräfin von Hessen-Kassel, Charlotte von Bentheim-Tecklenburg, und einer Hofdame aus der sächsischen Residenz Hildburghausen, Amalia Catharina von Erbach.[18] Keine Lieder aus diesen Werken adliger Frauen hat Magdalena Sibylla in ihre eigenen Werke einbezogen. Auch einzelne Lieder, welche anderen weiblichen Verwandten zuzuschreiben sind, finden in Magdalena Sibyllas Büchern keinen Platz. Sogar die Gesang- und Gebetbücher, die von ihren beiden kursächsischen Großmüttern Sophie Eleonore von Hessen-Darmstadt und Marie Elisabeth von Schleswig-Holstein-Gottorp und deren Schwester Magdalena Sibylla von Sachsen-Altenburg kompiliert wurden, scheinen keinen Einfluss auf die Auswahl in den Andachtsbüchern von Magdalena Sibylla von Württemberg gehabt zu haben.[19] Worin bestand die Attraktion der Andachtsbücher, die Aemilia Juliana herausgegeben hatte, und der Lieder, die sich in ihren Kompilationen befinden?

In Aemilia Julianas Andachtsbuch zum täglichen Gebrauch, *Täglicher Morgen- Mittags- und AbendOpffer*, war es zum Teil die darin angebotene Struktur eines christlichen Alltags, mit drei geplanten Gebetstunden (anstatt der üblicheren zwei), zum Teil die Texte zu verschiedenen praktischen Angelegenheiten, die Magdalena Sibylla anziehend fand. Die Herzogin hat zum Beispiel Aemilia Julianas Morgenlied für Montag, *Bey dem Anfang dieser Wochen*, wortwörtlich übernehmen können, als sie in ihrem *Andachts-Opffer* ein ähnliches Handbuch verfasste. Auch hätte Magdalena Sibylla die Verse Aemilia Julianas, die den Opitzianischen Regeln nach korrekt und dennoch natürlich fließend und rhythmisch schön sind, reizvoll gefunden. Der Stil ist ziemlich einfach, trotzdem nachdrücklich und eindringlich, oft der Wortwahl der Luther-Bibel entsprechend, doch richtig originell in deren Anwendung. Da sie sich eines intimen Gesprächstons bediente, indem sie Gott oder Jesus ihr tägliches Anliegen mitteilte, ist der Stil sogar ziemlich ungewöhnlich. Jedoch geben Zeilensprung, wiederkehrende Phrasen und Refrains, spielerische Verwendung grammatischer

---

17 Anna Sophia von Hessen-Darmstadt: Der treue Seelenfreund Christus Jesus, Dresden 1658.

18 [Charlotte, Gräfin von Bentheim-Tecklenburg]: Buß- Beicht- und Communion-Buch [...] Von einer Hohen Standes-Persohn, Osnabrück 1684, mit 40 zum Teil originalen Liedern; A[malia] C[atharina] Gr[äfin] z[u] E[rbach]: Andächtige Sing-Lust [...] wormit Eine Gott-ergebene Gräfl. Dame Sich und Andere zu freudiger Abstattung Ihrer täglichen Christen-Pflicht ermuntern wollen, Hildburghausen 1692, mit 67 originalen Liedtexten zusammen mit neuen Melodien.

19 Der Titel des Andachtbuches ihrer Großmutter väterlicherseits steht auf der Liste im Inventar (*Andächtige Hertzensseuffer*). Es ist mir nicht klar, ob die anderen Andachtsbücher ihrer sächsischen Ahnen in ihrer Privatbibliothek zu finden sind. Über diese drei kursächsischen Schwestern siehe Mara R. Wade: Invisible Bibliographies: Three Seventeenth-Century German Women Writers, in: Women in German Yearbook 14 (1998), S. 41–69.

Strukturen und ein echt melodischer Rhythmus den Texten von Aemilia Juliana eine starke Anziehungskraft, die wir immer noch spüren können.[20]

Der Inhalt der Texte Aemilia Julianas entspricht dem, was Martin Luther »schrifftmäßig« nannte, als er davor warnte, im Neuschaffen von Kirchenliedern zu weit vom biblischen Text abzukommen. Jedoch handelt es sich um das Alltägliche, um die Leiden und Freuden, um die Ängste und Zweifel, die allen Menschen der Zeit gemein waren. Zum Beispiel hat Magdalena Sibylla aus der zweiten Ausgabe von Aemilia Julianas Andachtsbuch von 1699, wovon sie auch ein Exemplar besaß, einen ganzen Abschnitt mit seinen fünf Liedern übernommen, der den Fortgang einer Reise der Dichterin zu einem Sauerbrunnen-Kurort begleitet.[21] Aemilia Julianas Andachtsbuch enthielt auch einen Abschnitt mit Gebeten und Liedern für die Vorbereitung auf die Beichte, Buße und Kommunion. Diese Reihe von geistlichen Übungen, die auf das wichtige Sakrament des Abendmahls zielten, war etwas, was gute Lutheraner der Zeit vier bis fünfmal im Jahr praktizierten. Die Kirchengesangbücher und älteren Gebet- und Andachtsbücher, die Magdalena Sibylla kannte, hatten wenig für diese Praxis anzubieten, und sie hat auch diese Texte Aemilia Julianas für ihre Veröffentlichungen übernommen.

Im Falle der Lieder ihrer Schwägerin Ludaemilia Elisabeth, die Aemilia Juliana 15 Jahre nach deren Tod in *Stimme der Freundin* herausgegeben hatte, kann man auch von ästhetischen und inhaltlichen Gründen für die Übernahme sprechen. Um ihr eifriges Bemühen nach Rechtfertigung und Glauben im lutherischen Sinn auszudrücken, verwendete Ludaemilia Elisabeth stilistische Waffen, wie z. B. rhetorische Fragen, spielerische Wortanwendungen, Wiederholungen und Parallelismen, die Magdalena Sibylla vermutlich reizvoll fand.[22] Nicht nur war Ludaemilia Elisabeth anscheinend ihre Lieblingsdichterin, wie die große Anzahl ihrer Lieder in den Kompilationen Magdalena Sibyllas zeigt. Sondern es ist auch klar, dass die Lieder Ludaemilia Elisabeths stilistisch einige Lieder beeinflussten, die ich Magdalena Sibylla zuschreiben möchte.

Als Herausgeberin hat Magdalena Sibylla öfters Texte, die sie aus anderen Büchern übernahm, »verbessert« oder revidiert, wie man in dem handschriftlichen Nachlass sowie in den veröffentlichten Versionen sehen kann. Falsche oder ungünstige Wortstellungen korrigierte sie. Ausgelassene Silben, die Martin Opitz nicht zugelassen hätte, fügte sie ein, dafür aber ließ sie eine andere Silbe oder ein einsilbiges Wort irgendwo fallen. Sogar bei der Wortwahl nahm sie Veränderungen vor. In vielen Fällen sind ihre »Korrekturen« sogar irre-

---

20 *Bey dem Anfang dieser Wochen* und andere Lieder Aemilia Julianas sind nachgedruckt zu finden in der sechsbändigen Ausgabe der wichtigsten geistlichen Lieder des 17. Jahrhunderts. Siehe Albert FISCHER/Wilhelm TÜMPEL: Das deutsche evangelische Kirchenlied des 17. Jahrhunderts, Bd. 5, Gütersloh 1904–1916, Nr. 608–640.

21 Tägliches Morgen- Mittags- und Abend-Opffer/ bestehend in Gebet/ Seufftzern und Geistlichen Liedern/ Zum andern mahl auffgeleget und vermehret mit Liedern und Gebetern auf alle Stände/ Zeiten und Fälle, Rudolstadt 1699. Im Inventar kommt dieser Titel fälschlicherweise als »Scherers Tägliches Morgen Mittag und Abendopfer« vor; Sigismund Scherertz, der ja das vorige Werk, *Beicht Buß und Festbüchlein*, verfasst hatte, hat nichts mit diesem Titel zu tun.

22 Eine Auswahl der Lieder Ludaemilia Elisabeths befindet sich auch in: FISCHER/TÜMPEL: Kirchenlied (wie Anm. 20), Bd. 5, Nr. 515–537.

führend, denn sie schreckte auch nicht davor zurück, das zur Identifikation so wichtige Incipit (die erste Zeile) bis zur Unkenntlichkeit zu verändern.

Für die Andachtsbücher Magdalena Sibyllas besitzen wir besonders klare Spuren ihrer Tätigkeiten als Dichterin, Sammlerin und Kompilatorin, denn im Landesarchiv wird ihr poetischer Nachlass aufbewahrt.[23] Fast alle Blätter, die sich in diesem Büschel befinden, sind in ihrer eigenen Handschrift verfasst. Einige zusammengefaltete Blätter waren die Vorlagen für die Drucke, wie man an den roten Anweisungen (und in den identischen Abschnitten im *Andachts-Opffer* oder in der *Kreutz-Presse*) sehen kann. Viele Blätter zeigen die praktizierten alexandrinischen Verse, die Magdalena Sibylla selbst schuf. Andere enthalten ihre Kopien von Liedern aus dem *Nürnbergischen Gesangbuch* oder aus den Kompilationen von Aemilia Juliana. Einige Texte sind anscheinend selbstverfasste oder stark umgedichtete Lieder, die durch Bearbeitung in Originale verwandelt wurden.

Aus den 480 Liedern in den Andachtsbüchern Magdalena Sibyllas sind mehr als 120 keinem bekannten Autor zuzuschreiben. Meiner Meinung nach hat Magdalena Sibylla einige dieser Lieder gedichtet, aber nicht alle; andere wurden wahrscheinlich von ihren weiblichen Verwandten und Hofdamen, ihrem Hofprediger oder anderen Theologen aus ihrem Umkreis geschrieben. Ich wollte an dieser Stelle eine Auflistung einiger sonst unbekannter Lieder anbieten, die den bekannten Liedern Magdalena Sibyllas am ähnlichsten sind, aber meine vor kurzem erfolgte Entdeckung eines Andachtsbuchs ihrer Schwägerin, Eleonora Juliana von Württemberg, ließ mich höchst unsicher werden. Ich nehme jetzt an, dass diese Frau viele Lieder dichtete, die nicht nur in ihrem Werk erscheinen, sondern auch in den früheren Sammlungen Magdalena Sibyllas. Es würde sich zwar lohnen, die geistlichen Lieder dieser zwei Frauen zu untersuchen und miteinander zu vergleichen, aber dazu habe ich jetzt keine Zeit.[24] Deshalb verzichte ich darauf, Vorschläge zu einem erweiterten *catalogue raisoné* mitzuteilen.

Aber einige der sonst unbekannten Lieder lassen sich mit gutem Grund Magdalena Sibylla zuschreiben. Als sie in den späten achtziger Jahren anfing, ein Andachtsbuch zusammenzustellen, war sie schon eine gut geschulte Dichterin, die meistens alexandrinische Verse im opitzianischen Stil verfasste, zuweilen auch ein den Oden von Opitz nachgeahmtes Gedicht. Aber geistliche Lieder wie die der zwei Gräfinnen von Schwarzburg, die nach einer alten Kirchengesangmelodie geschaffen wurden, waren noch nicht ihre Stärke. Ihre Verwendung der üblichen typographischen Verfahrensweise bei Oden und Gedichten (mit Leerraum am reimenden Zeilenende) für die Lieder in ihrem handschriftlichen Nachlass und in den gedruckten Werken zeigt uns, dass sie selbst wahrscheinlich nicht nach einer Melodie dichtete und anfangs vielleicht gar kein musikalisches Vorsingen der Worte im

23 HStA Stuttgart G 124 Bü 25.

24 [Eleonora Juliana von Württemberg]: Betrübter Seelen Trost. Das ist: Neu-vermehrtes Christliches Gesang-Buch [...] Mit sonderbahrem Fleiß zusammen getragen, Esslingen 1699. Eleonora Juliana war die Gattin von Friedrich Karl von Württemberg, Magdalena Sibyllas Mitregent und Mitvormund ihres Sohnes nach dem Tode ihres Mannes.

Sinn hatte.[25] Die Liedtexte der ersten Ausgabe ihres *Andachts-Opffers* enthalten keine Melodieanweisungen, obwohl die späteren Ausgaben und Werke meistens das Incipit eines alten Liedes nennen, dessen Melodie dazu geeignet ist. Jemand muss sie davon überzeugt haben, im gedruckten Werk eine Melodie zum Vorsingen anzugeben. In einigen Liedtexten, die ihr schon zu Lebzeiten zugeschrieben wurden, oder die ihr meiner Meinung nach zuzuschreiben sind, sieht man vielleicht ihre ersten Übungen in der Gattung. In diesen Fällen fängt Magdalena Sibylla mit einem bekannten Lied an, benutzt seine Strophenform und sein Metrum, um aber eine Neudichtung zu schaffen. Dabei behält sie das Incipit und vielleicht einen Refrain, sogar zuweilen Reimworte, aber sonst ist alles neu.

Zwei Beispiele sind im literarischen Nachlass sowie in ihren Büchern zu finden. Auf eben diese Art und Weise hat sie aus dem weitverbreiteten Lied einer Fürstin des 16. Jahrhunderts (Maria, Königin zu Ungarn, zugeschrieben), das mit den Worten »Mag ich Unglück nicht widerstahn« anfängt, ein neues Lied gemacht. Magdalena Sibyllas Nachdichtung verwendet dieselbe Form, aber die Verse sind jetzt im opitzianischen Sinne regelrecht, und der Inhalt stammt aus ihrem eigenen Leben. Doch kann man öfters den ursprünglichen Text hinter den neuen Versen spüren; das nachgedichtete Lied nimmt dieselben Themen auf, personalisiert sie und macht sie neu.

Magdalena Sibylla:
Kan ich Unglück dann nicht entgeh'n,
So muß gescheh'n,
Was dir mein Gott beliebet;
Ich bin gewohnt,
gequält zu seyn,
Ergeb mich drein,
Wie hoch es mich betrübet:
Schmertzt es gleich sehr,
Und ist fast schwehr
Die Jammer-Plag,
so ich hier trag,
Wird doch mein Glaub geübet.

Mein Leiden ist fast ohne Zahl
So, daß die Qual
Mich schier zu Boden schläget;
Jedoch will ich gern halten still,
Wie mein Gott will,
Der mir die Last auffleget:
Thut es schon weh,

Maria, Königin zu Ungarn:
Mag ich Unglück nicht widerstahn/
muß ungnad han
der welt für mein recht glauben?
So weiß ich doch/
es ist mein' kunst/
GOTTes huld und gunst/
die muß man mir erlauben.
Gott ist nicht weit/
eine kleine zeit
Er sich verbirgt/
Biß Er erwürgt/
die mich seins Worts berauben.

Richt wie ich woll itzund mein' sach/
Weil ich bin schwach/
und Gott mich furcht läst finden:
so weiß ich/ daß kein g'walt bleibt fest/
ists allerbest/
das zeitlich' muß verschwinden;
das ewge Gut

25 In der *Hoch-Fürstlichen Personalia* berichtet der Biograph, dass sie auf dem Sterbebett ein Lied vorgesprochen (nicht vorgesungen) hätte, S. 66.

Sein Will gescheh,
In Lieb und Leyd,
ich bin bereit,
Wann nur sein Hand mich träget!

Mein Gott der alle Ding regiert,
Derselbe werd
Mich ja nicht gar verlassen,
Er wird mit seiner Rettungs Hand
In diesen stand,
Und reicher Unglucks Strassen,
Auch regieren mich,
Darauff hoff ich,
Daß durch sein Güht',
Ich meinen Güht
Auch werde können fassen.

[noch 5 Strophen]

macht rechten muth/
dabey ich bleib/
wag gut und leib/
GOTT helff mirs überwinden.

All Ding ein' weil/ ein sprichwort ist.
Herr Jesu Christ/
du wirst mir stehn zur seiten/
und sehen auf das unglück mein/
als wär' es dein/
wanns wider mich wird streiten!
Muß ich denn dran
auff dieser bahn/
welt/ wie du wilt/
GOTT ist mein Schild/
der wird mich wohl begleiten.

[Ende][26]

Auch hinter einem unveränderten Incipit kann sich ein originales Lied verstecken. Zum Beispiel übernahm Magdalena Sibylla das Incipit (und sogar die zweite Zeile) eines von Johann Flittner gedichteten Liedes, *Ach! was soll ich sünder machen*, zusammen mit dessen Refrain, aber alle übrigen Zeilen sind neu.

Magdalena Sibylla:
Ach waß soll ich Sündrin machen
Ach waß soll ich fangen an
Ach waß hab ich doch gethan
Ach wie stehn meine sachen,
Sie sindt übel auß gericht
doch ich laße Jesum nicht.

Jesus hat für meine Sünden
völlig ja genug gethan
ich lauffe waß ich kan
biß ihn sich von mir lest finden
Mein trost ist auff ihn gericht
Meinen JESUM laß ich nicht.

Johann Flittner:
Ach! was soll ich sünder machen?
Ach! was soll ich fangen an?
Mein gewissen klagt mich an/
Es beginnet aufzuwachen:
Diß ist meine zuversicht/
Meinen Jesum laß ich nicht.

Zwar es haben meine Sünden
Meinen Jesum offt betrübt/
Doch weiß ich/ daß er mich liebt/
Und läßt sich noch gnädig finden:
Drum/ ob mich die sünd anficht/
Meinen Jesum laß ich nicht.

26 Magdalena Sibyllas *Kan ich Unglück dann nicht entgehn* befindet sich in ihrem handschriftlichen Nachlass (wie Anm. 23) und in *Kreutz-Presse*, S. 27. Sie hat auch das Lied Marias, *Mag ich Unglück nicht widerstahn*, in der *Kreutz-Presse* wiedergegeben.

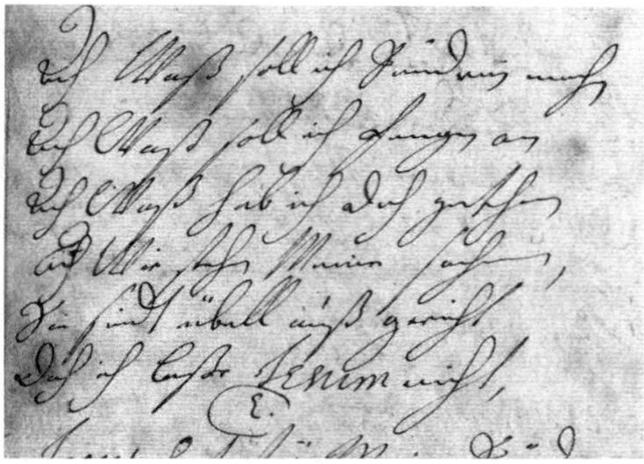

Abb. 2: Magdalena Sibylla von WÜRTTEMBERG: „Ach waß soll ich Sündrin machen“, Autograph (Ausschnitt).

Jesus wird mich nicht verstossen
All zu groß ist seine Treu
Die du alle Morgen neu
die ich hab so offt genossen
die bleibt mich doch verpflicht
Meinen JESUM laß ich nicht.

Ich hab zwar den Todt verdient
bin unwürdig aller Gnad
die er mir erwiesen hat,
doch weil er mich hat versühnt
so schadt mir nicht sein Gericht
Meinen JESUM laß ich nicht.
[usw.]

Ob zwar schweres creutz und leiden/
So bey Christen offt entsteht/
Mit mir hart darnider geht/
Solls mich doch von ihm nicht scheiden:
Er ist mir ins hertz gericht/
Meinen Jesum laß ich nicht.

Ich weiß wohl/ daß unser leben
Offt nur als ein nebel ist;
Denn wir hie zu jeder frist
Mit dem tode sind umgeben:
Drum/ obs heute noch geschicht/
Meinen Jesum laß ich nicht.
[usw.]

Ihre Bearbeitung, wahrscheinlich als Nachahmungsübung unternommen, verwandelt sich in ein eigenes Lied. Bei der Umdichtung hat sie sich in ihrer eigenhändigen Niederschrift (Abb. 2) sogar personalisiert, indem sie das Nomen weiblich macht (*Ach was soll ich Sündrin machen*), obwohl der männliche oder allgemeinmenschliche »Sünder« in den gedruckten Versionen auftaucht.[27]

Das berühmteste der Lieder, die Magdelena Sibylla offen zugeschrieben wurden, *Ach treuer Gott, barmhertzigs Hertz*, ist eine 8-strophige Nachdichtung eines 16-strophigen Liedes von Paul Gerhardt.[28] Sie hat von ihm Incipit und das erste Reimpaar übernommen, aber

27 Erstes Blatt im poetischen Nachlass (wie Anm. 23), wonach hier zitiert wird. Aber in ihrem *Andachts-Opffer* 1690, S. 323, und im Württembergischen Gesangbuch von 1713 kommt diese Umdichtung mit der männlichen Version des Nomens vor. Sie hat Flittners Lied in das *Andachts-Opffer* 1690 auch einbezogen (hier nach dem Württembergischen Gesangbuch von 1713, wie Anm. 32, zitiert). Ähnlich verfuhr sie mit der ersten Strophe eines Liedes von Aemilia Juliana, *O Du Dreyeinger Gott/ den ich mir auserlesen*, wobei sie das Wort »Sünder« in »Sündrin« verändert, in diesem Fall sogar gedruckt (*Andachts-Opffer* 1690, S. 85).

28 Das Gerhardt-Lied befindet sich bei FISCHER/TÜMPEL: Kirchenlied (wie Anm. 20), Bd. 3, Nr. 448. Es kommt auch in Magdalena Sibyllas *Kreutz-Presse* 1691 vor.

daraus hat sie ein eigenes Lied entwickelt, wie man schon in den Strophen 1 bis 4 sehen kann:

[1.] Ach treuer Gott/ barmhertzigs hertz/ Sieh' hier zu deinen füssen Dein kind/ voll jammer/ noth und schmertz In thränen schier zerfliessen. Schau' / wie ich ängstig quäle mich/ Aus gnaden doch erbarme dich/ Mein elend zu versüssen.
2.Ach Gott! mein Gott! ach! saum' nicht lang/ Laß mir bald hülff erscheinen: Wie ist doch meiner seelen bang? Ach stille doch mein weinen! Denn du allein erforschest mich: Mein flehen kommt ja stets vor dich/ Du kansts nicht böse meinen.
3. Ich bin ja meines lebens satt/ Wünsch' mir ein seeligs ende; Von seuffzen bin ich müd' und matt: Steck aus zu mir die hände/ Und löß auf deß lebens band; Ach! führ mein schifflein bald zu land/ Daß ich im port anlände.
4. Ich bin zu leiden hier gemacht; Muß meine wangen baden Im thränen-meer/ wenn ichs betracht/ So werd ich stets beladen Mit neuer angst. Es muß nur seyn/ Drum geb ich mich/ Herr! willig drein/ Der seelen wirds nicht schaden.[29]

Noch eine Übungsart in der Liedgattung kommt in ihren Texten zum Vorschein. Einige Lieder, die im handschriftlichen Nachlass sowie in den gedruckten Kompilationen zu finden sind, scheinen Nachahmungen der Lieder Ludaemilia Elisabeths von Schwarzburg-Rudolstadt zu sein, ohne jedoch irgendein Incipit oder ein identifizierbares Lied als Grundlage zu verwenden. Ich weise vor allem auf *Ich bin gantz tod in Sünden, Mit Jesu fang ich an/ mit Jesu will ich enden* und *O Jesu, spare nicht die Strahlen deiner Güte* hin. Andere Beispiele der Nachahmung von Ludaemilia Elisabeths Stil sind auch unter den sonst unbekannten Liedern zu finden, die nur in den gedruckten Büchern erscheinen. Leider bleiben die Lieder, die ich Magdalena Sibylla zuschreiben möchte, theologisch und ästhetisch etwas trocken, auch wenn sie versucht, ihre Lieblingsdichterin nachzuahmen.

Solche Bearbeitungen und Nachahmungen waren vielleicht notwendige Vorstufen, bevor Magdalena Sibylla als Lieddichterin mutig hervortreten konnte. Aber ihre Tätigkeiten als Dichterin brauchten noch eine Rechtfertigung, ohne die sie nur wenige ihrer Lieder an die Öffentlichkeit zu bringen wagte. Der Durchbruch schien während der wenigen Monate zwischen der ersten und der zweiten Ausgabe von ihrem *Andachts-Opffer* geschehen zu sein. In der ersten Ausgabe von 1690 erschienen nur 10 Lieder, die vielleicht als ihre originalen Werke zu sehen sind. Plötzlich, im Jahr 1691, hat sie zum ersten Mal mehr als 100 originale Lieder drucken lassen, 44 davon im stark vermehrten *Andachts-Opffer*, 45 in *Kreutz-Presse* und 14 in *Das mit Jesu gekreutzigte Hertz*. Viele dieser Lieder müssen aus ihrer Feder stammen. Der Anlaß zu der Veröffentlichung ihrer Lieder wurde schon im Vorwort zu der zweiten Ausgabe ihres *Andachts-Opffers* angegeben: durch ein Wunder hätte Gott ihre dichterischen und herausgeberischen Tätigkeiten gutgeheißen.

29 Die typographische Verfahrensweise ist die eines Kirchenliedes, weil ich aus dem Württembergischen Gesangbuch von 1705 (wie Anm. 32) zitiere, aber im Kontext von Magdalena Sibyllas *Kreutz-Presse*, wo das Lied auch vorkommt, sieht es wie eine Ode aus.

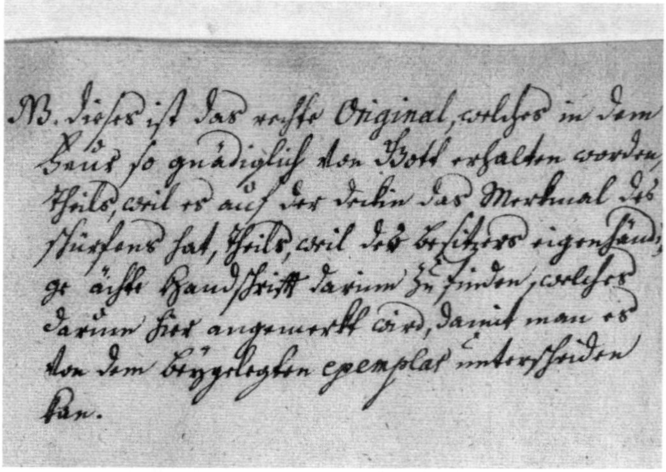

Abb. 3: Notiz „Dieses ist das rechte Original", in: Magdalena Sibylla von Württemberg: Gott Geweyhtes Andachts-Opffer [...], Stuttgart 1690.

Zwei Exemplare von Magdalena Sibyllas *Andachts-Opffer* in der sonst nicht mehr vorhandenen ersten Ausgabe von 1690 liegen im Hauptstaatsarchiv Stuttgart in einem Kasten zusammen mit dem poetischen Nachlass und unter derselben Signatur. Ein Exemplar, das einen eingesteckten Zettel mit den Worten »Dieses ist das rechte Original« enthält (Abb. 3), hat eine höchst seltsame Geschichte und wurde deshalb schon im Jahre 1690 dem ehemaligen Fürstlichen Archiv anvertraut. Dieses Exemplar wurde nach dem Stadtbrand von Kirchheim heil aus den verbrannten Ruinen gerettet, es war nur durch ein eingeprägtes Kreuz auf dem ledernen Einband beschädigt. Vorne, auf der Innenseite des Einbandes, wurde diese wunderbare Geschichte von dem Besitzer, Ehrenreich Weißmann, »Special-Superintendent und Pfarrer in Kirchheim«, eigenhändig niedergeschrieben (Abb. 4 und 5):

> NB. *Alß die Ambt Statt Kirchheimb Unter-Teck den 3. Augusti 1690 Abendts innerhalb 5 Stunden in einen total Brand gerathen und alle Gebaut in völliger Flamm gestanden ist dieses edle und geistreiche buch, welches Flehnende aus meinem Haus in der eil heraus getragen, unter wegs auff dem KirchenPlatz ihnen entfallen; dannoch hernach als die gegeneinander überstehende grosse gebäw des Kirchen dachs und kellerey Casten völlig verbronnen und die dachstuhl sambt den brennenden Ziegeln herunter gefallen, ist an diesem buch durchs fewer nichts versehrt worden, ohne das es durch den fall eines Ziegels an der decke geschärffet worden: wie es dann zum Wunder mir von einem Ehrlichen Burger ohnwißend ob es mir gehöre eingehändiget, von mir auch mit höchster Admiration wider zu hand genommen waren. Gott erhalte sein heilig Wort in feuer und noth und laße unß alle Zeit im leben und sterben süßen Trost darinn finden, wann auch wir durch fewer und wasser der Trübsaal gehen müssen.*
>
> *Kirchheimb o du arme Verbrandte Rauch und Aschen Statt: den xi. Augusti 1690.*
>
> M. *Ehrenreich Weißmann*

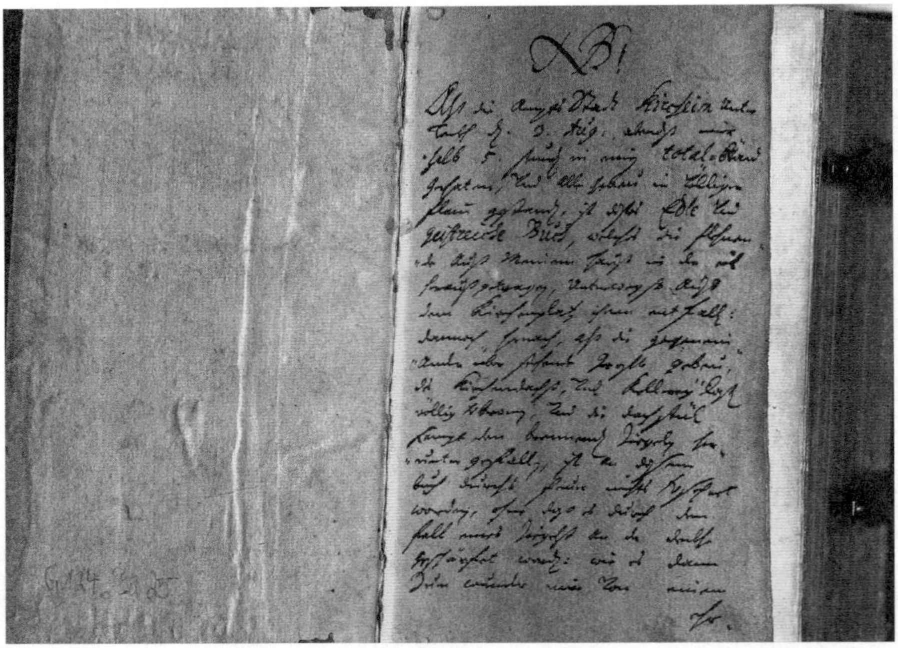

Abb. 4: Ehrenreich WEISSMANN: Notiz zur Geschichte des aus dem Stadtbrand von Kirchheim geretteten Exemplars von Magdalena Sibyllas *Gott Geweyhtem Andachts-Opffer*, Vorsatz recto.

Abb. 5: Ehrenreich WEISSMANN: Notiz zur Geschichte des aus dem Stadtbrand von Kirchheim geretteten Exemplars von Magdalena Sibyllas *Gott Geweyhtem Andachts-Opffer*, Vorsatz verso.

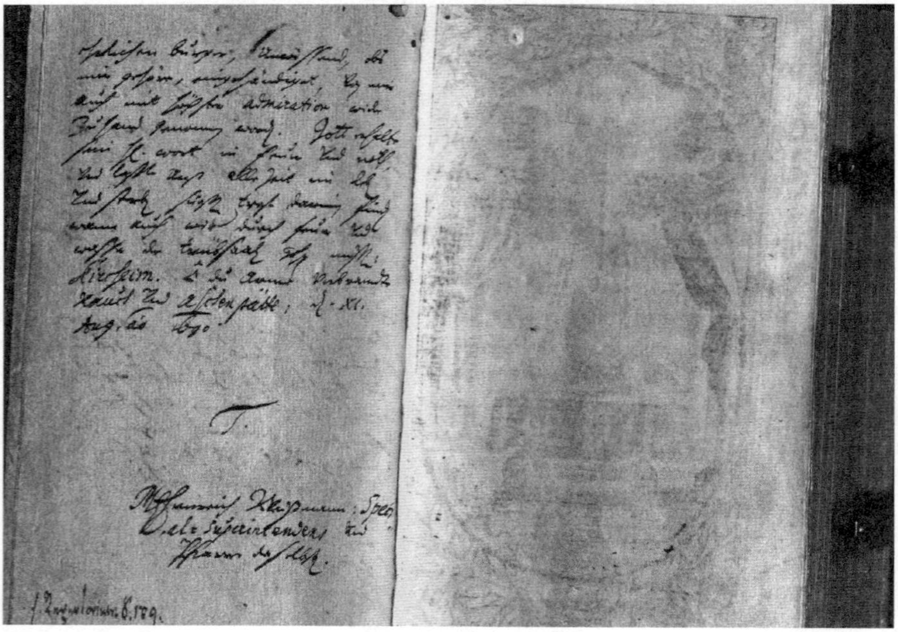

Dieses Buch wurde dadurch zu einer Art Reliquie, zu einem Wunderding, das der Bewunderung aller Menschen würdig geworden ist.[30]

Hinten in diesem Exemplar, auch auf der Innenseite des Einbandes, steht noch eine Inschrift, diesmal in der Handschrift von Magdalena Sibylla, und auch von ihr unterzeichnet:

> *In Jesu Nahmen.*
> *Nachdem die Göttliche Allmacht und Barmhertzigkeit dieses geringe Wercklein, zu aller welt größester Verwunderung mitten in der grimmigen und erbärmlichsten Feuers Gluht erhalten, so habe zu den Ehren deß Allmechtigsten Gottes und zu Ewigem angedencken, daß auch die NachWelt, die grosse Wunder Gotteß darauß Erkennen, undt Gott drumb loben sollen, ich dießes ohne einige Verletzung auß dem feuer gerissene Buch in daß fürstliche archiv beylegen wollen; der Gott, der das buch errettet, wird auch den Authoren deßelben in seine Gnaden Hände laßen eingeschrieben sein, auß welchen sie niemand reissen kan, ihm sey ewig Lob, Preis, Ehr und Danck gesagt, vor alle seine Gnad und Wohlthat, er fahre ferner fort, der Gnädige undt Barmhertzige Gott, denn Er ist der Herr, Er thue waß ihm wohl gefällt; Stuttgart den 13. Augusti. 1690.*
> *Magdalena Sibylla H.z.W.*
>
> *Ach Herr behüt Hauß, Stett, und Landt,*
> *Vor allem unglück, Mord undt Brandt,*
> *Erheb nicht auß dein angesicht,*
> *Undt deinen Sorgen auff uns richt.*

Hier berichtet sie, dass sie das Buch *zum ewigen Andencken* dem fürstlichen Archiv anvertraut habe, da es durch Gottes Eingreifen aus dem Feuer gerettet worden sei. Indem sie das Buch an das fürstliche Archiv übergab, anstatt zum Beispiel an die Kirchenbibliothek, gab sie zu verstehen, dass Gott durch dieses Wunder seine Anerkennung für dieses Andachtsbuch gezeigt habe, welches ja von der Landesmutter selbst kompiliert und herausgegeben worden war. Ohne sich als Autorin zu identifizieren, äußerte sie die Hoffnung, Gott würde *den Authoren dessen in seinen gnaden Händen lassen eingeschrieben sein*. Da aber ihre Verfasserschaft durch ihr Monogramm auf dem Titelblatt zumindest der württembergischen Bevölkerung schon bekannt war, konnte man leicht durch diese männliche Maskerade hindurchschauen. Ja, sie vergaß selbst, sich hinter dieser Maske zu verstecken, als sie im Nebensatz anstatt des männlichen Pronomens »er« den Autoren mit dem weiblichen Pronomen »sie« bezeichnete.

Weißmanns Bericht und die Nachricht, dass auf hochfürstlichem Befehl das gerettete Buch seitdem im fürstlichen Archiv aufbewahrt wird, kommen auch im Vorwort zur nächs-

30 Ich bin Jill BEPLER für den Hinweis auf dieses wichtige Exemplar und seine wunderbare Geschichte sehr dankbar. Nachdem sie das archivierte Exemplar einmal bei einer Tagung erwähnte, hat sie mit mir weiter darüber diskutiert und sogar korrespondiert. Ihre freundlichen Anregungen für die Erforschung der Frühen Neuzeit, die sie wiederholt mir und anderen Wissenschaftlern so großzügig geschenkt hat, verdienen besonders in diesem Kontext noch einmal mit höchster Dankbarkeit erwähnt zu werden.

ten Ausgabe des Werkes vor, ein Vorwort, das fast unangetastet in den späteren Ausgaben bis 1746 immer wieder vorkommt. Da der Bericht mit seinem Namen und dem Datum, ganz wie im archivierten Buch, am Ende des Vorworts steht, haben seitdem verschiedene Wissenschaftler und Bibliothekare angenommen, dass Weißmann als Verfasser des Vorworts und vielleicht als Mitherausgeber oder sogar Autor anzusehen ist. Einige haben diese zweite Ausgabe deshalb auf 1690 datiert. Wenn man aber den Text des Vorworts näher untersucht, dann sieht man ein, dass sein Bericht nur als Zitat zu betrachten ist. Ja, das Vorwort spricht von dem Brand als etwas, das sich vor einem Jahr ereignet habe. Dieses Vorwort, das übrigens aus Magdalena Sibyllas Perspektive spricht, wurde im Jahr 1691 zweifellos von ihr geschrieben.

Auch die Biographie, die nach Magdalena Sibyllas Tod vorgelesen und im Leichenpredigtband veröffentlicht wurde, berichtet über die wunderbare Rettung eines ihrer Bücher. Im Leichenpredigtband werden Magdalena Sibyllas Andachtsbücher als Beweise für die Frömmigkeit einer vorbildhaften Landesmutter aufgeführt. Die veröffentlichten Werke seien *die süsse[n] Früchten ihrer Andacht. [Sie] reden vor aller Welt und zeugen genugsam hievon/ wie Sie selbsten [...] eine eifrige Betterin und eine getreue Fürbitterin gewesen*. Als andächtige Fürstin waren ihre Gebete deshalb nicht nur für sie selbst, sondern auch, wenn sie mit Gott als Fürbitterin redete, für ihre Familie, ihre Untertanen und ihr Land wichtig. Als Gott durch die Wunderrettung eines der Bücher seine Anerkennung für den Wert ihrer dichterischen und herausgeberischen Tätigkeiten, sowie seine göttliche Zustimmung zur dahinterliegenden Theologie zeigte, bedeutete das sogar, dass die verstorbene Landesmutter als Seelsorgerin anerkannt und akzeptiert wurde. Ihre Bücher, *welche sie der Nachwelt zur heilsamen Erbauung hinterlassen* und die *zu deß Nächsten Nutzen in offenen Truck außgegangen*, wären, wie das aus dem Feuer gerettete Buch, *ein teures Kleinod* des fürstlichen Hauses.[31]

Die Existenz der sieben Magdalena Sibylla offen zugeschriebenen Lieder im offiziellen Württembergischen Gesangbuch in den Ausgaben von 1700, 1705 und 1713 zeigt, dass sie zumindest diese Lieder dem Herausgeber zur Verfügung stellte; nur zwei davon erschienen schon vorher in ihren gedruckten Werken. Als es zu einem neuen Kirchengesangbuch kam, musste sie es dem Verleger erlaubt haben, die Lieder zu drucken und sie dabei als Autorin zu nennen.[32] Eines dieser Lieder, das nur in der postumen Gesangbuchausgabe von 1713

---

31 Joseph MALBLANC: Vorzüge (wie Anm. 1), S. 22, und ANONYM: Hoch-Fürstliche Personalia, S. 33–34 und 38, beide in: Ehren-Gedächtniß (wie Anm. 1).

32 Früher schon gab es Kirchengesangbücher in Stuttgart, während Magdalena Sibyllas Regentenschaft sogar zwei Ausgaben, die aber noch nicht die modernen Jesus-Lieder wie im *Nürnbergischen Gesangbuch* enthielten: Neu-vermehrtes Recht-glaubiger Christen Jubel-stimmendes Lob- und Dank-Opfer: oder Würtembergisches Gesang-Buch, Stuttgart 1688; und Daniel SPEER (Hg.): Neu-vermehrtes Würtembergisches Gesangbuch, Stuttgart 1691. Diese Gesangbücher zeigen eine ganz andere Liederauswahl als in der »Auf Hochfürstl. Gnädigst. Befehl« gedruckten Ausgabe von 1700, die von Johann Reinhard Hediger (unter dem Einfluss von Magdalena Sibylla) herausgegeben wurde: Johann Reinhard HEDIGER (Hg.): Andächtiger Hertzens-Klang/ In dem innersten Heiligthum Gottes/ Einer glaubigen Seele/ [...] Oder: Neu-zusammengelesenes Gesang-Buch/ Darinn 400 geistreiche und schöne/ grossen Theils unbekandte Lieder/ Samt denen andern bereits üblichen Gesängen enthalten, Stuttgart 1700; neue und vermehrte Ausgaben 1705 und 1713.

erschien, hat sie für ihr eigenes Begräbnis im Voraus gedichtet und, wie Joachim Kremer gezeigt hat, für die Gelegenheit vertonen lassen.[33] Ohne sie als Autorin zu nennen, wurde das Lied auch im Leichenpredigtband erwähnt.[34] Es ist möglich, dass sie schon früher die übrigen sechs Lieder auch vertonen und auf einzelnen Blättern veröffentlichen ließ, damit man sie während des Gottesdienstes nutzen konnte. Wahrscheinlich ist Magdalena Sibylla als Mit-Herausgeberin der neuen Gesangbuchausgaben zu betrachten, denn in vielen evangelischen Residenzstädten waren die Fürstinnen daran beteiligt, die Auswahl der Lieder im Kirchengesangbuch zu bestimmen. In den Ausgaben von 1700 bis 1713 ist diese Auswahl ganz nach ihrem Geschmack, sogar mit 59 Liedern aus Ludaemilia Elisabeths *Stimme der Freundin*, von denen nur 25 schon vorher in den Werken Magdalena Sibyllas erschienen waren. Es scheint, dass man bei diesen Gesangbuchausgaben versucht hat, noch mehr der schönen Lieder der längst verstorbenen Gräfin zu veröffentlichen und sie einer breiteren Leserschaft zugänglich zu machen.[35]

Viele Fürstinnen der evangelischen und reformierten Länder der frühen Neuzeit dichteten geistliche Lieder und gaben Andachtsbücher und Gesangbücher heraus, aber im Falle Magdalena Sibyllas können wir von einem besonderen Erfolg sprechen. Während und auch nach ihrer Regentschaft hat sie vier selbst erstellte Andachtsbücher in mehreren Ausgaben drucken lassen, die ihrem Geschmack und ihren Frömmigkeitsbegriffen entsprachen. Sie hat einige Lieder gedichtet, die sie im offiziellen Kirchengesangbuch als die ihrigen identifizieren ließ; wahrscheinlich hat sie dazu noch viele selbstgedichteten Lieder anonym veröffentlicht. Obwohl sie die meisten geistlichen Lieder, die sie in ihre Werke einbezog, aus anderen Gesang- und Andachtsbüchern übernahm, hatte sie bei ihrer Auswahl einen Ton getroffen, der auch in den kommenden Jahrzehnten des 18. Jahrhunderts anziehend wirken musste. Heutzutage, mehr als 300 Jahre nach ihrem Tode, können wir sie nicht nur als Gemahlin eines Fürsten, als Regentin und als Gönnerin betrachten, sondern auch als Liederdichterin und Herausgeberin von geistlichen Werken.

Anhang I: Bibliographie der Andachtsbücher Magdalena Sibyllas

A. Gott geweyhtes Andachts-Opffer.

a) Im Namen der Hochheiligen Drey-Einigkeit: GOtt geweyhtes AndachtsOpffer Darinn Eine Gott gelassene Seele sich Ihrem JEsu täglich: Morgens/ Mittags/ und Abends/ in heisser Andachts-Glut/ mit Gebett und Liedern demütigst aufopffert; dem Allmächtigen

33 *Halleluja/ mit Freuden geb ich dir/ bitters Thränenthal*, in: Hediger: Hertzens-Klang (wie Anm. 32) 1713, S. 1304; Kremer: Bekenntnis (wie Anm. 15), S. 53.

34 Christ-Fürstliches Ehren-Gedächtniß (wie Anm. 1), S. 53.

35 Ludaemilia Elisabeth wurde dabei meistens mit dem Kürzel »Gr. v. Schw.« identifiziert. Die wenigen Lieder von Aemilia Juliana in diesen Ausgaben des Württembergischen Gesangbuchs erschienen anonym.

Ewigen GOTT zu Lob/ Preiß und Ehren/ In tieffester Demut zusammen getragen/ und zu dem Druck befördert Von [Monogramm: MSW]. Stuttgart: Paul Treu, »Mitbestellter Hoch-Fürstl. Wirtemb. Hof- und Cantzley-Buch-Trucker«, 1690. [Von: DÜNNHAUPT: Personalbibliographien (wie Anm. 5) aus einer späteren Ausgabe falsch angegeben. Diese Ausgabe enthält keine Vorrede. Zwei Exemplare im HStA Stuttgart, ein Exemplar in der HAB Wolfenbüttel].

b) [verlorengegangene, vermehrte und mit einer Vorrede versehene zweite Ausgabe, 1691]

c) [verlorengegangene Ausgaben 2/3 und 3/4]

d) Im Namen der Hoch-Heiligen Drey-Einigkeit: Gott-geweyhtes Andachts-Opffer: Darinn eine Gottgelassene Seele, sich ihrem Jesu täglich, Morgens, Mittags und Abends, In heisser Andachts-Glut, mit Gebett und Liedern, demütigst aufopffert; Anjetzo mit Buß-Beicht- und Communion-Andachten; auch einem Anhang etlicher Gebett; und dann einem vollständigen Wetter-Büchlein vermehret, samt einer neuen Vorrede. Ausgabe 4/5. Stuttgart: Johann Benedict Metzler, ohne Datum (um 1717). [Exemplare: LB Eutin und HAAB Weimar].

e) Im Nahmen der Hoch-Heiligen Drey-Einigkeit: Gott-geweyhtes Andachts-Opffer: Darinn eine Gott-gelassene Seele, sich ihrem Jesu täglich, Morgens, Mittags und Abends, In heisser Andachts-Glut, mit Gebett und Liedern, demüthigst aufopffert; Anjetzo mit Christlichen und gottseeligen Buß- Beicht- und Communion-Andachten, Welche vor, an, und nach dem Tag der Communion gesprochen werden können, auch einem Anhang etlicher Gebett, Lieder, und sonst zufälliger Gedancken; Und dann Einem Vollständigen Wetter-Büchlein vermehret, Samt einer neuen Vorrede, worinnen sonderheitlich vermeldet, wie der Allerhöchste/ dieses Gebett-Buch so wunderlich erhalten [...] Stuttgart: Johann Benedict Metzler u. Christoph Erhardt, ohne Datum (um 1725, oder zwischen 1723 und 1732).

[Wie Ausgabe 5/6 von 1728, enthält diese Ausgabe nicht nur Gebete, sondern auch Lieder im Anhang. Aber die Buchstabierung auf dem Titelblatt ist anders, und es wird kein Datum angegeben. Exemplare in: LB Eutin, HAB Wolfenbüttel und UB Rostock. Das Exemplar in Rostock, das einst Eberhard Ludwig, dem Sohn Magdalena Sibyllas, gehörte, trägt am Einband das Datum 1732.]

f) Im Nahmen der Hoch-Heiligen Drey-Einigkeit: Gott-geweyhtes Andachts-Opffer: Darinn eine Gottgelassene Seele/ sich ihrem JESU täglich/ Morgens/ Mittags und Abends/ In heisser Andachts-Glut/ mit Gebet und Liedern/ demüthigst aufopffert. Anjetzo mit Christlichen und gottseeligen Buß- Beicht- und Communion-Andachten/ Welche vor/ an/ und nach dem Tag der Communion gesprochen werden können. Auch einem Anhang etlicher Gebet/ Lieder/ und sonst zufälliger Gedancken/ Und dann Einem Vollständigen Wetter-Büchlein vermehret/ Samt einer neuen Vorrede/ worinnen sonderheitlich vermeldet/ wie der Allerhöchste/ dieses Gebet-Buch so wunderlich erhalten. Dem Allmächtigen ewigen GOTT zu Lob/ Preiß und Ehren/ in tieffester Demuth zusammen getragen/ und zu dem Druck befördert. [ohne Monogramm]. Stuttgart: Johann Benedict Metzler u. Christoph Erhardt, 1728. 5/6. Ausgabe.

[Auf dem Titelblatt und im Register hat man das Wort »Gebett« zu »Gebet« korrigiert; der Strich wurde aber noch nicht nach deutschen Worten durch ein Komma ersetzt. Exemplare: BSB München, UB Greifswald, UB Rostock; Volltext online].

g) Im Nahmen Der Hoch-Heiligen Drey-Einigkeit: GOTT-geweyhtes Andachts-Opffer, Darinn eine GOTT-gelassene Seele, sich ihrem JESU täglich, Morgens, Mittags und Abends, In heisser Andachts-Glut, mit Gebett und Liedern, demüthigst aufopffert. Anjetzo mit Christlichen und gottseeligen, Buß- Beicht- und Communion-Andachten; Welche vor, an, und nach dem Tag, der Communion, gesprochen werden können. Auch einem Anhang etlicher Gebett, Lieder, und sonst zufälliger Gedancken: Und dann Einem Vollständigen Wetter-Büchlein vermehret, Samt einer neuen Vorrede, worinnen sonderheitlich vermeldet, wie der Allerhöchste, dieses Gebett-Buch, so wunderlich erhalten. Dem Allmächtigen ewigen GOtt zu Lob/ Preiß und Ehren/ in tieffester Demuth zusammen getragen/ und zum Druck befördert. [Monogramm: MSW]. Stuttgart: Johann Benedict Metzler u. Christoph Erhardt, ohne Datum [um 1734]. Ausgabe 6/7.
[Nach Woods/Fürstenwald: Schriftstellerinnen (wie Anm. 5) »um 1706«. Nach UB Halle »um 1705«, nach SLBSUB Dresden und UB Tübingen um 1728, nach HAB Wolfenbüttel »um 1725«. Der Verlagsname »Metzler und Erhardt« kommt sonst nur zwischen 1723 und 1739 vor. Ich würde diese Ausgabe, die das Komma anstatt eines Striches auf dem Titelblatt und im Text einführt, ziemlich später als die Ausgabe von 1728 datieren. Exemplare: HAB Wolfenbüttel, UB Halle, SLBSUB Dresden, UB Tübingen; Volltext online].

h) Im Nahmen der Hoch-Heiligen Drey-Einigkeit: Gott-geweyhtes Andachts-Opffer/ Darinn eine Gott-gelassene Seele/ sich ihrem Jesu täglich/ Morgens, Mittags und Abends, In heisser Andachts-Glut, mit Gebett und Liedern/ demüthigst aufopffert. Anjetzo mit Christlichen und gottseeligen, Buß- Beicht- und Communion-Andachten; Welche vor, an, und nach dem Tag der Communion gesprochen werden können. Auch einem Anhang etlicher Gebett, Lieder, und sonst zufälliger Gedancken: Und dann Einem Vollständigen Wetter-Büchlein vermehret/ Samt einer neuen Vorrede, worinnen sonderheitlich vermeldet, wie der Allerhöchste, dieses Gebett-Buch, so wunderlich erhalten. Dem Allmächtigen ewigen Gott zu Lob, Preiß und Ehren, in tieffester Demuth zusammen getragen, und zum Druck befördert. [Monogramm: MSW]. Stuttgart: Johann Benedict Metzler, 1746. Ausgabe 7/8.
[Exemplare: LB Stuttgart und Greiz Sommerpalais].

B. Das mit Jesu Gekreutzigte Hertz; Kreutz-Presse.

a) Das mit Jesu Bekreutzigte Hertz; Oder Andächtige Betrachtungen Des Bittern Leidens und Sterbens unsers Herrn und Heilandes Jesu Christi: Wie auch Der Siben Letzten Wort am Kreutz: Mit vilen Sinnbildern, geistreichen Gebethen und neuen Liedern vermenget. Alles zu Gottes Ehren/ Zu eigener und des Nächsten Erbauung verfasset und zusamen getragen Von Einer Gott-ergebenen Seelen. Stuttgart: Paul Treu, 1691.
[Exemplar ohne *Kreutz-Presse* und ohne Gesamttitelblatt: UB Halle].

b) Das mit Jesu Bekreutzigte Hertz, Teil 3, Der glaubigen Seelen Kreutz-Presse. Stuttgart: Paul Treu, 1691.
[Exemplar: UB Halle, in einem Sonderband].

c) Das mit JEsu Gekreutzigte Hertz, Oder Andächtige Betrachtungen Des Bittern Leidens und Sterbens unsers HErrn und Heilandes JEsu Christi: Wie auch Der Siben Letzten Wort am Kreutz: Samt angefügter Kreutz-Presse Der glaubigen Seelen: Mit vilen Sinn-Bildern, geistreichen Gebethen und neuen Liedern vermengt: Alles zu GOttes Ehren zu eigener/ und des Nächsten Erbauung/ verfasst und zusamen getragen Von Einer Gott-ergebenen Seelen. Stuttgart: Paul Treu, 1691.
[Exemplare: LB Eutin, UB Greifswald].

d) Das mit Jesu Gekreuzigte Hertz: Oder Andächtige Betrachtungen/ Des bittern leidens und Sterbens unsers Herrn und Heilandes Jesu Christi: Wie auch der Siben Letzten Wort am Kreutz: Samt angefügter Kreutz-Presse der glaubigen Seelen; Mit vielen Sinnbildern/ geistreichen Gebetten und neuen Liedern vermehret. Alles zu Gottes Ehre/ Zu eigner/ und des Nechsten Erbauung/ verfaßt und zusammen getragen Von [Monogramm: MSW]. Stuttgart: Paul Treu, 1698.
[Lieder wie in der Ausgabe von 1691. Exemplare: LB Stuttgart, UB Rostock, SSB Augsburg; Volltext online]

e) Das mit Jesu gekreutzigte Hertz/ oder Andächtige Betrachtungen/ Deß bittern Leidens und Sterbens unsers Herrn und Heylandes Jesu Christi: wie auch der sieben letzten Worte am Kreuz: Samt angefügter Kreuz-Presse der glaubigen Seelen; Mit vielen Sinn-Bildern/ geistreichen Gebeten und neuen Liedern vermehret. Alles zu Gottes Ehren/ Zu eigner/ und deß Nechsten Erbauung/ verfaßt und zusammengetragen von [Monogramm: MSW]. Ulm: Bartholomae, 1707.
[Exemplare: SLBSUB Dresden, BLB Karlsruhe, UB Mannheim, BSB München; Volltext online]

f) Das mit Jesu Gekreutzigte Hertz, oder andächtige Betrachtungen, deß bittern Leidens & Sterbens [...] Jesu Christi, wie auch der sieben letzten Wort am Kreutz samt angefügter Kreutz-Presse der glaubigen Seelen. Stuttgart: Metzler, 1714.
[Exemplare: SSB Augsburg, BSB München, Berkeley, USA, University of California, Bancroft Library].

g) Das mit Jesu gekreutzigte Hertz: oder, Andächtige Betrachtungen deß bittern Leidens und Sterbens unsers Herrn und Heylandes Jesu Christi, wie auch der sieben letzten Worte am Kreuz, samt angefügter Kreuz-Presse der glaubigen Seelen. Ulm: Bartholomae, 1717.
[erwähnt in WOODS/FÜRSTENWALD: Schriftstellerinnen (wie Anm. 5); aber nicht in online Katalogen gefunden].

h) Das mit Jesu Gecreutzigte Hertz: Oder andächtige Betrachtungen, des bittern Leidens und Sterbens unsers Herrn und Heylandes Jesu Christi: wie auch der sieben letzten Wort am Kreutz: samt angefügter Kreutz-Presse der glaubigen Seelen; Mit vielen Sinn-bildern/ geistreichen Gebetten und neuen Liedern vermehret. Alles zu Gottes Ehren/ Zu

eigner, und deß Nechsten Erbauung, verfaßt und zusammen getragen von [Monogramm: MSW]. Stuttgart: Metzler u. Erhardt, 1732.
[Exemplare: LB Stuttgart, AHB Hannover, SSB Augsburg, BSB München, SB Passau; Volltext online]

C. Geistliche Krancken-Apotheck.

a) Geistliche Krancken-Apotheck: Das ist Christliche und Schrifftmässige Unterweisung/ Wie Krancke und Sterbende Ihr von Gott zugeschicktes Creutz gedultig tragen/ Der Forcht deß Todtes mit kräfftigem Trost begegnen/ und In ihrem letzten Stündlein durch Hülff und Beystand ihres Herrn JEsu/ seelig hinfahren können; Samt einem Anhang Von vilen Sprüchen/ Seufzern und Stoß-Gebettlein/ Die Bey denen Patienten und Sterbenden in mancherley Anfechtungen heylsamlich zugebrauchen seyn. Mit annehmlichen Kupffern gezieret. Stuttgart: Bernhard Michael Müller, [1703].
[Exemplare: LB Stuttgart; HAB Wolfenbüttel].

Anhang II:
Magdalena Sibylla als Liederdichterin
Die geistlichen Lieder, die Magdalena Sibylla schon längst zugeschrieben wurden

1) Ach treuer Gott, barmhertzigs Hertz, Sieh' hier zu deinen Füssen
Kreutz-Presse 1691, S. 261
WüGB 1700, S. 724: »M.S.H. v.W.«
WüGB 1705, S. 1095: »M.S.H.v.W.«
WüGB 1713, S. 1288: »M.S.H.v.W.«

2) Fahr hin/ o eitelkeit! Mein hassen! mein betrüben!
WüGB 1700, S. 722: »M.S.H.v.W.«
WüGB 1705, S. 830: »M.S.H.v.W.«
WüGB 1713, S. 845: »M.S.H.v.W.«

3) Gott mein Schöpffer, Herr der Gnaden
WüGB 1700, S. 721: »M.S.H.v.W.«
WüGB 1705, S. 556: »M.S.H.v.W.«
WüGB 1713, S. 536: »M.S.H.v.W.«

4) Halleluja/ mit Freuden geb ich dir/ bitters Thränenthal
Christliche Triumph- und Freuden-Lieder/ So von der [...] Magdalena Sibylla [...] / Bey Dero Hochfürstl. Leich-Begängnis [...] / Gnädigst verordnet worden, [Stuttgart 1712].
WüGB 1713, S. 1304: »M.S.H.v.W.«

5) Hier liegt mein Heyland, in dem Garten[36]
Vorrath von alten und neuen Christl. Gesängen [...] zum Gebrauch der Churfl. Sächs. Hoff-Capell zu Dreßden, Leipzig 1673: »Stephan Saß«
Nürnbergisches Gesangbuch 1676/1677: »Stephan Sass«
Das mit Jesu gekreutzigte Hertz 1691
WüGB 1705 S. 153: »M.S.H.v.W.«
WüGB 1713 S. 131: »M.S.H.v.W.«

6) Nun so komme/ mein Verlangen
WüGB 1700, S. 718: »M.S.H.z.W.«
WüGB 1705, S. 1089: »M.S.H.z.W.«
WüGB 1713, S. 1282: »M.S.H.v.W.«

7) Was ist doch höher wohl zu schätzen
WüGB 1700, S. 720: »M.S.H.v.W.«
WüGB 1705, S. 857: »M.S.H.v.W.«
WüGB 1713, S. 876: »M.S.H.v.W.«

Anhang III: Abkürzungen, die im Anhang vorkommen

DÜNNHAUPT: Personalbibliographien (wie Anm. 5)
FISCHER/TÜMPEL: Kirchenlied (wie Anm. 20)
WOODS/FÜRSTENWALD: Schriftstellerinnen (wie Anm. 5)
WüGB 1700, 1705 und 1713 = Hertzens-Klang (wie Anm. 32)
Zobel VON ZABELTITZ, Magdalena Sibylla (wie Anm. 3)

36 Von K.W. BINDEWALD: Deutschlands Dichterinnen. Blüthen deutscher Frauenpoesie, aus den Werken deutscher Dichterinnen der Vergangenheit und Gegenwart, Osterwieck 1895, Magdalena Sibylla zugeschrieben; von A. VOSS: Deutschlands Dichterinnen (Von 1500 bis 1846), Düsseldorf 1847, Magdalena Sibylla zugeschrieben; von G.Ch. LEHMS: Teutschlands Galante Poetinnen, Frankfurt am Main 1714–1715, Magdalena Sibylla zugeschrieben; von FISCHER/TÜMPEL: Kirchenlied (wie Anm. 20), Bd. III, Nr. 56, Stephan Saß zugeschrieben; von WOODS/FÜRSTENWALD: Schriftstellerinnen (wie Anm. 5), Magdalena Sibylla zugeschrieben; von DÜNNHAUPT: Personalbibliographien (wie Anm. 5), unter Magdalena Sibylla, »Fehlattribution« genannt; umstrittene Autorschaft von Zobel von ZABELTITZ: Magdalena Sibylla (wie Anm. 3), diskutiert, S. 575–577.

Schreiben und Sammeln in dynastischen Bezügen – Magdalena Sibylla von Württemberg[1]

Jill Bepler

Als eine Darmstädter Tante Herzogin Magdalena Sibyllas, eine Gräfin von Stolberg, 1697 verstarb, bemühte sich der Prediger beim Lebenslauf, etwas gezwungen, mit den folgenden Worten ihre dynastische Bedeutung für die gräfliche Familie hervorzuheben:

> *Gereichet also Derselben zu sonderbaren unsterblichen Nachruhm, daß die ietzige allerdurchlauchtigste Römische Käyserin, die Könige in Spanien und Portugall, unserer Durchlauchtigsten Fürstin im andern Grad der Blutsfreundschafft und Dero leiblichen Schwester-Kinder, ingleichen Ihro Königl. Maj. in Schweden, Dennemarck und Polen, Deroselben im dritten Gradu ungleicher Linie Seitwarts verwandt sind.*[2]

In der Tat konnten die dynastischen Verbindungen, die eine Prinzessin mit in die Ehe brachte, von elementarer politischer Bedeutung sein (besonders, wenn man, wie im eben zitierten Fall, aus dem Reichsgrafen- in den Fürstenstand strebte), und die Eheschließung war seit jeher unter anderem ein Instrument fürstlicher Bündnispolitik.[3] Die Beziehungen einer Fürstin gehörten jedoch auch, wie man seit geraumer Zeit konstatiert, auf vielen Ebenen und Handlungsfeldern zu den »weichen Faktoren« frühneuzeitlicher Fürstenpolitik und höfischer Kommunikation.[4]

Untersuchungen zu Magdalena Sibylla als Liedautorin haben ihren regen Austausch mit anderen dichtenden Fürstinnen ans Licht gebracht.[5] Das Verfassen religiöser Texte war

---

1 Die Darstellung der Netzwerke von Magdalena Sibylla in diesem Beitrag basiert auf der englischen Publikation der Verfasserin, Jill Bepler: Traditions of Reading, Writing and Collecting: Books in the Lives of Dynastic Women in Early Modern Germany, in: Elisabeth Wåghall Nivre/Beate Schirrmacher/Claudia Egerer (Hgg.): (Re-)Contextualizing Literary and Cultural History: The Representation of the Past in Literary and Material Culture (Acta Universitatis Stockholmiensis, Bd. 318), Stockholm 2013, S. 223–252, wurde jedoch für die vorliegende Publikation erweitert.

2 Nikolaus Bötticher: Der Christen Wallfahrt aus dem irdischen ins himmlische Jerusalem, Stolberg o.J., S. 57, zitiert in: Jill Bepler: ›Im dritten Gradu ungleicher Linie Seitwarts verwandt‹: Frauen und Dynastisches Bewußtsein in den Funeralwerken der Frühen Neuzeit«, in: Heide Wunder (Hg.): Dynastie und Herrschaftssicherung in der Frühen Neuzeit: Geschlechter und Geschlecht (Zeitschrift für Historische Forschung, Beiheft 28), Berlin 2002, S. 135–160.

3 Vgl. Daniel Schönpflug: Die Heiraten der Hohenzollern: Verwandtschaft, Politik und Ritual in Europa 1640 – 1918, Göttingen 2013 und dort angegebene Literatur.

4 Katrin Keller: Frauen und Politik in der höfischen Gesellschaft des Alten Reiches zwischen 1550 und 1750, in: Zeitenblicke 8, Nr. 2 (2009), URL: http://www.zeitenblicke.de/2009/2/keller/index_html, URN: urn:nbn:de:0009-9-19537 (aufgerufen 29.1.2014).

5 Judith P. Aikin: Devotional Songs as Evidence of a Women's Friendship: Magdalena Sibylla von Württemberg-Stuttgart and Aemilia Juliana von Schwarzburg-Rudolstadt, in: German Life and Let-

vielfach Bestandteil des fürstlichen Alltags, und der enge Konnex zwischen Lektüre, Exzerpieren und eigenem erbaulichem Schreiben gehört zu den Merkmalen der vorbildlichen Fürstin des 16. und 17. Jahrhunderts, wie sie uns in den Lebensläufen zahlloser Funeralwerke begegnen. Im späten 17. Jahrhundert setzte ein langsamer Umbruch zur Inszenierung der Fürstin als Verkörperung von Geschmack und ästhetischer Urteilsbildung ein. Das Frömmigkeitsdiktat wurde durch das der Schönheit und des Esprits verdrängt, eine Entwicklung, deren Wirkung in der Öffentlichkeit in vielen Fällen zunächst über die Figur der fürstlichen Mätresse – etwa Maria Aurora von Königsmark – lief und ihre Kulmination in einer Figur wie der der Madame de Pompadour erreichte. Einige Fürstinnen haben sich bewusst, wie im Falle von Magdalena Sibylla und ihrer Schwiegertochter in Stuttgart oder den Kurfürstinnen Anna Sophie und Christiane Eberhardine in Sachsen, als Bollwerk gegen solche Tendenzen inszeniert und wurden als »Betsäulen« des Landes gefeiert.[6] Den Übergang vom Ideal der frommen zu dem der mondänen Fürstin markiert auch eine Veränderung im Umgang mit dem Buch und der Bibliothek, in der nun nicht mehr die Selbsterforschung, sondern die Erforschung der Anderen und der Welt und statt der Erbauung die Bildung des Geschmacks im Zentrum standen. Im Grunde ist es, sehr überspitzt gesagt, die Verlagerung der Lektürepraxis von einer in der Abgeschiedenheit der Bibliothek eingeübten Vorbereitung auf den Tod zu einer Ertüchtigung für das Leben in der »Gesellschaft«, mit dem Primat einer zur Schau gestellten Geselligkeit. Es ist auch der Übergang von der intensiven, sich wiederholenden und vertiefenden Lektüre zu der extensiven, konsumierenden Lektüre, von der Erbauung zur Unterhaltung.

Im Folgenden geht es um die Untersuchung der lebenslangen Konstruktion einer Fürstinnenidentität durch Schreiben und Sammeln, die sich geradezu exemplarisch an der Figur Magdalena Sibyllas aufzeigen lässt. Ihr äußerer Lebenslauf ist paradigmatisch für den einer frühneuzeitlichen Prinzessin: sie hat nur die ersten 13 Jahre ihres Lebens am Hof ihrer Eltern in Darmstadt verbracht, denn nach dem traumatischen Verlust der Mutter wurde sie an den Hof ihrer Tante nach Schweden gebracht, wo sie erzogen und erfolgreich auf dem Heiratsmarkt vermittelt wurde. Mit 21 kehrte sie nach Darmstadt zurück, zur Hochzeit, und von dort zog sie nach Stuttgart, wo sie ihre Pflichten erfüllte, indem sie mehrere Kinder gebar, die das Erwachsenenalter erreichten. Während ihrer Witwenschaft gelang es ihr, die Rolle der Regentin für ihren unmündigen Sohn einzunehmen. Nach seinem Regierungsantritt wechselte sie in die Rolle der fürstlichen Witwe.[7] In allen Phasen ihres Lebens blieben Lektüre und Schreiben zentral, denn von frühester Kindheit an wurde sie angehalten, beides in ihre Frömmigkeitsübungen einzubeziehen und sich, wie alle in ihrem Umkreis, in

---

ters 4 (2014), im Druck. Vgl. auch den Beitrag der Verfasserin in diesem Band.

6 Jill Bepler: Die Fürstin als Betsäule – Anleitung und Praxis der Erbauung am Hofe, in: Morgen-Glantz 12 (2002), S. 249–264; Helen Watanabe-O›Kelly: Religion and the Consort: Two Electresses of Saxony and Queens of Poland (1697–1757), in: Clarissa Campbell Orr (Hg.): Queenship in Europe 1660–1815. The Role of the Consort, Cambridge 2004, S. 252–275.

7 Peter H. Wilson: Women and Imperial Politics: The Württemberg Consorts 1674–1757, in: Clarissa Campbell Orr (Hg.): Queenship in Europe 1660–1815. The Role of the Consort, Cambridge 2004, S. 221–251.

Versform auszudrücken. Die Schreib- und Sammeltätigkeit Magdalena Sibyllas muss im Kontext der vor allem weiblichen Netzwerke gesehen werden, in die sie in den jeweils verschiedenen Phasen ihres Lebens eingebunden war. Die drei entscheidenden Zentren dieser Lebensphasen waren: Darmstadt, Stockholm und Stuttgart.

1. Schreib- und Lesepraxis in Darmstadt

Während der Jugendjahre Magdalena Sibyllas war der Darmstädter Hof ein Ort der Erziehung einer Vielzahl junger Landgrafen und vor allem Landgräfinnen. Als sie als erstes Kind des Darmstädter Kronprinzen Ludwig 1652 geboren wurde, war die jüngste Schwester ihres Vaters gerade 5 Jahre alt, das letzte von insgesamt 10 überlebenden Kindern des regierenden Landgrafenpaares. Magdalena Sibylla hatte selbst bald 5 weitere Geschwister. Wie an anderen Höfen bildeten neben Frömmigkeitsübungen theatralische Aufführungen, aufgeführt von und für Familienmitglieder, einen wesentlichen Bestandteil der höfischen Erziehung, die vor allem von der Fürstin beaufsichtigt wurden.[8] Es war vor allem die Großmutter Magdalena Sibyllas, Sophia Eleonora, eine geborene Kurprinzessin von Sachsen, die in Darmstadt diese Rolle einnahm. Magdalena Sibyllas Mutter war Marie Elisabeth von Holstein-Gottorf und deren Mutter war wiederum auch eine Kurprinzessin aus Sachsen – die Großmütter Magdalena Sibyllas waren also Schwestern. Dresden und Gottorf bildeten zunächst die zentralen Orte im weiblichen Netzwerk der jungen Landgräfin, gefolgt von den Orten, wohin ihre Tanten mütterlicherseits geheiratet hatten: Anhalt-Zerbst, Mecklenburg-Güstrow, Baden-Durlach und am prominentesten: Stockholm, wo ihre Tante Hedwig Eleonora von Holstein-Gottorf seit 1654 mit dem König von Schweden verheiratet war und damit das höchste Prestige in der Familie genoss.

Der Darmstädter Hof war von einer intensiven Förderung und Pflege eigener literarischer Tätigkeit geprägt, deren Erzeugnisse nicht nur im Kreis der Familie zirkulierten, sondern auch publiziert wurden.[9] Sowohl Magdalena Sibyllas Vater Ludwig als auch seine Schwester Anna Sophia von Hessen-Darmstadt, Pröbstin in Quedlinburg, traten mit eigenen Gedichtsammlungen an die Öffentlichkeit. Sophia Eleonora, »die alte Landgräfin«, ließ ihre Exzerpte und Bearbeitungen biblischer und Erbauungstexte anonym veröffentlichen. Ein wichtiger Impuls und gleichsam die Rechtfertigung zu diesen Publikationen war die unmittelbare Erfahrung der Witwenschaft,[10] die ihren beeindruckendsten Niederschlag

8 Helga Meise: Das archivierte Ich: Schreibkalender und höfische Repräsentation in Hessen-Darmstadt 1624–1790, Darmstadt 2002, S. 98–132; S. 241–259.

9 Helga Meise: ›Private Gelegenheit?‹ Die Poesie Ludwigs VI. von Hessen-Darmstadt (1630–1678) zwischen Gelehrsamkeit, Repräsentation und Subjektivität, in: Andreas Keller/Elke Lösel/Ulrike Wels u. a. (Hgg.): Theorie und Praxis der Kasualdichtung in der Frühen Neuzeit, Amsterdam 2010, S. 303–323.

10 Mara R. Wade: Invisible Bibliographies: Three Seventeenth-Century German Women Writers, in: Women in German Yearbook 14 (1998), S. 41–69.

in dem von der Landgräfin konzipierten Funeralwerk auf ihren Mann, dem ca. 1665 erschienenen *Mausoleum*, fand.[11] Überhaupt ist die Trauerbewältigung als einer der Hauptschreibimpulse in der Darmstädter Landgrafenfamilie zu werten. In den 1660er Jahren ereignete sich eine Reihe von Todesfällen in Darmstadt, die die Familie in einen Zustand fast permanenter Trauer versetzte. Zunächst starb Landgraf Georg II., der Gemahl Sophia Eleonoras, vollkommen unerwartet im Jahr 1661. Als sein Nachfolger war Ludwig mit der Herausgabe des offiziellen Funeralwerks *Vita post vitam* befasst, während seine Mutter an ihrem eigenen opulenten Band mit 82 Kupfertafeln arbeitete. Kaum war die Trauer für den alten Landgrafen beendet worden, starb 1662 die angeheiratete Tante Magdalena Sibyllas bei ihrer ersten Entbindung und wurde mit ihrem toten Kind in Darmstadt beerdigt. Das mit allegorischem Titelkupfer ausgestattete Funeralwerk, das im Wesentlichen von Landgraf Ludwig konzipiert und herausgegeben wurde, enthält Gedichte Ludwigs, einen Text seiner Mutter Sophia Eleonora, sowie Epicedien von seinen Schwestern Anna Sophia und Christine Louise.[12] Ein Jahr später starb eine Schwester des Landgrafen, Sophia Eleonora von Hessen-Homburg, im Alter von 29 Jahren in ihrem dreizehnten Kindbett. Landgraf Ludwig hat, wie aus dem Archiv hervorgeht, beim Erhalt der Todesnachricht seine Trauer sofort in Verse übersetzt, die er gleich am nächsten Tag seiner Mutter in Abschrift übersandte.[13] Diese sofortige Umsetzung von Trauer in Verse, die man auch mit anderen teilte, wurde Magdalena Sibylla offensichtlich in jungen Jahren nahegelegt und wurde zur lebenslangen Praxis. Die Gefährdung durch Schwangerschaft und Geburt war bei Frauen in allen Ständen gleich präsent. Marie Elisabeth von Holstein, Magdalena Sibyllas Mutter, brachte neun Kinder zur Welt, aber schon 1662 waren solche Komplikationen bei der Stillgeburt eines Sohnes aufgetreten, dass sie sich von ihrer umstehenden Familie mit einer langen Rede verabschiedet hatte.[14] Die Landgräfin erholte sich unerwartet, aber 1665 fand die nächste Schwangerschaft dann doch den erwarteten tödlichen Ausgang für Mutter und Kind. Im Darmstädter Archiv befindet sich die vermutlich eigenhändige Abschrift eines Gedichtes von Magdalena Sibylla auf den Tod ihrer Mutter, *Hertz-schmerztliche Kinder-Klage*, das sich an ihren Vater richtet.[15] Das Gedicht wurde in dem von Ludwig in Auftrag gegebenen Funeralwerk für Marie Elisabeth *Fürstliches Hessen-Holsteinisches Ehren-Gedächtnis* abgedruckt und ist gleichsam das erste unter dem Namen Magdalena Sibyllas erschienene Werk, auch wenn natürlich nicht sicher ist, dass sie es selbst verfasste. Die Sprecherin des Gedichts spielt mit ihrer Identität als ältestes Kind und bringt eine Todessehnsucht zum Ausdruck, die Magdalena Sibylla in ihren späteren Schriften immer wieder variieren wird:

---

11 Jill Bepler/Birgit Kümmel/Helga Meise (Hgg.): Weibliche Selbstdarstellung im 17. Jahrhundert. Das Funeralwerk der Landgräfin Sophia Eleonora von Hessen-Darmstadt, in: Heide Wunder/Gisela Engel (Hgg.): Geschlechterperspektiven. Forschungen zur Frühen Neuzeit, Königstein/Taunus 1998, S. 441–468.

12 Denckmals-Seul zu stets-bleibendem Ehren-Gedächtnüs [...] Frauen Dorotheen Augusten Landgräfin zu Hessen (s.l. 1668).

13 Meise: Das archivierte Ich (wie Anm. 8), S. 283.

14 Fürstliches Hessen-Holsteinisches Ehren-Gedächtnuß, Darmstadt 1665, S. 54.

15 Hessisches StA Darmstadt, D4 310/6. »Hertz-schmertzliche Kinder-Klage [...]Von Dero Beyden Fürstl. Durchl. Gehorsamem, erstem Kinde, und anietzo Mutter-loßer Waise.«

Ach Jammer! ist Die todt, durch welche mir das Leben/
Mir/ Dero erstem Kind/ der grosse GOtt gegeben?
Ach Schmertzens-volle Post/ und überhäuffte Noth!
Ich erstes war Ihr Lust: Diß letztes ist Ihr Todt.
O Wehe! wehe Mir! was hindert's/ wan ich klage:
Das Ich Ihr erstes bin? was hindert's/ wan ich sage:
Ich wolte daß ich doch dieß letzte wer gewest/
So leg' ich mit in Ruh, das were mir der best. [...][16]

Das persönliche Schreiben der fürstlichen Familie in Darmstadt, in deren Kontext die Entwicklung Magdalena Sibyllas zur Schriftstellerin zu sehen ist, kreiste also vor allem um Trauer und Trauerbewältigung und sowohl bei ihrer Großmutter, als auch bei ihrem eigenen Vater erlebte sie, dass der Verlust des Ehepartners eine wahrhaftige Schreibflut auslöste.

2. Weibliche Büchersammlungen in Darmstadt

Magdalena Sibylla wuchs in einer Umgebung auf, in der die weiblichen und männlichen Mitglieder der fürstlichen Familie sich gleichmäßig am kulturellen Leben des Hofes beteiligten. Dies betraf auch ihre Aktivitäten als Büchersammler, wobei die Sammeltätigkeit der Landgrafen vor allem auf die Institution der Hofbibliothek ausgerichtet war. Die Sammlungen der weiblichen Familienmitglieder sind in erster Linie als private Kammerbibliotheken zu charakterisieren, die im Gegensatz zu den Büchern männlicher Familienmitglieder keinesfalls nach ihrem Tode immer Eingang in die Hofbibliothek fanden.[17]

Kataloge und Inventare aus Darmstadt weisen ab dem späten 16. Jahrhundert auf eine kontinuierliche Tradition weiblicher Büchersammlungen am Hof hin. Zu den wichtigen Sammlungen aus dem frühen 17. Jahrhundert gehören diejenigen der zweiten Ehefrau von Georg I. von Hessen-Darmstadt, Eleonora von Württemberg, sowie die ihrer Schwiegertochter Magdalena von Brandenburg. Die Zerstreuung ihres jeweiligen Buchbesitzes, der unter den Kindern, vor allem den Töchtern, aufgeteilt wurde, kann als paradigmatisch für das Schicksal von Fürstinnenbibliotheken angesehen werden. Die genaue Größe der Sammlung der Landgräfin Eleonora lässt sich nicht mehr bestimmen, aber sie dürfte 400–

16 Fürstliches Hessen-Holsteinisches Ehren-Gedächtnuß, S. 81. Dazu: Jill BEPLER: Das Papierne Monument. Bilder und Texte in der höfischen Publizistik der Frühen Neuzeit, in: Stefanie KNÖLL (Hg.): Lebenslust und Todesfurcht. Druckgraphik aus der Zeit des Barock, Düsseldorf 2012, S. 191–210, hier: S. 202.

17 Helga MEISE: ›Ein buch schlecht in braun pappier gehefft darin noch nichts geschrieben‹ – Von der ›Kammer-‹ zur Privatbibliothek. Fürstinnenbibliotheken in Hessen-Darmstadt vom ausgehenden 16. bis ausgehenden 18. Jahrhundert, in: Jill BEPLER/Helga MEISE (Hgg.): Sammeln, Lesen, Übersetzen als höfische Praxis in der Frühen Neuzeit. Die böhmische Bibliothek der Fürsten Eggenberg im Kontext der Fürsten- und Fürstinnenbibliotheken der Zeit, Wiesbaden 2010, S. 243–259.

500 Bücher enthalten haben. Die 120 bislang bekannten Titel deuten auf ihre breiten medizinischen, historischen und vor allem kontroverstheologischen Interessen hin.[18] Sie publizierte selbst 1600 ein medizinisches Handbuch mit Rezepturen, *Sechs Bücher auserlesener Arzney-Kunst*, das während des 17. Jahrhunderts mehrmals neu aufgelegt wurde. Magdalena von Brandenburg, Schwiegertochter Eleonoras in Darmstadt, hatte eine kleinere Büchersammlung mit ca. 115 Titeln. Die Hälfte davon nahm ihr Mann in die Hofbibliothek auf, die andere Hälfte wurde unter ihren fünf Töchtern aufgeteilt. Jede von ihnen erhielt aus dem Nachlass der Mutter ein Exemplar der zweiten Auflage von Eleonoras *Sechs Bücher auserlesener Arzney-Kunst*.[19] Diese Schenkung beleuchtet auch die Verbreitungswege weiblichen Schrifttums jenseits des Büchermarkts, denn potentiell würde durch spätere Eheschließungen der Prinzessinnen das Werk Eleonoras an fünf verschiedene Höfe gelangen. Dass ihre Mutter fünf Exemplare bereithielt, zeigt zudem, dass neben den üblichen konfessionellen Werken – Bibeln, Gesang- und Gebetbücher, – auch Bücher von (weiblichen) Familienmitgliedern als »dynastische Grundausstattung« für spätere eigene Fürstinnenbibliotheken gelten konnten.

Auch die nächste Landgräfin von Hessen-Darmstadt, die Großmutter Magdalena Sibyllas, Sophia Eleonora, verfügte über eine große Büchersammlung, deren genaue Ausmaße ebenfalls unbekannt sind. Sie brachte selbst offensichtlich viele Bücher aus Dresden mit, als sie 1627 nach Darmstadt heiratete, und sie erbte eine signifikante Anzahl von Büchern aus der Bibliothek ihrer Mutter, Kurfürstin Magdalena Sibylla, als diese 1659 verstarb. Ein Teilinventar, das um 1650 entstand, verzeichnete 380 religiöse Bücher aus der Bibliothek der Landgräfin.[20] Bis zu ihrem Tode 20 Jahre später war die Sammlung bedeutend genug, dass die Landgräfin sie als wesentlichen Teil ihres Nachlasses ihrem Sohn und der Darmstädter Dynastie testamentarisch vermachte. Die Sammlung wurde in einem Darmstädter Funeralwerk als eine Universalbibliothek beschrieben, die sich aus theologischen, juristischen, medizinischen, philosophischen, historischen und mathematischen Beständen zusammensetzte. Besondere Erwähnung fanden die dort aufbewahrten Manuskripte mit eigenen Werken der Landgräfin.[21] Sophia Eleonora bot also als dynastische Frau, deren Bibliothek eine zentrale Rolle für ihre Schreibpraxis aber auch in ihrer Selbstdarstellung einnahm, ein sehr eindrückliches Rollenmodell für die junge Magdalena Sibylla. Dies wird in dem Funeralwerk, das die Landgräfin zum Tode ihres Mannes Georg II. herausgab, sinnfällig. Die Figur der Witwe findet sich immer wieder in den Kupfertafeln, wo sie schreibend oder lesend visualisiert wird.[22] Die Untersuchungen Helga Meises zu den Schreibkalen-

18 Jill Bepler: Inventare lesen. Quellen zu Fürstinnenbibliotheken des 17. Jahrhunderts und ihre Erschließung, in: Claudia Brinker-von der Heyde/Jürgen Wolf (Hgg.): Repräsentation – Wissen – Öffentlichkeit. Bibliotheken zwischen Barock und Aufklärung, Kassel 2011, S. 9–21.

19 Meise: ›Ein buch [...]‹ (wie Anm. 17), S. 256.

20 Universitäts- und Landesbibliothek Darmstadt, Hs. 2841.

21 Ehren-Gedächtnüß/ Der Durchläuchtigsten Fürstin und Frauen/ Frauen Magdalenen Sibyllan [...] Welches Höchstgedachter Ihrer Churfürstl. Durchl. als Deren hochgeehrten hertzliebsten Fraw Mutter hochseeligem Andenckens/ Die Durchläuchtigste Fürstin und Frau/ Frau Sophia Eleonora [...] in Truck verfertigen lassen, [Darmstadt] 1659, S. 42.

22 Bepler/Kümmel/Meise: Weibliche Selbstdarstellung (wie Anm. 11).

dern der Landgräfin zeigen, dass sie in der Tat sehr viel Zeit auf die Pflege ihrer Büchersammlung aufwendete. Ihre Bibliothek war aber auch ein Ort an dem sie Gäste empfing, war also auch ein Repräsentationsraum.[23] Auch Magdalena Sibyllas Mutter, Marie Elisabeth, hatte eine Büchersammlung, aber es ist bislang nichts über deren Zusammensetzung oder Größe bekannt. Dass sie eine Kammerbibliothek besaß, geht aus dem Schreibkalender ihrer Nachfolgerin als Landgräfin, Elisabeth Dorothea, hervor, die 1673 die Bücher der 1665 Verstorbenen an ihre Kinder verteilte.[24]

Wenn wir uns fragen, welchen Zuschnitt die eigene Büchersammlung Magdalena Sibyllas während ihrer Kindheit in Darmstadt hatte, dann können wir uns vielleicht an der kleinen Sammlung orientieren, die ihre unverheiratete Tante Augusta Philippine besaß, als sie 1672 in Gotha verstarb. Augusta Philippine war Kanonissin in Gandersheim, wo sie sich jedoch wegen ihrer schwachen Gesundheit kaum aufhielt. Ihre letzten Lebensmonate verbrachte sie am Gothaer Hof, zu dem enge Beziehungen bestanden seitdem Magdalena Sibyllas Vater, Ludwig VI. mit Elisabeth Dorothea von Sachsen-Gotha in zweiter Ehe verheiratet war. Als Auguste Philippine starb, wurden in ihrem Nachlassinventar auch ihre Bücher verzeichnet.[25] Es war eine kleine Sammlung von insgesamt 57 Titeln, die sie offensichtlich von Darmstadt nach Gotha mitgenommen hatte. Die Bücher deuten darauf hin, dass es sich vielfach eher um Geschenke als um selbst gekaufte Werke gehandelt hat. Sie nahm alle bereits erwähnten Funeralwerke mit, die in den 1660er Jahren in Darmstadt erschienen waren, auch das von ihrer Mutter herausgegebene *Mausoleum*. Sie besaß zudem drei der insgesamt vier Erbauungswerke, die ihre Mutter schrieb und anonym drucken ließ.[26] Landgraf Ludwigs *Der Psalter Deß Königlichen Propheten Davids: In Teutsche Reime der Opitianischen Art gemäß/ verfasset* und *Der Treue Seelenfreund Jesus Christus* ihrer Schwester Anna Sophia waren ebenfalls vorhanden. Der lokale Bezug ihrer Sammlung wird auch durch zwei weitere Bände hervorgehoben, die im Inventar als *Darmstättische Comoedi* und *Christina, Comoedia zu Giessen gedruckt* bezeichnet werden, letzteres vermutlich ein Werk des dortigen Garnisonpredigers Ernst Müller.[27] Die *Holsteinische Chronica* des Gottorfer Bibliothekars Adam Olearius deutet auf die enge Verbindung zwischen Darmstadt und Gottorf hin. Bei dem Exemplar der *Seeligen Sterbekunst* von Herzog Ernst von Sachsen-Gotha und bei der sogenannten *Gothaischen Bilderschule*, erstmals durch Sigismund Evenius herausgegeben, aber 1666 neu erschienen in der deutsch-französischen Fassung, die Augusta Philippine besaß, scheint es sich um Gothaer Geschenke zu handeln. Ein Band französischer *Colloquia* legt nahe, dass sie in Gotha versuchte, Französisch zu lernen. Der beschränkte Horizont ihrer kleinen Sammlung ist wahrscheinlich gleichzusetzen mit dem der Kammerbibliothek, über die Magdalena Sibylla als

---

23 MEISE: Das archivierte Ich (wie Anm. 8), S. 160.

24 MEISE: ›Ein buch [...]‹ (wie Anm. 17), S. 254.

25 Hessisches StA Darmstadt D 4 Nr. 230/4, unfol.

26 Hessisches StA Darmstadt D 4 Nr. 230/4, unfol.: »Betrachtung was sich die zutrösten haben, denen die Ihrigen durch den Tod entzogen warden«; »Extract aus Philippi Nicolai Frewdensspiegel«; »Andächtige Hertzens seuffzer zu Darmbstatt getruckt.«

27 Ernst MÜLLER: Poetischer Auffzug: Worinnen die, wegen jetziger Türcken-Gefahr, in Forcht und Hoffnung lebende Christin[n]e, Nach Anleitung H. Schrifft, auff den Schau-Platz geführet, Gießen 1664.

Kind in Darmstadt verfügte, und die sie wahrscheinlich mit sich führte, als sie nach Schweden zog. Die spätere Stuttgarter Bibliothek Magdalena Sibyllas enthielt mehrere der eben erwähnten Werke aus Darmstadt: den Psalter ihres Vaters, Sophia Eleonoras *Mausoleum* sowie ihr Andachtswerk *Andächtige Hertzenseuffzer* und Anna Sophias *Treuer Seelenfreund*. Auch das Werk des Gießener Garnisonspredigers Ernst Müller gehörte dazu.[28]

3. Die Reise nach Stockholm

Das *Bewillkomms- und Reis-Lied*, das Ernst Müller 1665 für Magdalena Sibylla schrieb und drucken ließ, vermutlich ihr auch in Gießen überreichte, dürfte das erste ihr gewidmete Werk sein. Das Gedicht markierte die erste Station ihrer Reise nach Schweden, wo sie die nächsten acht Jahre verbringen sollte. Nach dem Tod von Magdalena Sibyllas Mutter hatte die Regentin Hedwig Eleonora von Schweden angeboten, die junge Landgräfin zur Erziehung an ihrem Hof aufzunehmen. Landgraf Ludwig beschloss, seine Tochter selbst nach Stockholm zu begleiten und die Reise, die über Gottorf, die Heimat seiner verstorbenen Frau, führte, löste eine Schreibflut bei Ludwig aus, die in den im Darmstädter Archiv überlieferten Trauergedichten bezeugt wird.[29] Das Gedicht Ernst Müllers, der selbst in schwedischen Diensten gestanden hatte und Magdalena Sibylla nun aus Hessen verabschiedete, bringt die beklemmende Situation der 13-jährigen zum Ausdruck, indem es auf die Kälte und die Gefahren der Winterreise anspielt, auch offen ausspricht, dass sie ihre Familie womöglich nicht wieder sehen würde:

Was sollen wir da sagen/
Aus fast verwirrtem Sinn?
Wie sollten wir nicht fragen:
Prinzessin! Ey wohin?
Wohin/ zu diesen Zeiten/
Da Wind und Wolcken streiten
Und machen alles weis/
Mit Tufft/ mit Schnee/ mit Eis?

[...]
Die Groß-Frau Mutter weinet
Und spricht: Mein liebstes Kind/
Das ich stets treu gemeynet/
Wohin/ im Frost und Wind?
Wilt du Mich/ nun auch Alte/
Ja/ von dem Creutz-Wind kalte/

28 Bibliothekskatalog 1702, WLB Stuttgart, Cod. hist. 8° 305.
29 MEISE: Das archivierte Ich (wie Anm. 8), S. 283–288.

Nicht mehr/ in meinem Arm/
Mich machen froh und Warm?

[...]
Seht/ was die Prinzessinnen/
Der Baß- und Schwestern Zal/
Anietzo nicht beginnen?
Sie bitten allzumal:
Ach/ liebste Schwester/ bleibet!
Ach bleibet und vertreibet
Mit uns/ in Lieb und Leid/
Die schnelle Jugend-Zeit!

Wir wollen Euch umfassen!
Wir drücken Euch die Hand/
Und wollen Euch nicht lassen/
In ein so fernes Land/
Da wir im zweiffel stehen/
Euch wieder einst zu sehen/
Deswegen bitten wir:
Bleibt/ Schwester/ bleibet hier.[30]

Die Erwiderung, die der jungen Prinzessin in den Mund gelegt wird, ist natürlich von stoischer Bereitschaft, sich Gottes Willen zu unterwerfen: »Ihr aber sprecht begeistert: Erkennet Gottes Raht« und Dankbarkeit gegenüber der königlichen Verwandten, die sie so ausgezeichnet hat, und ihr einen Mutterersatz bieten will.

Die Reise nach Stockholm dokumentierte Landgraf Ludwig in einem Reisetagebuch.[31] Sie führte über Gottorf und Husum nach Kopenhagen und von dort nach Stockholm. In Husum besuchte die Reisegruppe Magdalena Sibyllas Großmutter mütterlicherseits, Marie Elisabeth, auf ihrem Witwensitz. Hier wird sie wiederum eine Büchersammlung gesehen haben, die mit der ihrer Darmstädter Großmutter vergleichbar war. Der Landgraf verbrachte ebenfalls viel Zeit mit seiner Schwiegermutter bei der Betrachtung von Kupferstichen aus ihrer Sammlung. Wie ihre Darmstädter Schwester gab Marie Elisabeth Publikationen in Auftrag und kompilierte eigene Sammlungen – hauptsächlich in Zusammenarbeit mit dem Gottorfer Bibiothekar Adam Olearius. Dazu gehörte eine Bibelausgabe und ein Gesangbuch für den Gebrauch ihrer Hauskirche, das als »Husumer Hofgesangbuch« bekannt ist. Auch die Stuttgarter Bibliothek von Magdalena Sibylla sollte später mit Drucken

30 Ernst MÜLLER: Als Die Durchleuchtigste Prinzessin/ Prinzessin Magdalena Sibylla/ Landgräffin zu Hessen [...] Von Darmstad/ in Holstein und darauß in Schweden [...] geführet ward/ und Am 5ten des Christmonats/ dieses 1665ten Jahrs/ zu Giessen/ glücklich an-gelanget/ [...], Giessen 1665.

31 Hessisches StA Darmstadt, D4 Nr. 241/1.

aus Holstein gut bestückt sein. Hier fanden sich Adam Olearius' *Holsteinische Chronica*, seine berühmte *Moscowitische und Persianische Reysebeschreibung*, seine Edition von Johann Mandelslos *Orientalische Reise*, seine Übersetzung der Gedichte des persischen Autors Saadi *Persianisches Rosenthal* sowie die *Holsteinische Bibel* Marie Elisabeths.[32]

4. Erziehung in Stockholm

Die Stockholmer Reise ist nur aus der Perspektive Landgraf Ludwigs fassbar. Sein Reisetagebuch zeigt, dass er sich immer wieder von der Reisegruppe seiner Tochter trennte und sich ihre Wege nur punktuell kreuzten. Magdalena Sibylla unterstand der Obhut ihrer Hofmeisterin Riedesel, wahrscheinlich Hesche Riedesel, geb. von Ranzau (1626–1684), die als Kammerjungfer ihrer Mutter von Gottorf nach Darmstadt gezogen war.[33] Die Reisenden kamen Anfang Februar 1666 in Drottningholm an, wo Ludwig das Schloss bewunderte, das seine Schwägerin, die Regentin, gerade umbauen ließ, »gantz uff die Italienische manier«,[34] wie er schrieb. Das Tagebuch verzeichnet regelmäßige Begegnungen mit der Königin. Er spielte fast täglich mit ihr Schach oder das Kartenspiel *lenterlu* und besuchte die Gottesdienste und Predigten, die in ihren Gemächern alternierend auf Deutsch und auf Schwedisch abgehalten wurden. Mehrmals schreibt der Landgraf, er habe ausführlich mit der Königin »wegen meiner Tochter« gesprochen, er teilt jedoch keine Einzelheiten mit. Er ließ sein Porträt von dem berühmten Maler David Klöcker von Ehrenstrahl als Geschenk an die Königin malen. In der ersten Maiwoche 1666, kurz nach dem vierzehnten Geburtstag Magdalena Sibyllas am 28. April, verließ Ludwig VI. Stockholm.

Die Archive in Darmstadt und Stuttgart enthalten spärliche Informationen über die Zeit Magdalena Sibyllas in Schweden. Die sechs noch vorhandenen Briefe der Königin an den Landgrafen aus dieser Zeit erwähnen sie kaum: lediglich, dass sie gesund sei und schnell wachse, sogar »corpolendt« wirke.[35] Die Briefe Magdalena Sibyllas an ihren Vater sprechen von ihrer guten Behandlung durch die Königin und von den Geschenken, die sie zu Neujahr immer wieder erhielt. Die Briefe bringen aber die Befürchtung zum Ausdruck vom Vater, der seinerseits kaum schreibe, vergessen zu werden, wie etwa 1667:

32 Bibliothekskatalog 1702, WLB Stuttgart, Cod. hist. 8° 305.

33 Vgl. Lebenslauf in: Gottes Führung/ Glaubens-Sprach Und Glaubens-Kampff/ Bey Christlicher Leichbestattung Der Weyland Wohlgebohrnen Frauen/ Frauen Heschen Riedeselin/ Freyin zu Eysenbach/ Gebohrnen Rantzawin/ Verwittibten Obristin. Vorgetragen und angeführet In Nachfolgenden Predigten, [Gießen: Karger 1685].

34 Hessisches StA Darmstadt, D4 Nr. 241/1, fol. 9v.

35 Hessisches StA Darmstadt, D 4 246/8, fol. 69r.

Neueß weiß ich Ew. Gd. nichts zu berichten, als daß ich in großer Verwunderung stehe wie eß doch kommen mag daß Ew. Gn. ihr kindt so gar vergessen, undt auß der acht laßen, denn ich alle post schreibe undt nimmer antwort bekomme.[36]

Die zweite Heirat des Vaters und die Geburt weiterer, ihr unbekannter Geschwister verstärkten wohl dieses Gefühl. Ein Zweck des Aufenthaltes von Magdalena Sibylla in Stockholm war die Vermittlung einer guten Heirat. Ihr Vater Ludwig sah sich in dieser Hoffnung zunächst enttäuscht und überlegte schon 1669 seine Tochter wieder abholen zu lassen.[37] Die Königin bat jedoch, er möge sie noch ein Jahr in Stockholm bleiben lassen. 1672/73 war es dann so weit und bei einem Besuch des auf seiner Kavalierstour befindlichen Erbherzogs Wilhelm Ludwigs von Württemberg in Stockholm wurde die erwünschte Verbindung doch zu Wege gebracht. Eine Liste der Geldgeschenke, die zum Abschied im Namen Magdalena Sibyllas am Hof verteilt wurden, gibt einen Einblick in ihre engste Umgebung. Die Liste zeigt, welchen Unterricht die junge Prinzessin erhalten hatte: bezahlt wurden ein Sprachmeister, ein Tanzmeister, jemand, »der die Princessin auf der Cytharr hat spielen lernen« und der königliche Kapellmeister, der sie »auf dem Spinet hat spielen lernen«.[38]

In ihrer Tante Hedwig Eleonora war Magdalena Sibylla einer Frau begegnet, die als Regentin agierte. Sie war zudem eine fromme Frau, die durchaus ihre Religiosität mit der Anlage repräsentativer Bauten und Kunstsammlungen verband. Die verschiedenen Bibliotheken Hedwig Eleonoras sind nur in Teilen bekannt, aber das bislang Bekannte zeugt von ihren beachtlichen intellektuellen Interessen.[39] Magdalena Sibylla stand zeitlebens mit Hedwig Eleonora in Briefkontakt und blieb ihr und Schweden eng verbunden. Als Magdalena Sibylla 1712 verstarb, schrieb die Königin in ihrem Beileidsschreiben:

Die auffrichtige freündschafft, so wir ieder Zeit gegen Ew. Ld. undt dero Fürstl. Hause geheget, auch die fast mutterliche affection, mit welcher wir die nunmehro in Gott ruhende Fürstin, als unsere eigene Tochter immer geliebet, hat bey unß eine schmertzlichern empfindnüß über diese Trauerfall erwecket, als wir es mit worten ausdrucken können.[40]

Das Stuttgarter Funeralwerk hob die strenge Erziehung, die Magdalena Sibylla am schwedischen Hof genossen hatte, hervor:

[sie wurde] zu wahrer Gottesforcht und allen Christlichen auch Dero hohen Stand geziemenden Tugenden auferzogen/ insonderheit aber zu dem Grund der wahren Klugheit in allen Ständen/ der

36 Hessisches StA Darmstadt, D4 247/5, unfol.

37 In den Instruktionen für seinen Abgesandten Freudenberg, der 1669 nach Stockholm geschickt wurde, schrieb Ludwig: »daß weilen I.M. die Königin selbst sich so weit herausgelassen, daß Meine Tochter ihre fortun in Schweden nicht würde machen können, daß es solchem nach am besten, dieselbe heraus kommen zulaßen«, Hessisches StA Darmstadt, D4 309/4, unfol.

38 Hessisches StA Darmstadt, D4 309/5, fol. 158–159.

39 Lisa SKOGH: Material Worlds. Queen Hedwig Eleonora as a collector and patron of the arts, Stockholm 2013.

40 HStA Stuttgart, G 124 Bü 23.

> *Verläugnung und Brechung Dero eigenen Willens/ Christlicher Demuth/ Unterwerffung unter GOttes und der Obern Willen/ zu Erlernung fremder/ sonderlich der Schwedisch- und Frantzösische Sprache/ auch beständiger Arbeitsamkeit/ und Fleiß mit Dero eigenen Händen/ mit recht hertzlichem [sic] Liebe und sorgfältigem Ernst getreulich und dermassen angewiesen/ daß unser Höchstseeligste Hertzogin solche an Ihro bewiesene Treue die Tage Ihres Lebens/ als eine besondere Gnade Gottes gerühmet/ auch in Tat erfahren haben/ wie grossen Nutzen im Leben und Leiden eine solche mit Ernst und Liebe gemässigte Education zu bringen pflege.*[41]

Die von Magdalena Sibylla in ihrer Jugend in Schweden angelegten und ihrer Tochter Magdalena Wilhelmine von Baden-Durlach vermachten Handschriften bezeugen, dass sie auch dort zur exzerpierenden Lektüre und zur eigenen erbaulichen Dichtung angehalten wurde, sowohl auf Deutsch als auch auf Schwedisch und Französisch. Sie belegen eindrücklich auch die auf Tugend und Affektbeherrschung zielende Unterweisung, die sie dort erhielt. In einem Band, der Texte aus dem ersten Jahr ihrer Anwesenheit in Stockholm enthält, findet man einen undatierten Eintrag, überschrieben *Gebet eines Fürstlichen Frauleins:*

> *O Hertzliebster Schatz, undt gebenedeyter Bräutigam meiner Seelen, Christi Jesu. Ich habe ursache dir für zweyerley zu danken, daß ich nemblich erstlich auss Fürstlichem Stamm, und vors ander in der Christenheit geboren bin, dorten bin ich eine Fürstliche hier aber eine Königliche Jungfrau, Beiderseits bin ich aber dir hoch verpflichtet, nach meinem Fürstlichen Jungfrauenstandt, gebühret mir mit Fürstlichen undt Jungfräulichen Tugenden geziert zu seyn, denn ein hoher standt erfordert auch hohe Tugenden. Du bist der oberste Inspector undt Hoffmeister unßers Fürstlichen Frauenzimmers erkennst unßere gedancken, hörst unßere reden, und siehest unßere werck, darum ist es billich, daß ich mich alßo verhalte, daß ich dich nicht beleidige, sondern allezeit mit deiner genade bey mir behalte. Nach meinem Christenstandt geziemet mir gleichfalß Christlicher wercke mich zu befleißigen im Glauben Gottestfurcht Keuschheit undt Demuht mich zu üben, so bitte ich dennoch hertzlich du liebster Seeligmacher Jesu Christi, wollest mein Fürstliches Jungfräulicheß Hertz besitzen und deinen immerwährenden Tempel seyn laßen, damit ich ja sonst niemandt von der Welt darein faße, sondern dich Fürsten undt Herzogen des Lebens, allein es befohlen laße, Liebster Schatz ich halte ich laße dich nicht biß ich dich bringe in meiner Mutter Hauß, in meiner Mutter Kammer, ja ich laße dich nicht du segnest mich denn Daß Du aber Lust habest darinnen zu wohnen, so schmücke es selber undt bereite Dir die Stube durch deinen H. Geist, der mich erneuer, von allen befleckungen deß fleisches abziehe, die Bößе Lüst dämpfe, Andacht, Glauben, Gottseligkeit und Demuht, im mir anzünde und erhalte. So werde ich ein rechtes Fürstliches Fräulein und Christliches Jung Fräulein seyn leben und sterben, Ich befehle dir o treuer Heiland in deinen genaden schutz meine Liebe Fürstliche Eltern, die wolle Du mir zum besten lange leben und Glücklich regieren laßen, Deß gleichen meine Libe gebrüder, undt geschwister, Anverwandten, gantzeß Frawenzimmer*

41 Christ-Fürstliches Ehren-Gedächtniß Der Weiland Durchläuchtigsten Fürstin und Frauen/ Frauen Magdalena Sibylla Hertzogin zu Würtemberg und Teck […], Stuttgart [1712], S. 15.

undt Hoffstadt sey ihrer aller Auffseher, führer und schutz Herr, Segne undt benedeye unß hier zeitlich undt dort ewiglich Amen: Amen.[42]

Das auf ihre Identität als frommes fürstliches Fräulein zielende Gebet wird von einem *Waißen Gebet* gefolgt. Damit wird das andere prägende Merkmal ihres Selbstbildes als Waise benannt, das im ersten Text in der auf ihre persönliche Situation bezogenen Bezeichnung des Grabes als »meiner Mutter Hauß [...] meiner Mutter Kammer« betont wird. Die ständige Überprüfung der Gott und Christus bekannten eigenen Gedanken und Handlungen wird in den Texten der jungen Landgräfin immer wieder thematisiert. Schon im Juni 1666 schrieb sie in Gripsholm:

> *Zu forderst muß mann genawe acht auff die gedancken haben, undt so offt einen gedancken einfallen, fleißig erwegen, ob Sie Unß selbst oder auch unßeren Nechsten Nützlich, und Tugendhafft, vor allen dingen aber ob Sie auch Gott können gefällig seyn. Weil Er alle unserer gedancken kennet, undt gar genaw siehet; [...] Wer nun auf dieße weise sich befleißiget, stetß mit guten gedancken umb zu gehen, dem wirdt auch umb so viel mehr leichter seyn, seine begierden und apetit woll im zaum zu behalten.*[43]

Die in den Handschriften enthaltenen Erbauungstexte und -gedichte auf Französisch und Schwedisch zeigen die Fortschritte, die die Landgräfin in diesen Sprachen machte.[44] Sie war offensichtlich auch zum emblematischen Schreiben und Denken angehalten worden, und damit zu einem Modell, das sie in den ikonographischen Ausstattungsprogrammen der Schlösser und Adelshäuser Schwedens vorfand[45] und selbst später in der Kapelle zu Stetten reproduzierte. Ein Band ihrer Handschriften, den sie 1673 mit ihrem Besitzvermerk versah, enthält einen *Salamonischen Hohen lieds Calender*, der für zwölf Monate jeweils ein Emblem entwirft. Das erste lautet:

> *Januariu. darinnen kan fürgestellt Werden, Wie eine büchße voll köstlich Wohlriechender salben, auf einem Tisch um geworffen ist, undt die Specerey heraußfliest, mit obgesetzten Nahmen JESUS Von Wegen des beschneidungsfests, da zum Neuen jahres anfang gehandelt Wirdt. Wie unßer liebster Heiland beschnitten, undt ihm der Nahm Jesus geben Worden, nach anleitung Cantio II v. 2. Dein Nahm ist eine ausgeschütte Salbe, mit dießen unter gesetzten reimen*

42 GLA Karlsruhe, Hausfideikommiss, Hss Nr. 168, unfol.

43 GLA Karlsruhe, Hausfideikommiss, Hss Nr. 168, unfol.

44 GLA Karlsruhe, Hausfideikommiss, Hss Nr. 169: Auf dem Vorsatzblatt schreibt Magdalena Sibylla: »Anno 1669 Le 28 du moy de Junij ay-je escrit cette livre de mes propres mains.« Der Band enthält französische Texte in ihrer Hand, die sehr aufwändig korrigiert sind und den Lernfortschritt verdeutlichen. Hss Nr. 174 mit dem Eintrag »Ano 1673 le 7 du moy d'avril ay-je achevé d'ecrire cette livre de mes propres mains a Jacobsthal« enthält eine Mischung aus geistlichen und weltlichen Verse, auch Schäferlyrik, auf Französisch, die eine sichere Beherrschung der Sprache belegen.

45 Etwa das berühmte Schloss des Magnaten de la Gardie: Lars LJUNGSTRÖM: Magnus Gabriel De la Gardies Venngarn: herresätet som byggnadsverk och spegelbild (Kungl. Vitterhets Historie och Antikvitets Akademiens handlingar: Antikvariska serien Bd. 44), Stockholm 2004.

Der Balßam riecht zwar Wohl
undt stärckt daß Hertze sehr
Doch JESUS süsser Nahm
erquickt die Seel viel mehr.[46]

5. Büchersammeln in Schweden

Die Stuttgarter Bibliothek Magdalena Sibyllas enthielt mehrere Werke, die von ihrer Erziehung in Schweden und ihrer Kenntnis der schwedischen Sprache zeugen. Unter den Büchern, die sie vermutlich in Stockholm erwarb, die sich teilweise heute noch in der Landesbibliothek in Stuttgart befinden, gehören eine schwedische Bibel im Folioformat und eine in Duodez, eine schwedische Übersetzung von Valentin Wudrians *Schola Crucis* sowie Johann Sylvios 1671 gedruckter Band mit Übersetzungen aus Johann Gerhards *Sacrae Meditationes* und Philippe Mornays *Discours de la vie et de la mort*. Abgesehen von erbaulichen Texten besaß sie auch Johannes Magnus Geschichte der Könige der Goten und Schweden, eine schwedische Seneca-Übersetzung sowie das berühmte Versepos *Hercules* von Georg Stiernhelm. Im letzten Jahre ihres Aufenthaltes wohnte Magdalena Sibylla der Krönungzeremonie Karls XI. bei, bei der Hedwig Eleonora als Regentin abtrat und sich auf die Rolle der Königinwitwe zurückzog. Die prachtvolle, gedruckte Festbeschreibung, *Das große Carrossel und Prächtige Ringrennen*, die erst 1685 fertig gestellt wurde, wurde ihr offensichtlich nach Stuttgart geschickt. Magdalena Sibylla erwarb weiterhin Bücher aus Schweden und auf Schwedisch für ihre eigenen Sammlungen. Manche mögen ihr auch geschenkt worden sein. Sie besaß mehrere aufwändig gestaltete Kupferstichbände, eine teure Gattung für die sie ohnehin eine Leidenschaft pflegte, darunter Erik Dahlbergs topographisches Werk *Suecia antiqua et hodierna*, das ab 1698 erschien; das 1694 erschienene *Die vornehmste Schildereyen/ Welche In denen Pallästen Des Königreiches Schweden zu sehen sind* von David Klöcker von Ehrenstrahl und einen Kupferstichband, der in ihrem Bibliotheksverzeichnis als *Ein Buch Voller Kupferstück Von allen Palatiis und Lusthäußern im Königreich Schweden* beschrieben wird. Neben dem Interesse an der bildlichen Darstellung der Schauplätze ihrer Jugend interessierte sich die Herzogin jedoch auch für die schwedische Dichtkunst und Politik. Zu den wichtigen poetischen Werken, die sie nach ihrer Rückkehr erwarb, gehören der Sonett-Zyklus *Wenerid* und Haquin Spegels Versepos über die Schöpfungsgeschichte *Gudz werk och hwila* (Gottes Werk und seine Ruhe), das 1685 erschien. Zu den Titeln, die sich mit der Geschichte Schwedens und seiner Politik befassen, zählen Samuel Pufendorffs *Sechs und Zwantzig Bücher Der Schwedisch- und Deutschen Kriegs-Geschichte* aus dem Jahr 1688 und seine 1697 erschienenen *Sieben Bücher Von denen Thaten Carl Gustavs Königs in Schweden*.[47]

46 GLA Karlsruhe, Hausfideikommiss, Hss Nr. 170, fol. 48.
47 Bibliothekskatalog 1702, WLB Stuttgart, Cod. hist. 8° 305.

6. Stuttgart – Büchernetzwerke

Nach ihrer im November 1673 in Darmstadt gefeierten Hochzeit zog Magdalena Sibylla nach Stuttgart. Ihre Ankunft und die Feste, die dem Brautpaar zu Ehren abgehalten wurden, sind in einer aufwändig gestalteten gedruckten Festbeschreibung nachgezeichnet worden.[48] In Stuttgart befand sie sich erneut in einem Kontext, in dem es eine lange Tradition weiblichen Schreibens und weiblicher Büchersammlungen gab. Aus der ersten Hälfte des 17. Jahrhunderts sind die bedeutenden Sammlungen der 1614 verstorbenen Herzogin Sibylla von Württemberg, geb. Fürstin von Anhalt, oder der 1636 verstorbenen Barbara Sophie, geb. Markgräfin von Brandenburg, zu erwähnen. Als Magdalena Sibylla in Württemberg eintraf, wurde sie am Schloss von den weiblichen Mitgliedern ihrer neuen Familie begrüßt.[49] Unter ihnen waren mindestens drei Fürstinnen, die ebenfalls Büchersammlerinnen waren. Im Schloss zu Stuttgart wohnten die unverheirateten Tanten ihres Mannes, Antonia und Anna Johanna von Württemberg. In ihrer Jugend wurden beide zusammen mit ihrer Schwester Sibylla von Johann Valentin Andreae als die »drei württembergischen Grazien« gefeiert. Antonia ist als Schöpferin der berühmten kabbalistischen Lehrtafeln in Teinach bekannt geworden. Über den genauen Inhalt ihrer Büchersammlung ist nichts bekannt, da sie kurz vor ihrem Tode einem ungenannten Studenten die besten Bücher aus ihrer Bibliothek schenkte. Ihr von Reinhard Breymeyer herausgegebenes Nachlassinventar aus dem Jahr 1679 führt lediglich einen Restbestand von 85 Titeln auf.[50] Ein gedrucktes Funeralwerk wurde für Antonia nicht herausgegeben, aber der sehr ausführliche handschriftliche Lebenslauf, der für die Trauerfeier vorbereitet wurde, betont, dass sie ihr Interesse an Astronomie, Mathematik und Kartographie mit ihrer Schwester Anna Johanna teilte. Als Anna Johanna ebenfalls 1679 verstarb, wurde ein Inventar ihrer über 170 Bücher aufgenommen, das viele Werke aus den Bereichen Fortifikationen, Mathematik, Medizin und Philosophie verzeichnet.[51] Die Sammlung vermachte die Herzogin ihrem Bruder Friedrich von Württemberg-Neuenstadt, an dessen Hof sie sich aufhielt, als sie starb. Als Magdalena Sibylla nach Württemberg kam, war der Hof Friedrichs in Neuenstadt das eigentliche Bücherzentrum der Dynastie.[52] Friedrich war mit der Wolfenbütteler Prinzessin Clara Augusta verheiratet, und ihm wurden auch 1672 sämtliche Bücher von Sibylle Ursula, Co-Autorin der frühen Romane Anton Ulrichs von Braunschweig-Lüneburg, aus dem Nachlass

48 Vorstellung Stuttgartischer Jüngst-gehaltener Hochfürstl. Würtemberg-Hessischer Heimführungs-Begängnis: Samt zweyfachem kurtzem Bericht/ Von Beyder hohen Vermählten Käyser- und Königlicher/ auch Chur- und Fürstlicher Stam-Verwandtschafft; So dann von Berührter Durchleuchtigster Häuser/ Würtemberg und Hessen/ herkünfftigem Ursprung und Fort-leitung, Stuttgart 1675.

49 Heimführungs-Begängnis (wie Anm. 48), S. 19.

50 Reinhard BREYMAYER: Städtisches und literarisches Leben in Stuttgart im 17. Jahrhundert. Ein bibliographischer Versuch mit besonderer Berücksichtigung der Prinzessin Antonia von Württemberg und ihrer Bibliothek, in: Klaus GARBER (Hg.): Stadt und Literatur im deutschen Sprachraum der Frühen Neuzeit, Tübingen 1998, S. 308–383.

51 HStA Stuttgart, G 96 Bü 3.

52 Wolfgang IRTENKAUF: Das Haus Württemberg und das Buch- und Bibliothekswesen, in: Robert UHLAND (Hg.): 900 Jahre Haus Württemberg, Stuttgart 1984, S. 623–635, hier S. 628.

geschenkt.[53] Die zentrale Rolle der 25.621 Bücher zählenden Bibliothek am Neuenstädter Hof geht aus dem 1671 gedruckten *Fürstlichen Jugend-Spiegel* des verstorbenen Prinzen Albrecht hervor, in dem die Erziehung und Lektüre des Prinzen akribisch verzeichnet wird, bis hin zu der Tatsache, dass er mit seinen fürstlichen Brüdern eine »Republik« errichtet hätte, an der sie die Prinzipien guter Ordnung einüben sollten, indem sie sich reihum in den Rollen des Regenten, des Friedensrates, des Kriegsrats und des Bibliothekars abwechselten und Aufsicht über die jeweils damit verbundenen Einrichtungen des väterlichen Hofes geführt hätten.[54] Die Bibliothek Herzog Friedrichs wurde, nach seinem Tode im Jahre 1681, angesichts seiner Schulden 1688 nach Stuttgart verkauft. Der Nachlass Clara Augustas belegt jedoch, dass sie eine eigene Büchersammlung besaß, vor allem erbaulichen Inhalts, wozu auch zwei Werke Magdalena Sibyllas gehörten.[55]

Zu den wichtigsten Bezugspersonen der jungen Magdalena Sibylla in der neuen Umgebung gehörte sicher auch ihre nur drei Jahre ältere Tante aus dem Hause Holstein, Augusta Maria, die 1670 Friedrich Magnus von Baden-Durlach geheiratet hatte. Ihre enge Beziehung wurde später durch die berühmte Württemberger Kreuzheirat ihrer Kinder besiegelt und kommt u. a. darin zum Ausdruck, dass Augusta Maria wie ihre Mutter Marie Elisabeth von Holstein-Gottorf eine Bibelausgabe besorgte, die sie 1698 Magdalena Sibylla widmete.[56] Die Durlachische Bibel und das Gesangbuch Augusta Marias, *Himmlischer Seelentrost der Traurigen zu Zion*, zählten zu den Büchern, die sich in Magdalena Sibyllas »Cabinet bey dem Schlaff Zimmer« in Kirchheim befanden, als sie dort starb.57

Geradezu ein Gegenbeispiel zu der Bibliothek Magdalena Sibyllas bietet die Bibliothek ihrer Schwägerin Christine Charlotte von Ostfriesland, geb. Herzogin von Württemberg.[58] Christine Charlotte und Magdalena Sibylla standen offensichtlich in Kontakt, denn die Bibliothek der Auricher Fürstin enthielt Magdalena Sibyllas 1691 publizierte Werke: *Gott-geweihtes Andachtsopfer*, *Das mit Jesu bekreuzigte Hertz*, und die *Kreuzpresse* sowie die *Kinderbibel* ihres Hofpredigers Ehrenreich Weißmann. Die Stuttgarter Herzogin wiederum besaß das *Ostfriesische Gesangbuch*. Die Büchersammlungen der zwei Fürstinnen sind jedoch in ihrer Ausrichtung grundverschieden. Die Bibliothek von Christine Charlotte, halb so groß wie die Magdalena Sibyllas, bestand aus 100 deutschen Titeln und fast 300 französischen Drucken, eine frappierende Relation. Die deutsche »Literatur« ist gar nicht vertreten.[59] Die deutschen Titel sind fast ausnahmslos lutherische Erbauungsbücher von Bestsellerautoren, jedoch, laut Sa-

---

53 Blake Lee SPAHR: Sibylle Ursula and her books, in: DERS. (Hg.): Problems and Perspectives. A Collection of Essays on Baroque Literature, Frankfurt am Main 1981, S. 85–110.
54 George STOFFEL: Fürstlicher Jugend-Spiegel: Auß dem Lebens-Lauff [...] Albrechts/ Hertzogen zu Würtemberg [...], Heilbronn 1671.
55 HStA Stuttgart, G 91 Bü 7: das Inventar verzeichnet »Christliche Betrachtung der betrüebten Zeit und freüdenvollen Ewigkeit« und »Das mit Jeßu gecreüzigte Hertz von einer vornehmen persohn«.
56 Udo WENNEMUTH: Die Augusta-Maria-Bibel, in: Jahrbuch für badische Kirchen- und Religionsgeschichte 2 (2008), S. 213–218.
57 HStA Stuttgart G 124 Bü 20, unfol.
58 Sabine HEISSLER: Christine Charlotte von Ostfriesland (1645–1699) und ihre Bücher. Oder lesen Frauen anders?, in: Daphnis 27 (1998), S. 335–418.
59 HEISSLER: Christine Charlotte von Ostfriesland (wie Anm. 58), S. 344.

bine Heißler, ohne Schwerpunktbildung, die eine Vorliebe für gewisse Autoren erkennen ließe. Sie wertet den erbaulichen Bestand insgesamt als Zeichen dafür, dass die Fürstin ein Luthertum der persönlichen Frömmigkeit pflegte. Die Sammlung enthält auch praktisch keine Predigten ihrer Hofprediger oder lokaler Theologen. Als Regentin eines Territoriums mit gemischten Konfessionen – lutherisch-reformiert – mag sie, sicher in Württemberg streng lutherisch erzogen, sich auch mit der Zeit auf diese Position der »Privatheit« zurückgezogen haben. Christine Charlottes konfessioneller Indifferentismus äußerte sich in ihrer Haltung in der Frage von Konversionen bei der fürstlichen Heiratsvermittlung. Sie riet ihrer eigenen Schwester in Bayreuth zum Beispiel eindringlich dazu, in Hinblick auf eine vorteilhafte Verbindung ihre Tochter dazu zu zwingen, katholisch zu werden.[60]

Die deutschen Bücher in der Sammlung Magdalena Sibyllas weisen ein ganz anderes Profil auf.[61] Von vielen Autoren, auch aus dem nicht erbaulichen Bereich, besitzt sie eine jeweils größere Anzahl von Werken, die auf den Status als Lieblingsautoren schließen lassen. Dazu gehören unter den Unterhaltungsschriftstellern, neben einer Vielzahl von Reisebeschreibungen, 16 Werke von Erasmus Francisci und 8 von August Bohse, sowie Grimmelshausens *Simplicissimus* und Christian Reuters *Schelmuffsky*. Zu den Staatsromanen in der Sammlung gehören Lohensteins *Arminius* und Anton Ulrichs *Römische Octavia*. Vor allem muss man aber ihre Erbauungsbücher, ihre Emblembücher und die in der Bibliothek vorhandenen Handbücher zur Reim- und Verslehre im Gegensatz zu der auf Unterhaltung zielende Sammlung Christine Charlottes als Bestandteil der Arbeitsbibliothek einer Schriftstellerin verstehen.

Magdalena Sibyllas Bibliothek enthält im Kontrast zu der Sammlung ihrer Schwägerin überraschend wenige französische Titel, obwohl Französisch zu den Sprachen gehörte, die sie nachweislich während ihrer Zeit am schwedischen Königshof erworben hatte. Den höchsten Anteil an fremdsprachigen Texten in ihrer Bibliothek haben schwedische Bücher. Möglich ist, dass die französischen Kriegshandlungen in Südwestdeutschland, die schon in ihrer Jugend einsetzten und die Zeit ihrer Regentschaft nachhaltig prägten, bei Magdalena Sibylla eine Ablehnung des Französischen zugunsten des Deutschen bewirkten. Die Vehemenz ihrer Verachtung für die Franzosen kommt in einem undatierten Gedicht zum Ausdruck, das sie offensichtlich nachträglich in eine ihrer Jugendhandschriften einfügte. Darin erregt sie sich über zwei nicht weiter benannte deutsche Fürsten, die dem Kaiser untreu geworden waren:

Du schnödes Fürsten paar, Wie kanst Du den verlaßen
Den, so das Höchsten Herr in seinen schutz thut fassen,
Den, so die Christen Welt hält für das Oberhaubt,
Da Wirdt durch Satans trieb, euch aus dem Sin geraubt.

---

60 Georg SCHNATH: Ostfriesische Fürstenbriefe aus dem 17. Jahrhundert (Abhandlungen und Vorträge zur Geschichte Ostfrieslands, Bd. 25), Aurich 1929, S. 83: »wenn Ein dochter hätte, Ich solge condision Nicht auß Schlagenn [würde], denn gewiß, alleliebste fraw Schwester, die religion Ist so Nicht wie sie unß abgemahlt wierth«.

61 Bibliothekskatalog 1702, WLB Stuttgart, Cod. hist. 8° 305.

In einem »Teutscher Fürsten Treu« überschriebenen »Gegensatz« schreibt sie:

Die Teutsche redligkeit mus dennoch oben schweben
Undt sollten ihm viel buff die Franzen doblen geben,
Sie richten Wenig auß, doch geben sie ein schein
Die da von falschem präg, undt Bastert bürsche sein.[62]

7. Schreibanlässe in Stuttgart

Wie Darmstadt waren die mit Stuttgart verbundenen Höfe Zentren höfischer Festivitäten. Wie Darmstadt war Stuttgart jedoch auch ein Hof, wo Trauerfälle in der Familie eine stetige Produktion von Trauerschriften generierten, wobei hier noch die Komponente der langen Tradition von aufwändig nicht nur mit Schrift, sondern mit emblematischen Kupferplatten versehenen Übersärgen hinzukam.[63] Der überraschende Tod des regierenden Herzogs Eberhard von Württembergs kaum ein halbes Jahr nach der Ankunft Magdalena Sibyllas war der erste Schreibanlass dieser Art. Den Tod ihres Schwiegervaters schildert sie in allen Einzelheiten in Briefen an den Vater, und wenig später schickte sie ihm auf seine Bitte hin die Abschrift eines Gedichts, das sie auf den Tod einer weiblichen Verwandten aus Württemberg, vermutlich ihre Schwägerin Christine Friederike von Öttingen, verfasst hatte:

Ach! Schwester Liebstes Hertz, undt spiegell aller tugend
Hat das Verhängnus Euch, denn eben in der Jugend
Undt ewer besten Blüht Von uns Hin Weg gerafft
undt uns dardurch groß schmertz und schweres Leidt verschafft [...].[64]

Ihr Mann, Wilhelm Ludwig, kam an die Regierung, war aber maßlos überfordert, wie Magdalena Sibylla mehrmals ihrem Vater, Landgrafen Ludwig VI., nach Darmstadt schrieb, wie etwa im September 1674:

Verlange recht Hertzlich EG ein mahl Wieder hier auf zu warten Wie auch das gantze Landt, denn es hier gar sehr drunter undt drüber geht, undt mein Herr gar unerfahren ist, undt sich alßo nicht Wohl drein finden kan.[65]

Oder wiederum im folgenden Jahr:

62 GLA Karlsruhe, Hausfideikommiss, Hss Nr. 170, fol. 51v.
63 Harald SCHUKRAFT: Die Grablegen des Hauses Württemberg, Stuttgart 1989, S. 73–89.
64 Hessisches StA Darmstadt, D4 247/5, unfol.
65 Hessisches StA Darmstadt, D4 247/5, unfol.

Gestern hab ich meinen Herrn so Melancholisch funden daß ich nicht gewust Wo ich mit ihm hin solt, ich hab nichts anders erfahren können, alß daß briefe Vom Kaiser kommen Weren Worin meines Herrn ruin stünde, aber man hält es gar geheim, Gott wolle mein Herrn beistehen, er hatt oder Weiß kein raht [...].[66]

Der plötzliche Tod Wilhelm Ludwigs 1677 traf Magdalena Sibylla völlig unvorbereitet, in ihrer Selbstinszenierung als Witwe konnte sie sich jedoch eng an die Vorbilder ihrer Jugend anlehnen. Das offizielle Funeralwerk erschien schon im Todesjahr des Herzogs 1677, ungewöhnlich schnell für einen so aufwändigen mit vielen Kupferstichen versehenen Druck.[67] Der Abschnitt *Traur- Klag- und Trost-Gedichte* wird durch eigene Verse der Herzogin eingeleitet:

Ach Jammer/ Schmerz und Leid/ ach! muß ich dann schon scheiden/
Von Dir mein ander Ich/ ach! gar zu grausams leiden/
In meiner Jugend Blüth/ in meiner besten Zeit/
Muß ich elendiglich/ erfahren dises Leidt/
Daß ich muß seyn getrent/ von dir mein zweyte Seele/
Und sitzen gantz bestürtzt/ in finstrer Trauer-Höle [...].[68]

Die Herzogin trat jedoch auch mit der Publikation einer eigenen persönlichen Trauerschrift hervor, die wie beim *Mausoleum* ihrer Großmutter parallel zum dynastischen Funeralwerk erschien. Die *Christliche Betrachtung Der Betrübten Zeit/ und Freudenvollen Ewigkeit* wurde 1680 gedruckt.[69] Die Witwe wird wie ihre Großmutter als Architektin eines Trauermonuments dargestellt, wenn auch die Grotte, in der sie den Gatten betrauert, nichts von dem repräsentativen Anspruch eines Mausoleums an sich hat.

Anlässlich des Todes ihrer Tochter Eleonore Dorothea, die 1683 verstarb, hat die Herzogin selbst ein weiteres offizielles Funeralwerk veranstaltet.[70] Wieder geht Magdalena Sibylla mit einem eigenen Gedicht bei den Epicedien voran:

Muß ich Betrübte dann die Trawer-Feder netzen/
Und dir mein Liebstes Kind schon ein Gedicht auffsetzen/
Zu klagen deinen Todt [...].[71]

66 Hessisches StA Darmstadt, D4 247/5, unfol.
67 Sechs Christliche Leich-Predigten/ Uber dem hoch-seligen Ableiben/ Weiland deß Durchleuchtigsten Fürsten und Herrn/ Herrn Wilhelm Ludwigen/ Hertzogen zu Würtemberg/ und Teck [...] Hochlöblichster Gedächtnus Stuttgart 1677.
68 Sechs Christliche Leich-Predigten (wie Anm. 67), Traur- Klag- und Trost-Gedichte, S. 3.
69 Jill Bepler: »zu meinem und aller dehrer dich sichs gebrauchen wollen, nutzen, trost undt frommen«. Lektüre, Schrift und Gebet im Leben der fürstlichen Witwe in der Frühen Neuzeit, in: Martina Schattkowsky (Hg.): Witwenschaft in der Frühen Neuzeit. Fürstliche und adlige Witwen zwischen Fremd- und Selbstbestimmung, Leipzig 2003, S. 303–319.
70 Zwo Christliche Leich-Predigten/ Uber dem Hochseeligen Ableiben/ Der [...] Fürstin [...] Eleonorae Dorotheae/ Hertzogin zu Würtemberg und Teck [...], Stuttgart 1683.
71 Zwo Christliche Leich-Predigten (wie Anm. 70), Traur- Klag- und Trost-Gedichte, S. 3.

Das Werk stellt die Mutter als Trauernde und Dichtende dar und arbeitet stark mit der Emblematik, die für die Arbeiten Magdalena Sibyllas zentral war. Es beginnt beim Kupfertitel, wo, umrahmt von sechs Emblemen, im mittleren Medaillon die von Engeln zu Christus emporgetragene Prinzessin, der ein Engel gerade die Fußfesseln des Irdischen durchschnitten hat, zu sehen ist. Das Bildprogramm des abgebildeten Sarges verweist auf die emblematische Darstellung der verstorbenen Tochter auf der Kupferplatte am Kopfende des Sarges, sitzend »in der rechten Hand ein geflügeltes Hertz empor haltend/ und mit dem lincken Arm auff eine Sand-Uhr legend«. Im darunterliegenden Text redet die Mutter die Tochter an:

In diesem Zin-Gehäuß ligt all mein Freud verschlossen/
Die ich auff diser Welt nur allzukurtz genossen/
Ruh sanfft in deinem Gott/ ich folge täglich hier/
Biß Gott zu seiner Zeit mich bringet auch zu dir.

Das bekannte Porträt der Herzogin in der fürstlichen Gruft, das in der Schlosskapelle in Stetten hing,[72] ist der konsequente bildliche Ausdruck dieser Selbstinszenierung als einer auf den Tod Wartenden, wie auch das »Trauerkabinett« der Herzogin, das 1695 in dem Werk *Beschreibung Der Alten Heydnischen Schrifften und Bilder/ Im Fürstl. Würtembergischen Großen Lust-Hauß zu Stuttgart* als eine der Sehenswürdigkeiten im Schloss empfohlen wurde.[73]

8. Die Bibliothek als Rüstkammer

Die Stuttgarter Büchersammlung der Herzogin ist als ein Arbeitsinstrument zu sehen, das sowohl der Regentin als auch ihren eigenen religiösen und schriftstellerischen Bedürfnissen diente. Dass Magdalena Sibylla die Notwendigkeit sah, ihre Bibliothek aufzurüsten, um ihren Aufgaben als Witwe und Regentin gerecht zu werden, zeigt sich an der Gelegenheit, die sie ergriff, eine geeignete Sammlung in ihre eigene Büchersammlung zu integrieren. Als er 1667 starb, hat der berühmte Kommendant der Feste Hohentwil, Konrad Wiederhold,[74] den Stuttgarter Herzog zum Erben eines Teils seines Vermögens, auch seiner Rüstkammer, eingesetzt. Als Herzog Wilhelm Ludwig 1677 starb, war der Nachlass von Wiederhold gerade in Stuttgart eingetroffen. Bei der Inventarisierung des Gesamtbesitzes des verstorbenen Herzogs wurden die Gegenstände Wiederholds in das Inventar mit aufge-

72 HStA Stuttgart G 124 Bü 20, Inventarium 1712, Stetten: »Ihro HochFürstl. Durchl. die ältern Verwittibte Fraw Herzogin noch im Leben in Einem Trauer habit neben dem Sarg Ihres Höchstseeligst Verstorbenen Herrn Ehegemahls sitzend.«

73 Beschreibung Der Alten Heydnischen Schrifften nnd Bildern/ Im Fürstl. Würtembergischen Grossen Lust-Hauß zu Stuttgart, Stuttgart 1695, S. 38.

74 Eugen SCHNEIDER: »Wiederhold, Konrad«, in: ADB (1897), Onlinefassung URL: http://www.deutsche-biographie.de/pnd121224522.html.

nommen. Dazu gehörte auch eine große Anzahl von Büchern. Der Herzog selbst verfügte lediglich über eine kleine, unbedeutende Kammerbibliothek von ca. 50 Büchern. Von Wiederhold werden dagegen 300 Titel verzeichnet, darunter wertvolle Handschriften und Drucke, die in den Besitz Magdalena Sibylles übergingen. Im Inventar wird dazu vermerkt:

> *Ferner, seynd auch von weyland Herrn Conradt Wiederholden von Neidlingen, Obristen, und Obervogten zu Kirchheim under Teckh Herrn Wilhelm Ludwig Herzogen zu Württemberg Fürstl. Dhlt. neben dero Gewehr und RüstCammer nachfolgende Bücher legirt, Zur Zeit gegenwertiger Inventur, anhero geliefert, und auff begehren der Fürstl. Fraw witib Frawen Magdalenae Sibyllae, Dhl. übergeben worden.*[75]

Damit erhielt die Herzogin eine breite Palette von theologischen, juristischen, medizinischen, historischen, politischen, und mathematischen Bücher (mit vielen Titeln zum Fortifikationswesen), sowie poetischen Werken und Kupferstichbänden.[76] Wiederholds Bücher sind fast ausnahmslos in deutscher Sprache und zielen, wie seine vielen topographischen Werke und die vollständigen Serien des *Theatrum Europaeum* bzw. das *Diarium Europaeum* zeigen, auf schnelle Informationsfindung. Ob sie die Bücher während ihrer Regentschaft nutze oder einige gleich weitergab, ist nicht bekannt. Fast dreißig Jahre später stimmen lediglich ca. 50 der aus Wiederholds Besitz verzeichneten Titel mit dem 1702 angelegten Bibliothekskatalog überein.

Die Entscheidung Magdalena Sibyllas, ihre Sammlung katalogisieren zu lassen und ihrem Sohn und der Dynastie zu vermachen, wie ihre Großmutter in Darmstadt, war sicher ein Baustein zur eigenen Memoria-Bildung. Die Sammlung war in ihrer repräsentativen Aufstellung in den Räumen in Stuttgart Ausweis ihres Anspruchs auf politische und religiöse Führerschaft, ein Anspruch, den sie in ihren Publikationen und in ihren Kircheneinrichtungen unterstrich. Ihre persönlichsten Bücher, auch ihre Manuskripte, vermachte sie ihrer Tochter.[77]

Bei vielen Fürstinnen des 17. und frühen 18. Jahrhunderts haftete ihrer öffentlichen Selbstinszenierung als Hort der Frömmigkeit und der Rechtgläubigkeit eine implizite Kritik an ihren Männern und Söhnen und deren Haltung in politischen und religiösen Fragen an.[78] Hierin ist Magdalena Sibylla mit ihrer angeheirateten Nichte Kurfürstin Christiane Eberhardine, der Betsäule Sachsens, vergleichbar, und ihr Schulterschluss mit ihrer Schwiegertochter gegen ihren Sohn in der Grävenitz-Affäre ist dem der Kurfürstinwitwe Anna Sophia von

75 HStA Stuttgart A21 Bü 46 Hauptinventarium 1678, fol. 83v–84r.

76 HStA Stuttgart A21 Bü 46 Hauptinventarium 1678, fol. 84r–154v.

77 Jill BEPLER: Women's Books and Dynastic Networks in Early Modern Germany. Female Practices of Collecting and Bequeathing, in: Susanne RODE-BREYMANN/Antje TUMAT (Hgg.): Der Hof. Ort kulturellen Handelns von Frauen in der Frühen Neuzeit, Wien/Köln/Weimar 2013, S. 295–313, hier S. 303.

78 Jill BEPLER: Enduring Loss and Memorializing Women: the Cultural Role of Dynastic Widows in Early Modern Germany, in: Lynne TATLOCK (Hg.): Enduring Loss in Early Modern Germany. Cross Disciplinary Perspectives, Leiden 2010, S. 133–160.

Sachsen mit ihrer Schwiegertochter Christiane Eberhardine nach der Konversion August des Starken gleichzusetzen.

Die Position, die Magdalena Sibylla durch ihre sichtbare Frömmigkeit und ihre Entsagung des Weltlichen einnahm, war nicht nur Ausdruck gelebter, persönlich vermutlich tief empfundener Religiosität, sondern auch staatstragend im Sinne einer politischen Stabilisierung des Territoriums. So war es möglich und angesagt, ihre publizierten Schriften in einzigartiger Weise in dem für sie gedruckten Funeralwerk zu zelebrieren.[79] Nicht nur, dass ihre veröffentlichten Schriften im Titelkupfer bildlich und identifizierbar dargestellt werden, auch ihre Bibliothek wird als Arsenal ihres Glaubens bezeichnet, und ihre eigenen Erbauungsbücher und deren Verbreitung werden immer wieder in den Predigten gepriesen:

> *Wovon Ihre viele schöne geistreiche Bücher/ deren Sie Sich als die sichersten Wehr und Waffen in allen Fällen wohl wissen zugebrauchen/ genugsame Zeugen seyn können: Ja die selbst von Ihro Durchläucht der Seeligsten Fürstin als einer rechten und in Warheit Christlichen Sibylla aufgesetzte Geistliche Andachten/ Gebetter und Lieder/ womit gantze Bücher angefüllet/ und zu deß Nächsten Nutzen in offenen Truck außgegangen/ in gar vieler Christen Handen seynd/ und vor ein theures Kleinod gehalten werden/ reden vor aller Welt und zeugen genugsam hievon [...].*[80]

Wer Funeralwerke von publizierenden Frauen der Frühen Neuzeit nach Informationen über ihr Schreibtätigkeit vergeblich durchsucht hat, weiß um die Besonderheit der ausführlichen Beschreibung und Hervorhebung der Wirkung und Rezeption der Bücher der Herzogin.

Die Herzogin stilisierte sich als Gegenentwurf und wurde auch von anderen so stilisiert. Im Hintergrund standen die Zerwürfnisse mit ihrem Sohn. Sie selbst teilte ihre Verzweifelung über seine bigamistische Ehe und die Gefahr seiner Konversion ihrer Vertrauten, der Königin von Schweden, an[81] und sie hielt sie in ihren handschriftlichen als Erbe ihrer Tochter zugedachten Gebetsammlungen fest:

> *O du barmhertziger Ewiger Gott getrewer Lieber Himmlischer Vatter, ich Hochbetrübtes Weib komme zu Dir Mit Wehmühtigem Hertzen undt klage dir Mein Jammer, daß Leider Mein Kindt, das ich Durch Deinen Seegen erzeuget, U. unter Meinem Hertzen getragen habe, sich durch die Reitzen und Lust undt böße Gottloße Exempell verleiten und auf böß IrrWege verführen laßen, auch sein Verstandt U. gemüht Durch Boßheit und Sündliches Leben gantz Verderbet Worden, Waß Mich, daß es Mir für kummer U. Hertzenleid erwecket das siehest U. weißt Du, O Du Allmächtiger Hertzenkundiger am aller besten [...].*[82]

---

79 Zum Funeralwerk vgl. Joachim KREMER: Pietistisches Bekenntnis und öffentliche Repräsentation: Musik zum Begräbnis der Herzogswitwe Magdalena Sibylla von Württemberg (1712), in: Jahrbuch Musik und Gender 1 (2008), S. 45–59.

80 Christ-Fürstliches Ehren-Gedächtniß (wie Anm. 41), S. 33.

81 Brief Magdalena Sibylla an Hedwig Eleonora, undatiert, Riksarkivet Stockholm, K 171, unfol.

82 GLA Karlsruhe, Hausfideikommiss-Hss Nr. 173: Täglicheß, Geistlicheß Handbuch einer JESUS Liebenden Seelen, unfol.

Die Leichenpredigt vergleicht die Beziehung Magdalena Sibyllas zu ihrer bedrängten Schwiegertochter, Johanna Elisabeth, mit den biblischen Figuren von Naemi und Ruth, die eine auf Verwandtschaft basierende weibliche Solidarität und Treue verkörperten.[83] Dass solche Anspielungen als ein Gegenbild zum »regierenden Herren« und seinem Verhalten gelesen werden konnten, verleiht der Zurschaustellung der Frömmigkeit und der Schreibtätigkeit der Herzogin eine eminent politische Bedeutung.

83 Christ-Fürstliches Ehren-Gedächtniß (wie Anm. 41), S. 43.

Das Bildprogramm der Stettener Schlosskapelle. Ein Spiegel der Frömmigkeit von Herzogin Magdalena Sibylla

Reinhard Lieske

1. Einleitung

Die Bilder der Stettener Schlosskapelle heben sich deutlich von den übrigen Bildprogrammen ab, wie wir sie in den alten, noch aus dem Mittelalter stammenden Kirchen des evangelischen Herzogtums Württemberg finden. Wo sie sonst ›biblische Historien‹ in der Reihenfolge des zweiten Glaubensartikels vor Augen malen, begegnen wir in Stetten erstmals der religiösen Emblematik.[1] Damit hält in der Kirche Einzug, was unter Gebildeten des 17. Jahrhunderts als geistreicher Zeitvertreib im Sinne lehrreicher Unterhaltung gepflegt wurde – gerade in höfischer Umgebung.

Die Schlosskapelle in Stetten stammt aus dem letzten Drittel des 17. Jahrhunderts. Um- und Ausbau sowie die künstlerische Gestaltung der Schlosskapelle hatte die früh verwitwete Herzogin Magdalena Sibylla veranlasst. Sie hatte Schloss Stetten samt dem dazugehörigen Dorf 1673 als Brautgeschenk erhalten. Nach dem plötzlichen Tod ihres Gatten, des württembergischen Herzogs Wilhelm Ludwig, der am 23. Juni 1677 in Hirsau einem Herzschlag erlag, bezog sie das Schloss mit ihren vier kleinen Kindern. Ausbau und Bildausstattung der Schlosskapelle sind im Zusammenhang mit dem Umzug der Fürstin nach Stetten erfolgt.

Der Raum der Kapelle ist als schlichter Rechtecksaal gestaltet. An der Längsseite, die an den Schlosshof grenzt, sowie an der Rückwand der Kapelle befindet sich jeweils eine von hölzernen Säulen getragene Empore. Eine flache Bretterdecke schließt den Raum nach oben hin ab. Eine früher der rückseitigen Empore auf halber Höhe vorgelagerte Tribüne wurde erst während der letzten Erneuerung der Kapelle 1974 beseitigt.

Den stärksten Eindruck macht eine Fülle von Bildern an der Decke und an den Emporen. Ihr grau-blauer Grundton beherrscht den Raum. Er wird nur von sparsamen feinen Goldumrahmungen um die Gemälde an den beiden Emporen und an Kanzel- und Orgelerker unterbrochen. Außerdem setzen die goldbemalten Flügel der Engel, die das Altarblatt halten, und das in dunklen Farben gemalte Altarblatt selbst mit einem kleineren Gemälde darunter wenige farbige Akzente. Im Übrigen wirkt der Raum fast düster. Seinen Charme entfaltet er erst, wenn heller Sonnenschein ihn durchflutet oder warmes Kerzenlicht die Atmosphäre erhellt.

1 Reinhard LIESKE: Protestantische Frömmigkeit im Spiegel der kirchlichen Kunst des Herzogtums Württemberg (Forschungen und Berichte der Bau- und Kunstdenkmalpflege in Baden-Württemberg, Bd. 2), München 1973.

Die Thematik des Bildprogramms ist ernst, oft auch streng und ist eng mit der Glaubenshaltung der Auftraggeberin verknüpft.[2] Magdalena Sibylla hatte ihre Erziehung und ihre religiöse Prägung in Schweden unter dem Einfluss ihrer Tante, der verwitweten Königin Hedwig Eleonora erhalten. Durch sie hatte Magdalena Sibylla auch die religiöse Emblematik kennen gelernt. Gut möglich, dass Magdalena Sibylla sich bei der Vergabe ihres Auftrags für Stetten insbesondere an die schwedische Schlosskapelle von Jakobsdal mit ihren emblematischen Bildern erinnert hat.[3]

Als dann am 12. Februar 1682 die neu gestaltete ›*Hochfürstliche Württembergische Kirche und Hof-Capell zu Steten mit hochfeyerlichen Solennitäten und schönem Gottesdienst* [...] *consecrirt und geheiligt wurde*‹,[4] hat Magdalena Sibylla den Theologen Ehrenreich Weissmann mit der Nachmittagspredigt betraut. Sie hatte ihn als Klosterpräzeptor und Prediger in Hirsau kennen gelernt.[5] Dort war er nach dem plötzlichen Tod ihres Gatten ihr Seelsorger gewesen. Ab 1680 finden wir ihn, inzwischen zum Spezial-Superintendenten befördert, im nahe bei Stetten gelegenen Waiblingen wieder. Für den Tag der Einweihung der Kapelle in Stetten hatte die Fürstin Weissmann *gnädigst* befohlen, anhand von Psalm 27, V. 4–11 über die *schönen Gottesdienste des Herrn* zu sprechen und *seinen Tempel zu betrachten*. Weissmann ist diesem Auftrag in einer Bilderpredigt anhand der emblematischen Bilder der Schlosskapelle gerecht geworden. Seine Ansprache ist uns im Wortlaut erhalten.[6]

Weissmanns Einfluss auf Magdalena Sibylla während dieser Jahre spiegelt eine Veröffentlichung wider, die 1680 in Nürnberg erschien.[7] Das Werk enthält von der Herzogin

---

2 Zu Magdalena Sibylla und ihrer Frömmigkeit siehe Martin BRECHT: Herzogin Magdalena Sibylle und die Frömmigkeit ihrer Zeit, in: Schwäbische Heimat 1975, Heft 1, S. 1–31.

3 Schloss Ulriksdal (früher Jakobsdal) bei Stockholm galt als beliebter Aufenthaltsort der Königinwitwe Hedwig Eleonora und ihrer Nichte Magdalena Sibylla. Wie es heißt, habe Magdalena Sibylla die Schlosskapelle in Stetten nach dem Vorbild der Kapelle in Jakobsdal errichten und ausstatten lassen, welche schon damals emblematischen Bilderschmuck besessen habe. Verantwortlich für die Ausgestaltung dieser und einiger weiterer Schlosskapellen in Schweden war der Staatsmann Magnus Gabriel de la Gardie. Siehe Gerhard RAFF: Hie gut Wirtemberg allewege. Bd. III: Das Haus Württemberg von Herzog Wilhelm Ludwig bis Herzog Friedrich Carl. Mit den Linien Stuttgart, Winnental, Neuenstadt am Kocher, Neuenbürg, Mömpelgard, Oels, Bernstadt und Juliusburg in Schlesien und Weiltingen, Stuttgart 2002, S. 158.; Simon MCKEOWN: Venngarn's Emblem Panels: Some Swedish Political Paintings and their Polish Sources, in: Konsthistorisk Tidskrift. Volume 74, Number 1 (2005), S. 12–24. Hier Anm. 5 zu S. 12.

4 So im Titel des Predigtdrucks: Zwo Christ-eifrige Kirchweihungs-Andachten: Als zu Ehren deß allerhöchsten Gottes/ Die Hochfürstliche Württembergische Kirche und Hof-Capell zu Steten. Mit Hochfeyerlichen Solennitäten und schönem Gottesdienst/ Den 12. Febr. Anno 1682. consecrirt und geheiligt wurde, Stuttgart [1682].

5 Ehrenreich Weissmann (1641–1717) war österreichischer Exulant, wurde 1662 Kloster-Praeceptor in Hirsau, 1680 Spezial-Superintendent in Waiblingen und fünf Jahre später in Kirchheim u. T. um seine Laufbahn schließlich als Abt von Maulbronn und General-Superintendent zu beenden.

6 Ehrenreich WEISSMANN: Die Andere Christliche Predigt: über die CONSECRATION und Einweihung der neu- erbauten Hochfürstlichen Capell- und Gottes-Hauses zu STETTEN. Sambt eingeruckter Erklärung der darinn vorgestellten LXXXXIV. Geistlicher Sinn-Bilder: Auff Gnädigsten Befehl gehalten Von M. Ernreich Weißmann [...] Den XII. Febr. Anno 1682, Stuttgart (1682).

7 Ehrenreich WEISSMANN (Hg.): Christliche Betrachtung Der Betrübten Zeit/ Und Freuden-vollen Ewigkeit: Aus unterschiedlichen Trauer- und Todts-Gedichten/ auch Andächtigen Abhandlungen/ von dem Zustand künfftiger Dinge/ nach diesem Irrdischen Leben in zweyen Theilen beschrieben/

verfasste Verse, auch wenn sie nicht namentlich genannt wird, in denen sie ihrer Trauer um den verlorenen Gatten Ausdruck verleiht.[8] Der Theologe Weissmann liefert Beiträge zu Themen, die die Fürstin umgetrieben haben mögen, wie Auferstehung der Toten, Jüngstes Gericht, Leiden auf dieser Erde und Aussicht auf himmlischen Trost. Der Gedanke liegt nahe, dass es Ehrenreich Weissmann war, der das Bildprogramm der Kapelle zusammengestellt hat. Dies umso mehr, weil wir aus seiner Vita wissen, dass er Magdalena Sibyllas Interesse an der Emblematik teilte. Es heißt, er habe in seiner Jugend eine kunstreiche Hand besessen und 42 Embleme angefertigt, *an denen auch fürstliche Augen ihre Lust gehabt hätten.*[9] Mit Sicherheit lässt sich diese Zuweisung zum gegenwärtigen Zeitpunkt nicht belegen. Es war ein Glücksumstand, dass eine von Hand gezeichnete und geschriebene Broschüre gefunden wurde, die – von den großen Deckengemälden in der Kapelle abgesehen – nicht nur alle noch gegenwärtig vorhandenen emblematischen Bilder enthält, sondern auch viele darüber hinaus. Ein besonderer Dank gilt Hans Westphal, der auf diese Broschüre aufmerksam macht und sie in sein eigenes, noch unveröffentlichtes Manuskript über die Herkunft der Bilder in der Kapelle übernommen hat.[10] Im Folgenden übernehme ich den von ihm gewählten Namen ›Zeichnungsheft‹. Sein Ursprung liegt bis jetzt im Dunkeln. Es fehlt jeder Hinweis auf einen Verfasser. Dass Weissmann es mit eigener Hand gefertigt hat, scheint eine graphologische Untersuchung auszuschließen.[11]

Von besonderem Wert für die hier vorgelegte Untersuchung ist das Zeichnungsheft dadurch, dass es für jedes Bildmotiv den Ort angibt, an den es innerhalb des Kirchenraumes gehört, während Weissmann in seiner Predigt mit der Reihenfolge der Bilder frei umgeht

---

Und mit geistlichen Sinnbildern gezieret, Nürnberg 1680. Die als Kupferstiche beigegebenen »geistlichen Sinnbilder« haben keinen unmittelbaren Bezug zur Bildausstattung der Stettener Schlosskapelle.

8 Vgl. WEISSMANN: Christliche Betrachtung (wie Anm. 7), S. 20. »Mich verlangt dich Eh-Gemahl/ du gecrönte Seel/ zu hertzen/ Die ich, nun von dir getrennt/ rede nur von tausend Schmertzen: Deine Kinder/ die mir sind ein gevierdtes Liebes-Pfand/ Will ich dann/ nicht ohne Pracht/ stellen dir zu treuer Hand.«

9 Aus der Abdankungsrede für Ehrenreich Weissmann von Johann Christoph Speideln/Predigers und Closter Praeceptore, S. 69. In: M. Joh. Christian Lang: JESUS/ Das einige/ gewisse/ und Himmel-feste Heyl unserer Seelen [...] Bey leydmüthiger Leich-Begängnus Des Weyland Hoch-Wüdige [...] Ehrenreich Weißmann [...] Stuttgart o.J. (1717). *Die Wände seines Garten-Haußes, seiner Studierstub, seines Wohnzimmers/ waren alle voll von sinnreichen Inscriptionen / die ihn seines Endes aber zugleich auch eines kräfftigen Evangelischen Trosts erinnerten / und welche Er mit seiner eigenen zierlichen Hand/ wie es in von Jugend auf seine Gewohnheit gewesen / geschrieben.*

10 Hans WESTPHAL: Das Emblemprogramm der Stettener Schlosskapelle. Auf der Suche nach ikonographischen und literarischen Vorlagen, Kernen 2011. Unveröffentlichtes Manuskript. Mit dieser Arbeit hat Westphal sich um die Entschlüsselung von Herkunft und Inhalt des Bildschatzes in der Stettener Kapelle in hohem Maße verdient gemacht. Eine Veröffentlichung namens der württembergischen Kommission für geschichtliche Landeskunde ist derzeit in Vorbereitung. Ich bedanke mich für viele informative Gespräche mit dem Autor und für seine Bereitschaft, mit der er mich an seinen Entdeckungen, insbesondere an der Entdeckung des von ihm so genannten ›Zeichnungsheftes‹ teilnehmen ließ. – In Vorbereitung befindet sich Hans WESTPHAL: Sehnsucht nach dem himmlischen Jerusalem. Das Emblemprogramm der Stettener Schlosskapelle (1682), Stuttgart 2017.

11 Laut mündlicher Auskunft von Hans Westphal.

– dem Gedankengang der Predigt entsprechend.[12] Wir haben also zwei vor Ort entstandene Lesehilfen für das Stettener Bildprogramm: Das Zeichnungsheft und Weissmanns Predigt, die allerdings eine unterschiedliche Anzahl von Bildern belegen.[13]

Im Folgenden versuche ich, dem ursprünglichen Bildprogramm der Stettener Schlosskapelle auf die Spur zu kommen. Eine grundsätzliche Kenntnis der Struktur eines Emblems setze ich dabei voraus, wobei zu bedenken ist, dass bei seiner Verwendung in der Architektur die Subscriptio des Emblems nicht nur in Stetten, sondern auch anderenorts häufig fehlt. Im Übrigen werde ich mich auf eine Auswahl von in meinen Augen besonders wichtigen oder interessanten Beispielen aus der Fülle des Stoffes beschränken.

2. Die Deckenbemalung in der Schlosskapelle zu Stetten

Wir beginnen unseren Rundgang durch die Kapelle an dem Ort, an dem die Herzogin Magdalena Sibylla den Gottesdienstraum zu betreten pflegte. Als Schlossherrin hat sie sicherlich nicht erst in den Schlosshof hinuntersteigen müssen, wenn sie am Gottesdienst teilnahm. Ich vermute, sie konnte, aus ihren Privatgemächern kommend, auf der ›Kavaliersempore‹ entlanggehen, um den ›Fürstenstuhl‹ auf der Querempore am anderen Ende des Kirchenraumes zu erreichen. Wir begleiten sie in Gedanken auf ihrem Weg dorthin.

Über der Kavaliersempore erstreckt sich eine Abfolge großer Gemälde, die sich oberhalb der Querempore fortsetzt und dann von dort aus auf der anderen Seite der Decke wieder zurück an die Stirnwand der Kapelle führt. Auf diese Weise entsteht ein äußerer Kranz von Bildern, der von drei Seiten aus das Zentrum der Deckenbemalung umrahmt. Laut Weissmanns Predigt haben die Deckenbilder, obwohl sie biblische Historien zeigen, ursprünglich Inschriften mit sich geführt, vergleichbar den Motti von Emblemen.

---

12 Weissmann gliedert die Predigt nach drei Gesichtspunkten: »*1. Wie hoch wir den Christlichen Gottesdienst in unseren Kirchen und Gotteshäusern aestimieren und schätzen sollen. 2. Wie muss sich ein Christ verhalten / dass der schöne Gottesdienst auch bey ihme schön und heilig seye? 3. Was nutzet solcher Gottesdienst / und was haben die jenige Frommen davon / die GOtt in seinem Tempel mit Freuden dienen?*«

13 Im Zeichnungsheft finden wir 114 handgezeichnete und mit kurzen Texten versehene emblematische Bilder. Die neun großen Deckengemälde sowie das große Altarblatt und ein weiteres kleineres Gemälde (Grablegung Jesu) sind in ihm nicht enthalten. Umgekehrt setzt Weissmanns Predigt 94 »Geistliche Sinnbilder« voraus, wobei er zwischen den kleinen ovalen Emblemen an Stirnwand und Emporen sowie den großen Deckengemälden und den Alterbildern keinen Unterschied macht. Laut seiner Predigt enthielten auch die letztgenannten Bilder ursprünglich alle eine den Motti an den Emporebildern entsprechende Inschrift. – Außerdem nimmt Weissmann auf 35 weitere Embleme des Zeichnungsheftes Bezug, die heute nicht mehr in der Kapelle zu sehen sind. Andererseits fehlt in Weissmanns Predigt eine ganze in sich zusammengehörige Bildgruppe, die das Zeichnungsheft anführt. Die Kapelle selbst enthält im heutigen Zustand, auf Decke, Stirnwand und Emporen verteilt, insgesamt 73 Bilder. Eine kurze und präzise Aufzählung aller Embleme nach dem heutigen Erhaltungszustand bietet Adolf SCHAHL: Die Kunstdenkmäler des Rems-Murr-Kreises, München/Berlin 1983, S. 468–476.

Abb. 1: Schlosskapelle in Stetten: »Jacobs Himmelsschau«.

Das erste Gemälde, unter dem die Fürstin hindurchgeht, bildet Jakobs Traum von der Himmelsleiter ab – mit Engeln, die auf und niedersteigen (Abb. 1). Weissmann deutet in seiner Predigt *Jakobs Himmelsschau* als tröstliche Verheißung für die Herzogin und sagt, dass sie einstmals *nicht nur wie Jacob die Himmels-Leiter im Traum werde schauen*, sondern werde sagen können:

Mein Raiß geht von den Jammer-Orten/
Hinauf zu Gottes Himmels-Pforten.[14]

Diese Worte dürften dem frommen Selbstverständnis der Herzogin entsprochen haben. Für sie war die Kapelle ein heiliger Raum, in dem sie sich Gott nahe fühlte; also weit mehr als ein Prestige-Objekt, wie es sonst häufig ›Gott zur Ehre und der Kirche zur Zierde‹ zu lesen ist.

Das zweite Deckengemälde wiederholt indirekt das Motiv des Himmels. Wir erkennen Lot und seine Töchter, die aus Sodom und Gomorrha fliehen. Es gibt einen Ort der Zuflucht vor dem Verderben.

Mein Bleiben ist nicht in der Welt/
Gott führt mich zu deß Himmels Zelt.[15]

Lots zu einer Salzsäule erstarrte Ehefrau bleibt weit zurück und ist in der Ferne kaum noch auszumachen. Weissmann kommentiert mit der Aufforderung, diese Welt *mit dem Rücken anzusehen*.

14 WEISSMANN: Christliche Predigt (wie Anm. 6), S. 92 und S. 93 (Emblem LXXXXIII und LXXXXIV).

15 WEISSMANN: Christliche Predigt (wie Anm. 6), S. 32 (Emblem IV). Die folgende Formulierung »mit dem Rücken ansehen« findet sich ebd. S. 31.

Abb. 2: Schlosskapelle in Stetten: »Jesus, Maria und Martha«.

Das dritte Deckengemälde – es stößt bereits an das Ende des Raumes – beschreibt die Predigt folgendermaßen:

> *Hier wird in einem grossen Gemähl abgebildet/ wie Maria bey den Füssen Christi sitzet/ und sich als eine lernens-begierige Zuhörerin erweiset: da im Gegentheil Martha von fernen steht/ und mit der Bewirthung ihres Gasts sich sehr sorgfältig erzeiget: die Beischrift ist:*
>
> *Eins such ich/ JEsum zu erkennen/*
> *Mein höchstes Gut will ich ihn nennen.*[16]

Wir schauen in eine liebevoll und detailliert gemalte Großküche hinein (Abb. 2). Der Fußboden ist mit Fliesen ausgelegt. Es gibt eine Feuerstelle mit lodernden Flammen. Eine Spüle mit Wasserhähnen ist vorhanden. Auf einem Regal stehen Krüge und Teller. Das Dienstpersonal, welches im Vordergrund hantiert, drängt die Szene, um die es eigentlich geht, in den Hintergrund. Während Martha, mit einem Schöpflöffel in der Hand, sich über ihre Schwester Maria beschwert, sitzt diese still und lauschend zu Jesu Füßen.

16 WEISSMANN: Christliche Predigt (wie Anm. 6), S. 28 (Emblem I).

Im rechten Winkel dazu schließt sich ein weiteres, dem Neuen Testament entnommenes Bildmotiv an. Wir erkennen Jesus, von seinen Jüngern umgeben. Sie bilden eine in sich geschlossene Gruppe. Links von ihnen kniet eine Frau, die sich mit heftiger Gebärde darum bemüht, Jesu Aufmerksamkeit auf sich zu ziehen. Unmittelbar vor ihr sehen wir einen kleinen Hund. Aus der biblischen Überlieferung wissen wir, dass diese Frau nicht dem jüdischen Volk angehört. Sie wagt aber dennoch, sich Jesus aufzudrängen, werden doch, wie sie sagt, selbst die Hündlein satt von den Brocken, die von ihrer Herren Tische fallen (Matth. 15). Deshalb nennt die Predigt diese Frau eine *Kämpfferin [...] welche Christo mit ihren Glaubens-Griffen so lang zu seinem Hertzen gegraben/ biß sie es gefunden/ und zu gnädiger Erhörung bezwungen.* Der Text zum Bild lautet nach Weissmann:

> *Bin ichs nicht werth/ so glaub ich doch/*
> *Daß du mich must erhören noch.*[17]

Der Sinn des nächsten Gemäldes würde uns ohne Weissmanns Erklärung vermutlich verborgen bleiben (Abb. 3). Der alte Simeon im Tempel hält das Jesuskind in seinen Armen. Die Szene findet nach Weissmann ihre eigentliche Pointe in einem heute nicht mehr vorhandenen Schwert, das getreu der biblischen Überlieferung, auf das Herz der Mutter Jesu zielt. Haben Unverständnis oder bewusste Umdeutung später das Schwert verschwinden lassen? Wir sehen heute an dieser Stelle einen breiten Lichtstrahl, der sich von oben her auf Maria senkt. Weissmanns Deutung des Geschehens jedenfalls kommentiert noch den Anblick eines Schwertes:

> *[...]die Zeiten mögen so kummerlich und gefährlich seyn/ als sie immer wollen/ will er (Gott) doch seiner Ausserwählten Schild seyn/ und sie bewahren: das Angst-Schwerdt/ so durch ihre Seele dringet/ will er wider herauß ziehen/ und dem Feind in seinen Busen schieben. Luc. 2. vers.35 [...] Nach dem Exempel Mariä; welche ob dem Fürstenstuhl in einem grossen Gemähl vorgestellet ist/ wie ihr vom Himmel ein Schwerdt ins Hertz dringet/ welches sie sonderlich bey der Creutzigung ihres Sohnes empfunden.*

Die ursprüngliche Inschrift zur Darstellung lautete:

> *Das Schwerdt sich zwar ins Hertz mir senket/*
> *Doch allen Kummer JEsus lencket.*[18]

Aus diesem Zitat lässt sich schließen, dass sich der Fürstenstuhl der Herzogin direkt unterhalb dieses Gemäldes befunden hat.

---

17 WEISSMANN: Christliche Predigt (wie Anm. 6), S. 64 (Emblem XLVIII und XLIX).
18 WEISSMANN: Christliche Predigt (wie Anm. 6), S. 87f. (Emblem LXXXVIII und LXXXIX).

Abb. 3: Schlosskapelle in Stetten: »Simeon, Jesuskind und Maria«.

Setzen wir nun, wieder im rechten Winkel, unseren gedachten Rundgang bis zur Stirnwand der Kapelle fort. Das sechste Bild erlaubt erneut einen Blick in den offenen Himmel. Vom Fürstenstuhl aus gesehen liegt diese Szene unmittelbar vor Augen. Weissmann predigt:

> *Endlich wird an der Ober-Decke auch abgebildet die Beschaffenheit deß ewigen Lebens/ wie GOtt/ Engel/ und Menschen beysammen wohnen; und himmlischer Freude überschwäncklich geniessen. [...]. Allwo die erlösete Seele/ durch den allersüssesten Anblick deß lebendigen Gottes empfindet unaußsprechliche Freude/ und ewigwährende Seeligkeit: und mit der jauchzenden Gesellschaft der Auserwählten mit Wollust nicht tropff- sondern strohmweis getränket wird. Psalm. 36, vers. 6. [...]*
> *Wer kann beschreiben diese Freud/*
> *Die uns GOtt schenckt in Ewigkeit?*[19]

19 WEISSMANN: Christliche Predigt (wie Anm. 6), S. 76 (Emblem LXVIII und LXIX).

Der Abschluss des Bilderkranzes an der Decke zeigt den Anblick einer Frauengestalt auf ihrem Sterbebett, von der es bei Weissmann heißt:

Ein sterbender Mensch ligt auff einer schwartz gekleideten Bühne: seine auß deß Leibes Kercker auffgelösete Seele dringet über sich zu GOtt: zur Rechten stehet ein Engel/ der vor sich hat eine Kandte [Kanne] und Becket [Becken]/, ziehlet auff den heiligen Tauff-Bund/ in dessen Krafft die Seele von allen Sünden gereiniget: zur Lincken ein Engel mit einem Kelch und Paten/ das heilige Abendmahl bedeutend/ als die kräfftige Speiß und Tranck/ biß in das ewige Leben zu raisen dienlich: bey den Füessen steht ein anderer Engel haltend einen Todten-Kopff und Lorbeer-Krantz an einem Creutz/ in dem der glaubige Todt ewigen Triumph und Glorie nach sich ziehet. ist da zulesen;

Der Todt macht alles Leyds ein End/
Und führt hinauff zu GOtt behend.[20]

Der Gedanke an die Vergänglichkeit alles Irdischen war für die Herzogin mit schmerzlichen persönlichen Erfahrungen gefüllt. Der jähe Tod ihres Gatten warf ihr Leben lang Schatten auf sie. Mehr noch: Mit dem Menschen auf dem Sterbebett ist Magdalena Sibylla selbst gemeint. Das Bild erscheint wie ihr persönliches *Memento Mori* und zugleich als tröstliche Glaubens-Vergewisserung. Innerhalb dieses Gemäldes soll sich eine hölzerne Klappe befunden haben, die es der Herzogin ermöglichte, Predigt und Gottesdienst auch vom Krankenbett aus zu verfolgen.[21]

Ich erinnere an den eingangs erwähnten Sammelband, in dem sich die Herzogin in vielen Gesprächen mit Weissmann über Fragen nach Sterben und Tod auseinander gesetzt hat.[22]

Das Gemälde im Zentrum der Decke weitet den Blick auf das Schicksal aller Menschen. Alle müssen sich dem Richterspruch Christi stellen. Wehe denen, die vor seinen Augen nicht bestehen.

Deß Richters Aug wird dich erschrecken/
Und alle deine Sünd entdecken.[23]

20 WEISSMANN: Christliche Predigt (wie Anm. 6), S. 75f. (Emblem LXVIII).

21 SCHAHL: Kunstdenkmäler (wie Anm. 13), S. 470.

22 Eine Mühsal, [...] *wovon die Gottseeligste Herzogin in Ihrer eigenhändig geschriebenen und zur Trauer-Musik in der Capell verordneten Leichen-Arie gesungen: ›Es bleibt in meinem Sarg verschlossen und vergraben / Was heimlich in der Seel' mich mag gequälet haben/ Die Welt war meiner müd / ich vielmehr deiner, Welt/ Dir war ich eine Last/ und du hast mich gequält.‹* Siehe: Hoch-Fürstliche Personalia, So nach gehaltener Predigt verlesen worden, in: Christfürstliches Ehren Gedächtniß / Der Weiland Durchläuchtigsten Fürstin und Frauen, Frauen Magdalena Sibylla [...], Stuttgart, o.J. (1712) S. 49f.

23 WEISSMANN: Christliche Predigt (wie Anm. 6), S. 74 (Emblem LXVI).

Abb. 4: Schlosskapelle in Stetten: »Jüngstes Gericht mit Höllensturz«.

Die Schar der Erlösten strebt durch einen Triumphbogen hindurch der lichterfüllten himmlischen Herrlichkeit entgegen. Die Verdammten werden von Teufeln hinab in das Höllenfeuer gezerrt, wo niemals endende Qualen auf sie warten – so wie zum Beispiel die Qualen für einen feisten Menschen, der an einem Bratspieß über der offenen Flamme des Höllenfeuers gedreht wird (Abb. 4).

Diß ist die Pein/ die nicht verschwindet/
Weh dem/ der ewig sie empfindet.[24]

24 WEISSMANN: Christliche Predigt (wie Anm. 6), S. 75 (Emblem LXVII).

Abb. 5: Schlosskapelle in Stetten: Altarwand.

3. Die Bilder an der Stirnwand der Kapelle

Lenken wir nun unsere Blicke von der Decke an die Stirnwand des Gottesdienstraumes (Abb. 5). In ihrer Mitte, in eine flache Nische gerückt, befindet sich der Altar.[25] Altarblatt und ein sehr viel kleineres Bild darunter sind als einzige in der Kapelle farbig gemalt, wenn auch sehr dunkel. Die beiden großen Engel, die das Altarblatt flankieren, haben goldene Flügel. Ehrenreich Weissmann preist die Schönheit dieses Altars mit den Worten:

> *Schön ist unser Evangelischer Gottes-dienst[,] so oft das Hochwürdige Sacrament deß Abendmahls gehalten/ oder/ das Wunder-Bad vom Himmel[,] die H. Tauff gereicht wird. Dann/ da wird eine Seele/ die sich wider alle Anfechtung der Sünden und Verdamnuß mit dem unschuldigen Tod ihres Heilands tröstet/ gleichsamb auff den Augenschein geführet/ daß sie mit Johanne und Maria hintritt zu dem Creutz ihres HErrn JEsu/ mit der Schale deß Glaubens sein theures rosinfärbes Blut begierig auffanget/ sich damit zu reinigen von aller Sünde. 1. Joh. 1. Vers. 7.*[26]

---

25 Der kirchlichen Tradition in Württemberg entspricht es eigentlich, Altäre ohne Retabel aufzustellen, sodass der Pfarrer während der Abendmahlsliturgie mit dem Angesicht zur Gemeinde hin stehen kann. Christoph Kolb: Die Geschichte des evangelischen Gottesdienstes in Württemberg, Stuttgart 1913, hier: S. 334 (s.v. Abendmahl).

26 WEISSMANN: Christliche Predigt (wie Anm. 6), S. 42f. (Emblem XV).

Das große Gemälde über dem Altartisch zeigt den Gekreuzigten vor einem mit finsteren Wolken verhangenen Himmel. Unter dem Kreuz erkennen wir Maria, die Mutter des Herrn, den Jünger Johannes und eine weitere Frau, die kniend den Stamm des Kreuzes umfängt. Weissmann nennt sie:

> *eine andere glaubige Jüngerin/ welche den Tod des HErrn mit sehr erbärmlichen Geberden und treuffenden Augen [beklagt. ...] Dieses Kunst-Gemähl ist eingefasst in einen gantz vergulten grossen Krantz/ welcher gehalten wird von zweyen Engeln in Lebens-Grösse/ deren holdselige Gestalt/ sambt dem Gold- und Farben-Schmuck an Flügeln und Kleidung/ nicht ohne Gemüths-Bewegung anzuschauen ist: Ob welchem Anblick man Ursach hat zu seuffzen:*
>
> *Mich frey zu machen vom Verderben/*
> *Mustu mein frommer Jesus sterben.*[27]

In seiner Predigt nennt Weissmann zwar Magdalena Sibylla nicht beim Namen, die Vermutung liegt jedoch nahe, dass er die Herzogin meint und so die Assoziation mit der biblischen Namensschwester Maria Magdalena suggerieren will. Ähnlich bezeugt auch das sehr viel kleinere Gemälde unter dem Bild des Gekreuzigten eine persönliche Aneignung des Geschehens.[28]

Unter dem Creutz-Bild stehet ein ander Gemähld/ die Begräbnuß Christi/ auch von gleicher Kunst und von hertz beweglichem Anblick/ in dem daselbsten vil andächtige Hertzen ihre Liebe zu dem unschuldig getödtetem JEsu/ mit Threnen und Klagen bezeugen. Dazu gehört die Inschrift:

> *Mein Hertz ist meines JEsu Grab/*
> *In seinem Tod ich Leben hab.*[29]

Der Altar wird von einem Kanzel- und einem Orgelerker flankiert, die sich in ihrem Aussehen entsprechen. Auch sie sind, wie die darunter befindlichen Sockel, mit Bildern geschmückt. Doch an die Stelle großflächig ausgeführter Gemälde, wie wir sie von der Decke des Raumes kennen, treten jetzt kleinformatige, ovale Bilder, wie sie auch sonst in der Emblematik geläufig sind. Ich beginne mit Beispielen an der Kanzel:

Üblicherweise werden an den Predigtkanzeln evangelischer Kirchen die vier Evangelisten mit ihren Attributen dargestellt. Sie stehen nach damaliger theologischer Auffassung für die vermeintlich unverfälschte und objektive Wahrheit von Gottes Wort. In Stetten jedoch rückt stattdessen die Wirkung von Gottes Wort an Menschenherzen in den Vorder-

---

27 WEISSMANN: Christliche Predigt (wie Anm. 6), S. 43 (Emblem XVI).

28 Zwei weitere kleine Seitengemälde am Altar, die ebenfalls von der stärkenden Kraft des Abendmahls handeln, wurden 1934 infolge ihres schlechten Erhaltungszustands entfernt. Zu sehen war Simson, der aus dem toten Löwen Honig gewinnt (Richter 14) und der Prophet Elia, den ein Engel auf seiner Flucht vor Ahab mit Brot und Wasser stärkt (1. Könige 18, 18); WESTPHAL: Emblemprogramm (wie Anm. 10), Teil I, S. 49.

29 WEISSMANN: Christliche Predigt (wie Anm. 6), S. 44 (Emblem XVII).

Abb. 6: Schlosskapelle in Stetten: »Herz auf Steinblock mit Hammer«.

grund. Diese Wirkung des göttlichen Wortes wird z. B. mit einem Leuchter auf einem Scheffel verdeutlicht; mit einem über Henne und Küken gehaltenen Schild; mit einer Hand, die den Gekreuzigten in ein Menschenherz malt oder mit einem ausgeworfenen Netz:

GOtt wirfft sein Netz hin in das Meer/
Zum Zug/ O Mensch/ dich recht bekher.[30]

Auf den Sockeln der Halbsäulen zu beiden Seiten der Kanzel sehen wir jeweils ein Herz auf einem Steinblock. In einem Fall schlägt eine Hand mit einem Hammer auf das Herz ein (Abb. 6). Dazu heißt es:

Das Hertz kan nichts von Gnade sagen/
Es werde denn mit Angst zerschlagen.[31]

Auf der anderen Seite gießt die Hand mit einer Kanne Balsam ins Herz (Abb. 7). Wir lesen dazu:

Der HErr erquickt das matte Hertz/
Und lindert seine Pein und Schmertz.

---

30 WEISSMANN: Christliche Predigt (wie Anm. 6), S. 41 (Emblem XIV).

31 Für dies und das folgende Herzemblem siehe: WEISSMANN: Christliche Predigt (wie Anm. 6), S. 39 (Emblem IX und X).

Abb. 7: Schlosskapelle in Stetten: »Herz auf Steinblock mit Kanne und Palmwedel«.

Zu den Bildern an der ›Orgelkanzel‹ predigt Weissmann: *Was soll ich sagen von der Schönheit und Lieblichkeit unsers Gottes-Diensts/ wann durch den Klang der Music und Gesang unsere Hertzen auffgemuntert/ und zu einem Vorgeschmack der himmlischen Freuden vorbereitet werden.*[32]

Zwei Bilder bezeugen besonders deutlich die sieghaft überwinde Kraft der Lieder, die Gott zum Lobe angestimmt werden. Ein Bild, das David mit seiner Harfe wiedergibt, erinnert daran, *wie weiland solche Krafft gehabt die Hertz-bezwingende Harpffe Davids. 1. Sam. 16. vers. 23.*[33] Und das andere, das Josaphat in seinem Kampf wider die Ammoniter und Moabiter (2. Buch Chronik 20) zeigt, steht unter dem Motto:

Mit Singen schlag ich meine Feind/
Ob ihrer gleich viel tausend seynd.[34]

Weissmann spielt mit diesen Hinweisen auf die Musikliebe Magdalena Sibyllas an. Es ist bekannt, dass sie nicht nur Andachtsbücher geschrieben, sondern auch Lieder gedichtet hat.[35]

---

32 WEISSMANN: Christliche Predigt (wie Anm. 6), S. 47 (Emblem XXII).

33 WEISSMANN: Christliche Predigt (wie Anm. 6), S. 50 (Emblem XXVII).

34 WEISSMANN: Christliche Predigt (wie Anm. 6), S. 51 (Emblem XXX).

35 Dazu Joachim KREMER: Pietistisches Bekenntnis und öffentliche Repräsentation: Musik zum Begräbnis der Herzoginwitwe Magdalena Sibylla von Württemberg (1712), in: Katharina KOTTMANN/ Christine SIEGERT (Hgg.): Feste – Opern – Prozessionen. Musik als kulturelle Repräsentation (Jahrbuch Musik und Gender, Bd. 1), Hildesheim u. a. 2008, S. 45–59.

Abb. 8: Schlosskapelle in Stetten: »Moses am brennenden Dornenbusch«.

4. Die Bilder an den Emporen

Es folgt die Betrachtung der ›emblematischen Bilder‹, die in langen Reihen die Brüstungen der Emporen füllen. Ihre ovale Formgebung entspricht den Bildern an Predigt- und Orgelkanzel, ebenso wie das jeweils beigefügte Motto. Dank der im Zeichnungsheft vermerkten Ortzuweisung sind in sich geschlossene Bildgruppen zu erkennen, die von einem gemeinsamen Thema bestimmt sind. Sie enthalten jeweils eine gezielte Botschaft für die Personen, die am genannten Ort ihre Plätze haben.

4.1. Die Kavaliersempore

Die lange Empore an der dem Schlosshof zugewandten Seite wird im Zeichnungsheft als Kavaliersempore aufgeführt. Dieser Ausdruck bezeichnet die für den Adel, vielleicht auch für andere ›hohen Herren‹ des Hofes, reservierten Plätze. In solcher Zuweisung spiegelt sich die soziale Ordnung des Gemeinwesens wider. Vermutlich hat es ursprünglich für die Herzogin einen direkten Zugang aus ihren Privatgemächern zu dieser Empore gegeben. Der Zugang der ›Kavaliere‹ erfolgte wahrscheinlich über den Treppenturm.

Unmittelbar unter dem vorhin beschriebenen Bild von Jakobs Himmelsleiter wird an der Brüstung Mose gezeigt (Abb. 8), wie er sich vor dem brennenden Dornbusch seiner Schuhe entledigt (2. Mose 3).

Abb. 9: Schlosskapelle in Stetten: »Büste und Spiegel«.

So du hineilst in Gottes Haußl
So zieh die Schueh der Sünden auß.[36]

Beide Male, oben und unten, geht es um die Heiligkeit des Ortes. Weissmann kommentiert:

Die Kinder diser Welt lassen sich auch in dem Hauß des HErrn blicken [...] Aber zu schlechtem Nutzen ihrer Seelen. Sie ziehen nicht auß ihre Sünden-Schuh/ bedencken auch nicht/ daß die Stätte/ darauf sie tretten/ seye eine heilige Stätte.[37]

Das zweite Bild an der Emporenbrüstung zeigt einen großen Spiegel, in dem der Kopf einer Büste erscheint. Weissmann prangert Kirchenbesucher an, die sich die Predigt zwar anhören, sich aber nicht zu Herzen nehmen (Abb. 9).

Das Wort hören sie zwar an/ aber nicht mit der Intention, sich darauß zu bessern/ sondern sind vergeßliche Hörer/ gleich einem Mann/ der sein leiblich Angesicht in einem Spiegel beschauet/ von Stund an aber wider davon gehet/ und vergisst/ wie er gestaltet war.[38]

36 Weissmann: Christliche Predigt (wie Anm. 6), S. 54 (Emblem XXXIV).
37 Weissmann: Christliche Predigt (wie Anm. 6), Der ander Theil, S. 54.
38 Weissmann: Christliche Predigt (wie Anm. 6), S. 55 (Emblem XXXV) und zum Folgenden Vers ebd. S. 56 (Emblem 36).

Abb. 10: Schlosskapelle in Stetten: »Jüngling und Sphinx«.

Der Spiegel zeigt dir deine Flecken,
Er will zur Busse dich Erwecken.

Für das dritte und zwei weitere Bilder hat der Fürstenspiegel des spanischen Edelmanns Diego de Saavedra Fajardo Pate gestanden.[39] Das Fabelwesen der Sphinx – halb Fisch, halb schöne Frau mit nacktem Oberkörper – versucht einen Jüngling mit betörenden Melodien ins Wasser und damit in das Verderben zu locken. Aus christlicher Sicht bleibt ihm nur noch die Chance, sich seine Ohren zuzuhalten und – so schnell er nur kann – davon zu laufen (Abb. 10).

Verlangstu hin in GOttes-Zelt/
So fleuch die Lust der argen Welt.[40]

Auf einem weiteren diesem Fürstenspiegel entnommenen Motiv treibt ein Schiff auf Felsen zu, während der Steuermann schläft.

Nimb deiner armen Seelen wahr/
Du schläffst gewis in grosser G'fahr.[41]

39 Diego de Saavedra Fajardo: Ein Abriss eines christlich-politischen Printzens in CI Sinn-Bildern und mercklichen Symbolischen Sprüchen gestelt, Amsterdam 1655. Das Buch befasst sich mit den Prinzipien der Erziehung eines Prinzen.

40 Weissmann: Christliche Predigt (wie Anm. 6), S. 55 (Emblem XXXV).

41 Ebd., S. 56 (Emblem XXXVII).

Die Aufnahme gerade dieser Vorlagen wird mitunter als ein Beleg dafür angesehen, dass die Botschaft der Kavaliersempore u. a. auf die Erziehung des Erbprinzen gemünzt gewesen sei. Eberhard Ludwig, am 18.09.1676 geboren, war damals gerade vier Jahre alt. Wir wissen, dass das Erziehungsideal Magdalenas Sibyllas für ihren Sohn erheblich von den Ansichten des Obervormundes, ihres Schwagers Friedrich Karl, abwich. Friedrich Karl hatte für sein Mündel die höfische Lebensart unter Ludwig XIV. in Versailles vor Augen – konkurrierende Alternativen, die nicht nur für die Entwicklung des Erbprinzen, sondern auch für die politische Entwicklung des Landes brisant werden sollten.[42]

Motive anderer Herkunft, etwa den *Pia Desideria* Hermann Hugos entnommen,[43] warnen ebenfalls vor den Versuchungen und Gefahren der Welt. Ein Kind im Gängelwagen wird z. B. von einer Himmelshand an einer verschlossenen Tür vorbeigezogen (Abb. 11). Was sich hinter der Tür befindet, erfahren wir nicht – findige Phantasie hat sogar ein Bordell dahinter vermutet.[44]

Gott zieht, ich folge wie ein Kindt/
Bey ihm ich rechte Weißheit findt.[45]

Oder ein anderes Beispiel: Ein Ross bäumt sich auf, weil ihm Zügel angelegt werden sollen. Den Abgrund, der sich vor ihm auftut, nimmt es nicht wahr. Weissmann zitiert dazu:

Lauff nicht blind in dein Verderben/
Wiltu dann in der Sünde sterben?[46]

Anschließende Bilder innerhalb der Kavaliers-Empore schlagen dann versöhnlichere Töne an – zum Beispiel das Bild eines Storches, der sein Nest auf das Dach einer Kirche gebaut hat. Für einen Christen gehört es sich, mit ›*Andacht/ Verlangen und Begierde nach Gottes Hauß zu gehen/ und daselbst seiner Seelen Ruhe zu suchen/ wie ein Storch/ der sein Nest auff den Tempel setzet/ und darauff in allem Ungewitter beständig verharret*‹[...].

Ich suche JEsu! da zu wohnen/
Wo deine Gnade pflegt zu wohnen.[47]

---

42 Paul Sauer: Musen, Machtspiel und Mätressen. Eberhard Ludwig – württembergischer Herzog und Gründer Ludwigsburgs, Tübingen 2008, S. 17–28.

43 Embleme im Zusammenhang mit Architektur werden überwiegend, so auch in Stetten, nach Vorlagen aus Erbauungsbüchern gemalt. Hermann Hugos *Pia Desideria* gehört zu den am weitesten verbreiteten Emblembüchern überhaupt. Die beiden bekannten evangelischen Theologen und Emblembuchautoren Daniel Cramer und Johann Michael Dillherr sind ebenfalls mehrfach vertreten.

44 Theodor Dierlamm: 1692–1992. Dreihundert Jahre Sommersaal. Schloss Stetten im Remstal. Barocker Fingerzeig, Stetten 1992, S. 19.

45 Weissmann: Christliche Predigt (wie Anm. 6), S. 58 (Emblem XL)

46 Weissmann: Christliche Predigt (wie Anm. 6), S. 57 (Emblem XXXIX).

47 Weissmann: Christliche Predigt (wie Anm. 6), S. 58 (Emblem XL und XLI).

Abb. 11: Schlosskapelle in Stetten: »Kind und Gotteshand«.

Ein anderes Beispiel: Eine Frau, nach Weissmann in diesem Fall Sinnbild christlicher Klugheit, schaut durch ein ›Perspektiv‹ in die Ferne. Sie sieht in den Wolken die ewige Herrlichkeit und unten auf Erden die feurigen Flammen der Hölle. Weissmann zitiert das Motto in seiner Predigt:

Ich geh' ins Heiligthumb/ da kan ich lesen/
Das Glück der Frommen/ und das End der Bösen.[48]

Das 12. und letzte Bild im heutigen Zustand dieser Empore wird mit der Abbildung eines Palmbaums voller reifer Früchte abgeschlossen.

Durch GOttes suesse Krafft/
Steh ich in vollem Safft.[49]

Das schon mehrfach erwähnte Zeichnungsheft billigt der Kavaliersempore noch vier weitere Bilder zu, die sich heute einzeln unterhalb der Empore an der Wand der Kapelle befinden: Zum Beispiel das Bild eines unter einem Baum schlafenden Mannes. Er nimmt die Schlange, die sich aus den Zweigen auf ihn herablässt, nicht wahr. Ein anderer will ihn

48 WEISSMANN: Christliche Predigt (wie Anm. 6), S. 74 (Emblem Nr. LXV). Dasselbe Bildmotiv befindet sich auch an der Empore der evangelischen Kirche in Hohengehren im Schurwald.

49 Ebd., S. 61 (Emblem LXIV).

warnen. Mit diesem Bild wird die Botschaft der Kavaliersempore aufgenommen und fortgesetzt.

Das Wort weckt auff vom schlaff der sünden,
Damit die Schlang nicht Platz mag finden.

Besonders seltsam erscheint in unseren Augen die Abbildung von zwei Käfern oder Bienen, die einen Pflug durch einen Acker ziehen. Wahrscheinlich ist damit ein Lobpreis der fruchtbaren Arbeit gemeint, die ein Lehrmeister leistet.

Den süssen trost gnad frucht und leben;
Khan uns des Lehrers Arbeit geben.[50]

Ein weiteres an der Kapellenwand aufgehängtes Einzelbild zeigt eine Frau, die einen Blick hinter einen geschlossenen Vorhang werfen möchte. Eine Hand von außen greift ein und hindert sie daran.

Forsch nicht, o Mensch, zu viel in Gottes Dingen,
Es dörffte deinem Witz nicht wol gelingen.

Manche meinen, mit Bild und Inschrift werde auf die Beschäftigung mit der jüdischen Kabbala angespielt, wie sie Prinzessin Antonia, eine Schwägerin Magdalena Sibyllas, pflegte. Die berühmte von ihr 1673 gestiftete Lehrtafel befindet sich noch heute in der evangelischen Kirche von Bad Teinach. Sie stellt eine ins Christliche übertragene Spekulation dar, mit Hilfe der jüdischen Kabbala Gottes Zeit und Raum durchdringendes Wirken zu erkennen.[51] Die Botschaft der Brüstungsbilder an der Kavaliersempore will wachrütteln, bevor sie göttlichen Segen in Aussicht stellt.

4.2. Die Bilder an der Fürstenempore

Die Bemalung der Querempore an der rückwärtigen Wand zeigt Bilder der gleichen Art wie an der Kavaliersempore. Auch sie bilden einen in sich zusammenhängenden Bilderzyklus im Zeichnungsheft, dort unter dem Namen ›Fürstenstuhl‹ oder mit der Bezeichnung ›Ihro

---

50 Auch dieses Emblem ist der Anleitung zur Prinzen-Erziehung von Diego DE SAAVEDRA FAJARDO entnommen (Emblem 42).

51 Adolf SCHAHL: Kunstdenkmäler (wie Anm. 13), S. 475; Hansmartin DECKER-HAUFF: Die gelehrte Prinzessin Antonia, in: Frauen im Hause Württemberg, S. 92–101; Otto BETZ: Licht vom, unerschaffenen Lichte. Die kabbalistische Lehrtafel der Prinzessin Antonia in Bad Teinach, Metzingen 1996 und Susanne VEIL: Antonias Welt. Artikel in der Stuttgarter Zeitung vom 20. März 2013 (02.07.13). http://www.stuttgarter-zeitung.de/inhalt.denkmal-antonias-welt.42a41197-9970-42f0-a67c-39d356812494.html.

Durchlaucht‹ zusammengefasst. Die Botschaft der Bildreihe bezieht sich ausdrücklich auf das fromme Vorbild der Fürstin. Es fällt auf, wie häufig hier weibliche Personen im Mittelpunkt stehen. Das auf den Bildern beschriebene Verhalten fordert auf, der frommen Herzogin nachzueifern. Die Reihenfolge im Zeichnungsheft divergiert in diesem Falle, anders als an der Kavaliersempore, gelegentlich von der Ausführung in der Kapelle.[52]

Die Brüstung an der Fürstenempore wird heute mit der Abbildung eines Altares eröffnet, auf dem eine aufgeschlagene Bibel liegt. Darüber hält eine Hand ein brennendes Herz empor, und eine andere schickt sich vom Himmel herab an, das Herz in Empfang zu nehmen.

Den Dienst[,] so nach deim Wort geschicht/
Wirstu mein GOtt verwerffen nicht.[53]

Im Zeichnungsheft steht stattdessen an erster Stelle das Bild eines Engels in einer tempelartigen Säulenhalle, der ein Weihrauchfass schwenkt.

Wann meine Seel vor Angst und Kummer siecht/
Ist mir Dein Wort/ als wenn der Weyrauch riecht.[54]

Beide Bilder variieren das Thema der Liebe zum Wort Gottes.

Ein weiteres Bild malt eine Frau, die eine hohe brennende Kerze in der einen Hand und in der anderen ein aufgeschlagenes Buch mit der Inschrift ›JESUS‹ hält. Ihr Fuß schiebt auf der Erde liegende Kleinodien achtlos beiseite.

Meinem JEsu bin ich hold/
Sein Wort lieb ich mehr als Gold.[55]

Die Liebe zum Wort Gottes kommt in der Jesus-Liebe zur Erfüllung. Man beachte die Ich-Form der Motti auf den Gemälden.

Auf einem der nächsten Bilder sehen wir Jesus als himmlischen Bräutigam zusammen mit seiner irdischen Braut, der Menschenseele – eine übliche allegorisierende Auslegung der Liebesmotive des Hohen Liedes Salomos.[56] Sie sitzen einander in einem Garten gegenüber. Der Bräutigam hält einen reich mit Blumen und Früchten geschmückten Kranz in den Händen, um ihn seiner Braut auf das Haupt zu setzen. Weissmann deutet den Kranz als Heilmittel für die vor Sehnsucht liebeskranke Braut (Abb. 12). Sie spricht zu ihm:

---

52 Zur Reihenfolge der Bilder im Zeichnungsheft, verglichen mit ihrer heutigen Anordnung, siehe WESTPHAL: Emblemprogramm (wie Anm. 10), S. 90–122.

53 WEISSMANN: Christliche Predigt (wie Anm. 6), S. 63 (Emblem XLVII).

54 WEISSMANN: Christliche Predigt (wie Anm. 6), S. 60 (Emblem XLII).

55 WEISSMANN: Christliche Predigt (wie Anm. 6), S. 29 (Emblem II).

56 Ernst KOCH: Beobachtungen zum Umgang mit dem Hohenlied in Theologie und Frömmigkeit des Luthertums im 16. bis 18. Jahrhundert, in: Matthias ALBANI/Timotheus ARNDT (Hgg.): Gottes Ehre erzählen. Festschrift für Hans Seidel zum 65. Geburtstag, Leipzig 1994, S. 25–41.

Du kanst mich/ JEsu! sueß von Gaben/
Mit Aepffeln und mit Blumen laben.[57]

Abb. 12: Schlosskapelle in Stetten: »Braut und Bräutigam«.

Das Motto dieses Motivs unterstreicht die innige Beziehung zwischen der Fürstin und Jesus und bringt ihre herzliche Jesus-Liebe in gesteigerter Weise zum Ausdruck. Damit entspricht der Umgang mit dem Motiv der erbaulichen Auslegung des Hohen Liedes im Luthertum der Barockzeit. Magdalena Sibylla war diese Sprache der Jesus-Minne vertraut, und sie hat sie auch in ihrer eigenen Dichtung aufgegriffen: *Du bist mir ja vertraut/ durch deines Vatters Huld./ Mir/ die ich lag im Blut/ bedeckt mit Sünd und Schuld/ Da sprachst Du: dieses Hertz soll mir Gemahlin werden.*[58]

Ein weiteres Beispiel für die Jesus-Liebe der gläubigen Seele führt die Sonnenblume vor Augen (Abb. 13). Sie richtet sich auf die strahlende Sonne aus, und der Mittelpunkt ihrer Blüte bildet ein Herz. Und umgekehrt schaut die Sonne ihrerseits mit den Augen des in sie hinein gemalten Gesichts die Blume an.

Laß JESU! deiner Augen Liecht/
Zu meinem Hertzen seyn gericht.[59]

Das Thema der liebevollen Zuwendung wird auf einem weiteren Bild durch ein anderes alttestamentliches Motiv variiert: Die Jüdin Ester kniet vor dem Thron des Königs Ahasveros und fleht für ihr Volk und sich um Gnade (Abb. 14). Zum Zeichen seiner gütigen Zuwendung neigt er ihr sein Szepter entgegen, an dessen Ende ein Herz gemalt ist – er regiert mit Herz. Der König Ahasveros dient hier als alttestamentlicher Typus für Christus:

Christus sitzt auff einem hohen Thron: welcher zu beiden Seiten / anstatt der Löwen/ wie Salomon gehabt/ zwei Lämblein stehen hat/ seine Sanfftmuth zu bezeichnen: der vor ihme ängstlich auf den Knien ligenden bitterin neiget er seinen Scepter an dessen Spitzen ein Hertz zu sehen: mit der Umbschrifft:

57 Weissmann: Christliche Predigt (wie Anm. 6), S. 45 (Emblem XIX).
58 Weissmann: Christliche Predigt (wie Anm. 6), S. 8, Eingangsgedicht. In dieser von Magdalena Sibylla verfassten Dichtung, in der sie den Lebensweg Jesu unter besonderer Berücksichtigung seiner Passion reflektiert, bringt sie ihre Jesus-Liebe mit eigenen Worten zum Ausdruck.
59 Weissmann: Christliche Predigt (wie Anm. 6), S. 66 (Emblem LI).

Abb. 13: Schlosskapelle in Stetten: »Sonnenblume«.

Abb. 14: Schlosskapelle in Stetten: »Esther vor Ahasveros«.

Ich lig vor deiner Güte-Thron/
Erhöre mich/ O GOttes Sohn.[60]

Weitere Bilder unterstreichen noch einmal die Güte Jesu, z. B. als Guter Hirte oder als Gnadenbrunnen.

In keiner Sünden-Angst versinckt/
Wer disen Gnaden-Brunnen trinckt.[61]

Mit den Motiven der Liebe zum Wort Gottes und der Jesusliebe verknüpft sich an dieser Empore zusätzlich das Motiv des Weges. Eine Wettkämpferin läuft auf einer durch seitliche Schranken begrenzte Rennbahn. Sie hat nur Augen für das Kleinod an der Ziellinie; darum würdigt sie ›Frau Welt‹ mit ihren Schätzen am Rande der Rennbahn keines einzigen Blickes.

Ich sehe nicht zurück/ ich dring dem Kleinode zu/
Dort findet meine Seel die allerbeste Ruh.[62]

60 Weissmann: Christliche Predigt (wie Anm. 6), S. 63f. (Emblem XLVIII).
61 Weissmann: Christliche Predigt (wie Anm. 6), S. 61 (Emblem XLV).
62 Weissmann: Christliche Predigt (wie Anm. 6), S. 30 (Emblem III).

Eine andere Frauengestalt kniet im Zentrum eines Irrgartens und hält einen Kreuzstab zum Himmel empor. Eine Hand aus dem Himmel fasst den Kreuzstab, um die Frau auf den rechten Weg aus dem Labyrinth dieser Welt herauszuführen.

Ich halte fest an GOttes Wort/
Das ist mein Stab und starcker Hort.[63]

Mit dem Zeichen eines Ypsilon wird das später im Pietismus beliebte Motiv der zwei Wege eingeführt. Der eine Weg weist steil nach oben zum Gipfel, wo das gekrönte Kreuz als Zeichen ewiger Freude aufragt, der andere, frei von Hindernissen, weist ins Verderben. Die Seele in der Gestalt einer Frau an der Weggabelung muss sich entscheiden zwischen Bereitschaft zu Mühsal oder Bequemlichkeit.[64]

Ein Beispiel für Selbstverleugnung gibt eine Frau mit verschleiertem Angesicht, deren Füße auf die dem Tode verfallene Erdkugel treten, während sie in ihren Händen ein Kreuz und Zaumzeug fasst.

Durch Christi Creutz sterb ich der Welt/
Sein Wort mich stets in Gottesfurcht hält.[65]

Noch deutlicher als bei der Kavaliersempore offenbart die Botschaft der Fürstenempore eine innere Spannung. Jesus-Minne und Himmelssehnsucht bewahren die Seele nicht vor der Angst um das ewige Heil.

5. Die Bilder an der Brüstung einer heute nicht mehr vorhandenen Tribüne

Bei der letzten Renovierung der Kapelle 1974 wurde eine nachträglich unter die Fürstenempore eingebaute Tribüne wieder beseitigt. Für ihren Einbau hatte man eine Verkürzung der Brüstung an der Kavaliersempore in Kauf genommen. An dieser Tribüne haben sich 12 Bilder befunden, die heute an einem neu geschaffenen Treppenaufgang zur Fürstenempore und an der Rückwand der Kapelle angebracht sind. Wir finden sie im Zeichnungsheft unter dem Stichwort »an der unteren Emporenkirche« (›Bohrkirch‹) zusammengefasst.[66] Die ursprünglich in sich geschlossene Motivreihe stellt eine schonungslose Verurteilung gottlosen Lebens vor Augen.

Weissmanns Predigt erwähnt kein einziges Bildmotiv dieser Reihe. Vermutlich weist schon die unerbittliche Strenge der Bildaussagen auf einen späteren Entstehungszeitpunkt

63 Weissmann: Christliche Predigt (wie Anm. 6), S. 67 (Emblem LIII).
64 Weissmann: Christliche Predigt (wie Anm. 6), S. 66 (Emblem LI).
65 Weissmann: Christliche Predigt (wie Anm. 6), S. 73 (Emblem LXIV).
66 Da Weissmanns Predigt die Bilder der ehemaligen Tribüne vermissen lässt, verweise ich auf das Manuskript von Hans Westphal: Emblemprogramm (wie Anm. 10), Anhang 7.

als Weissmanns Predigt hin. Es liegt nahe, an ein Entstehungsdatum zu denken, an dem offenkundig geworden war, dass sich Eberhard Ludwigs herzogliche Hofhaltung diametral entgegen gesetzt zu den frommen Idealen seiner Mutter entwickelt hatte. Die Bilder führen zum Beispiel vor Augen:

– Eine Hand aus den Wolken schlägt mit dem Hammer auf den Kopf einer Büste ein – vergeblich, wie sich herausstellt.

Die Stirn ist härter denn ein Stein,
Drumb dringt der Hammer wenig ein.

– Bogenschützen nehmen einen Pfarrer auf einer Kanzel ins Visier. Eine Hand aus den Wolken schützt ihn mit einem Schild.

Der Zungen mordstich nicht khan schrecken,
Wann Gottes Schild dich will bedecken.

Von Herzog Eberhard Ludwig wird erzählt, dass ihn der ihm hinterbrachte Inhalt einer Bußpredigt seines Hofpredigers Samuel Urlsperger (1685–1772), am Karfreitag 1718 gehalten, so erzürnt habe, dass er spontan den Wunsch geäußert habe, den Mann von der Kanzel zu schießen.[67]
– Ein Mensch, den Blick auf eine verrinnende Sanduhr gerichtet, ringt verzweifelt die Hände.

Am end des spötters Hertz verschmachtet,
wo gottes trost stehts wird verachtet.

– An einem Spieltisch sitzen eine modisch gekleidete Dame und zwei Herren, von denen einer einen Turban trägt, der andere einen Spitzhut. Es liegt nahe, an Türken und Juden zu denken. Aus damaliger Sicht verkörpern beide den Unglauben, wenn nicht gar Gottesfeindschaft.[68]

Der Welt freud mich so sueß erlacht,
Das ich die Bibel wenig acht.

---

67 P. Sauer: Musen (wie Anm. 42), hier S. 116–119. Zu den Umständen, die zu Samuel Urlspergers Entlassung führten, nachdem er 1617 zunächst noch zum Pfarrer in Stetten und bald danach zum Hofprediger am Hofe Eberhard Ludwigs (und zum Konsistorialrat) ernannt worden war, siehe Thilo Dinkel: Schulzeit und Studium Samuel Urlspergers, in: Reinhard Schwarz (Hg.): Samuel Urlsperger (1685–1772). Augsburger Pietismus zwischen Außenwirkung und Binnenwelt (Colloquia Augustana, Bd. 4), Berlin 1996, hier: S. 48–52.

68 Die Abbildung beider Figuren im Zeichnungsheft zeigt Kopfbedeckungen von zeitgenössisch üblicher Art.

– Eine geflügelte, sich emporschwingende Menschengestalt wird von ›Frau Welt‹ an einem Bein fest gehalten. Der Teufel tut ein Übriges und stutzt ihr die Flügel. Zu allem Überfluss ist das zweite Bein an die Erdkugel gekettet.

Was hilfteß, sich auffwärts wollen schwingen,
Wann Welt und Teufel dich bezwingen.

– Eine Stadt liegt auf einer vom Himmel herabhängenden Waagschale. Blitze umzucken sie, schon ist die Aufhängung gerissen, und die Stadt stürzt in den Abgrund.

Wenn eine Stadt gleich an dem Himmel hing,
Durch Gottes Spott sie doch zu Trümmern ging.

Hatten die Bilder an der Kavaliers-Empore noch konfrontieren und wachrütteln wollen, so läuft die Botschaft der heute versprengten emblematischen Bilder der ehemaligen Tribüne auf eine flammende Verdammung gotteslästerlichen Lebens hinaus.

6. Verloren gegangene Bilder aus der Schlosskapelle in Stetten

Der Versuch, das ursprüngliche Bildprogramm der Stettener Schlosskapelle zu erschließen, stößt allerdings an Grenzen, wenn wir an die beträchtliche Zahl verloren gegangener Bilder denken.

Weissmanns Predigt zur Einweihung der Kapelle behandelt alles in allem 94 »geistliche Sinnbilder«, wie er sie im Titel seiner Predigt nennt. 35 davon existieren heute nicht mehr. Mit Hilfe des Zeichnungsheftes lässt sich ihr Aussehen einigermaßen rekonstruieren. Ich begnüge mich, Schwerpunktsetzungen aufzuspüren, soweit das noch möglich ist.

Den größten Teil der heute verschwundenen Bilder lokalisiert das Zeichnungsheft »an den unteren Mannesstühlen«. Da wir für die ›oberen Ränge‹ in der Kapelle, die Bilderreihen an der Kavaliers- und an der Quer- oder Fürstenempore, die mehr oder weniger ›gehobenen‹ Mitglieder des Stettener Hofes bereits ermittelt haben, kann es sich bei den »Mannesstühlen« eigentlich nur noch um das Kirchengestühl der weiter ›unten‹ angesiedelten Mitglieder der Stettener Hofgemeinde handeln. Wie dieses ebenerdige Kirchengestühl ursprünglich angeordnet war, wissen wir nicht mehr.

Innerhalb dieser »Mannsstühle« nehmen auf 21 Bildern allgemein gehaltene Ermahnungen zu tugendhaftem Verhalten großen Raum ein. So wird etwa im Bilde zweier Freunde mit brennenden Fackeln in Händen zu herzlicher Freundlichkeit, im Bild eines opferbereiten Schafes zu Geduld, mit der Bekleidung eines Nackten zu tätiger Liebe oder in weiteren Bildern zu Sanftmut, Keuschheit und Enthaltsamkeit von Alkohol aufgerufen. Wahrhaft christliches Verhalten im Sinne von Johann Arndts ›Wahrem Christentum‹ wird im Bild von im Ofen geläutertem Gold vor Augen geführt: Leiden ist ein Prozess der Läuterung.

Es fällt auf, dass die Motti der Bilder »an den unteren Mannsstühlen« zurückhaltender formulieren. als bei der ehemaligen Tribüne mit ihrem Verdammungsurteil und bei der Kavaliersempore mit den drastischen Warnungen.

Eine andere Gruppe verlorener Bilder aus der Kapelle wird unter der Ortzuweisung »beim Eingang« zusammengefasst. Damit muss der damals einzige Zugang vom Schlosshof her gemeint sein.[69] Diese Bildgruppe zeigt ganz unterschiedliche Motive, die z. B. einerseits den zugewandten, andererseits den zornigen Jesus vor Augen stellen. Liebevoll tröstend hält er ein Kind auf seinem Schoß, ein anderes Mal jagt er voller Zorn mit einer Geißel Hunde aus dem Tempel. Das zuletzt genannte Motiv entspricht seiner Platzierung am Zugang.

Hinauß ihr wüste Sünden-Hunde,
Nichts hülfft euch diese Freuden-stunde.[70]

In dem Bild eines kletternden Mannes, der die süßen Früchte eines Baums pflücken will, kommt m. E. die Quintessenz der Bildmotive auf der ›unteren Ebene‹ zum Ausdruck.

Wer Gottes Suessigkeit versucht/
Der steiget hoch nach dieser Frucht.[71]

Das Zeichnungsheft nennt noch sechs weitere Bilder »an der Tröstkammer«. Bezeichnung wie Motivgebung lassen auf einen Platz für die Beichte schließen; sie setzen ein für uns fremdes Verständnis der Beichte voraus. Ein Bild zeigt Jesus, der einen Menschen ans Kreuz schlägt:

Weil Christi Tod mich hat vom Fluch errettet/
So sey auch ihm zu Lob mein Fleisch getödtet.[72]

Weitere im Zeichnungsheft noch enthaltene Bildgruppen: »an dem Gesang« und »am Pfarrstuhl« bleiben von Weissmann unberücksichtigt. Seine zunehmend knapper werdende Bildbeschreibung in der Predigt lässt sich aus der Überfülle des Materials erklären. Zugleich wiederholt sich in diesem Vorgang das in der gesamten Ausstattung der Kapelle wahrzunehmende hierarchische Gefälle der Sitzordnung.

69 Mündliche Auskunft von Herrn Hans Westphal.
70 Weissmann: Christliche Predigt (wie Anm. 6), S. 79 (Emblem LXXIII).
71 Weissmann: Christliche Predigt (wie Anm. 6), S. 44 (Emblem XVIII).
72 Weissmann: Christliche Predigt (wie Anm. 6), S. 72 (Emblem LXIII).

7. Zu Kontext und Hintergrund der Stettener Bilder

Bei der Ausmalung der Stettener Schlosskapelle werden – wie eingangs erwähnt – zum ersten Mal innerhalb des evangelischen Württembergs emblematische Bilder verwendet. Als vergleichbar frühes Beispiel im deutschen Luthertum ist mir der ebenfalls 1681 eingeweihte Neubau der Katharinenkirche in Frankfurt am Main bekannt. Das dortige Bildprogramm geht mit hoher Wahrscheinlichkeit auf Philipp Jakob Spener (1635–1705), den ›Vater des Pietismus‹ zurück. Es spiegelt sein Hauptanliegen, jenseits vermeintlich objektiver Wissensvermittlung in Fragen der ›reinen‹ Glaubenslehre das Herz der Menschen zu berühren und zu einer persönlichen Frömmigkeitspflege zu ermutigen. Der traditionelle Bilderkanon hatte den Gemeindegliedern einprägen wollen, was jeder Christ wissen und bekennen soll. Dafür entfaltet er die wichtigsten Wegstationen Jesu auf dieser Erde in ›biblischen Historien‹. Solche an Kirchenwände und Emporen gemalten Bilder berichten von der Ankündigung der Geburt Jesu, von der Anbetung der Hirten und der Weisen, von der Passion Jesu und dem letzten Abendmahl, von seinem Tod am Kreuz, seiner Auferstehung und Himmelfahrt sowie manchmal auch von seiner Wiederkunft zum Jüngsten Gericht. Es sind dieselben Ereignisse in derselben Reihenfolge, wie sie der zweite Artikel des Apostolischen Glaubensbekenntnisses aufzählt. Im Unterschied zu diesem traditionellen Bilderkanon setzen die Bilder der religiösen Emblematik mit ihren oft überraschenden Inhalten neue Akzente, die nicht nur dem modischen Zeitgeist, sondern vor allem der Fortentwicklung protestantischer Frömmigkeit entsprechen. Dieser Überraschungscharakter hilft, den christlichen Glauben vom Kopf in das Herz des Menschen zu holen. Pictura und Motto stellen die Betrachtenden vor ein Rätsel. Wenn sie sich darauf einlassen, nimmt das Emblem sie gleichsam an die Hand und führt sie zu einer tieferen Einsicht, im religiösen Kontext zur Einsicht über sich selbst. Dabei zieht die religiöse Emblematik die ›reine Lehre‹ der lutherischen Orthodoxie keineswegs in Zweifel, doch bloßes ›Für-Wahr-Halten‹ reicht nicht. Religiöse Emblematik im Dienst so verstandener Frömmigkeit rückt die innerseelischen Vorgänge in den Mittelpunkt.

Johann Arndt (1555–1621), Verfasser der *Vier Bücher vom wahren Christentum*, der zu einem der ersten und wichtigsten Vertreter der neuen Frömmigkeitsrichtung gehörte, hat dieses Anliegen einmal so beschrieben:

> *Es hat auch GOTT die heilige Schrifft nicht darum offenbaret/ daß sie auswendig auff dem Papier/ als ein todter Buchstabe soll stehen bleiben. Sondern sie soll in uns lebendig werden im Geist und Glauben/ und soll ein gantz innerlicher neuer Mensch daraus werden/ oder die Schrifft ist nichts nütze.*[73]

Bei dem Bildprogramm für die Frankfurter Katharinenkirche nun hat Spener auf eine Neuausgabe von Johann Arndts *Vier Bücher vom wahren Christentum* zurückgegriffen, die erst zwei

73 Johann ARNDT: Vier Bücher vom wahren Christentum, Riga 1678/79, Buch I, Kapitel 6, Abschnitt 2 (erster Satz).

Jahre vorher 1678/79 in Riga herausgekommen war. Das Besondere dieser Neuausgabe: Sie ist bebildert. Die Herausgeber hatten dem Arndtschen Text 57 Embleme als Kupferstiche eingefügt, von denen Spener einige in den Entwurf des Frankfurter Bildprogramms einbezogen hat.

Anders als in Stetten erscheint in Frankfurt in ein- und derselben Umrahmung jeweils eine Kombination aus biblischem Historienbild und emblematischem Bild, das seinerseits aus der Kupferstichvorlage genommen war. In Frankfurt wie in Stetten geht es um die Erweckung von Herzensfrömmigkeit.[74] Die biblische Botschaft wird in einen Prozess innerer Aneignung überführt – ein Vorgang, den Bultmann fast drei Jahrhunderte später als existentiale Interpretation der Bibel bezeichnen wird.

Innerhalb Württembergs gehören neben Stetten einige andere Beispiele zum zeitgeschichtlichen Kontext.[75] Magdalena Sibyllas Schwager Friedrich Karl ließ die Kirche des von ihm 1685 erworbenen Freudental an den Emporen mit emblematischen Bildern nach Vorlagen aus einem Predigtbuch des Nürnberger Theologen Johann Michael Dilherr verzieren. Auch im bürgerlichen Milieu finden wir religiöse Emblematik: In der Stadtkirche von Blaubeuren (1683), in Sontheim a. d. Brenz (um 1720) und Heidenheim-Schnaitheim haben Motive aus dem *Lust und Artzeney-Garten deß königlichen Propheten Davids* von Freiherr Wolfgang Helmhard von Hohberg ihren Niederschlag gefunden.[76] In Mönsheim (um 1750) hat man Emblembilder mit Bezug auf Gesangbuchverse verwendet. Und zu einem noch späteren Zeitpunkt wurde in Heidenheim-Schnaitheim auf schon nicht mehr wirklich verstandene Bildmotive aus Johann Arndts *Wahrem Christentum* zurückgegriffen.

Das Stettener Bildprogramm wirkt trotz seines an Unübersichtlichkeit grenzenden Umfangs nicht verwirrend, sondern beeindruckt beim Betrachten. Der Grund dafür liegt m. E., anders als bei vielen anderen Auftragsarbeiten, in der Korrespondenz von frommer Auftraggeberin und Botschaft, die die Kapelle ausstrahlt. Die von der Herzogin verfassten Andachtsbücher lassen authentische Äußerungen ihrer Frömmigkeit erkennen, die mit dem Gesamteindruck der Kapelle übereinstimmen. Weissmanns Predigt ergänzt das Bild der Herzogin verständlicherweise um ein hohes Maß an Huldigung. Die bei ihrer Trauerfeier später verlesene Vita trägt dann geradezu verklärende Züge.[77]

Stetten ist ein beredtes Beispiel dafür, dass in der religiösen Emblematik biblische Themen weniger um der Erinnerung an die großen Taten Gottes willen als vielmehr um ihrer Wirkung auf die Betrachtenden willen zitiert werden. Die Predigt der emblematischen Bilder lenkt die Aufmerksamkeit vor allem auf die persönliche Gottesbeziehung des Individuums. Damit hat das Bildprogramm der Stettener Kapelle als Mosaikstein Teil an einer Gesamtentwicklung seit der Reformation, die letzten Endes der Aufklärung mit dem menschlichen Individuum im Mittelpunkt den Weg bereitet.

---

74 Die Bilder an den Emporen der Frankfurter Katharinenkirche sind mit Bild und Beschreibung dokumentiert bei: Joachim PROESCHOLDT: Emporemalereien aus St. Katharinen. Ein Frankfurter Kleinod, Frankfurt a. M. 2007, S. 321–332.

75 LIESKE: Protestantische Frömmigkeit (wie Anm. 1), S. 149–184.

76 Gedruckt 1675 in Regensburg.

77 Vgl. LIESKE: Protestantische Frömmigkeit (wie Anm. 1), S. 167–175.

Philipp Heinrich Erlebachs *Harmonische Freude musicalischer Freunde* in der Bibliothek der Magdalena Sibylla von Württemberg: Ansätze zu einer Standortbestimmung

Andreas Münzmay

1. Musikalien als Bücher

Die umfangreiche Bibliothek der Herzoginwitwe Magdalena Sibylla von Württemberg umfasste ausweislich des *Verzeichnis[ses] der [...] Bücher [...] in der Bibliothec der Durchleüchtigsten Verwittibten Fraw Hertzogin*[1] auch einen kleinen, vierzehn Objekte umfassenden Bestand von Musikalien.[2] Zweifellos bildet dieser Teilbestand eine Art Sonderbestand innerhalb dieser Bibliothek. Andererseits scheinen solche medialen Trennlinien, die Musikalien und ›richtige‹ Bücher voneinander separieren, vornehmlich heutigen Vorstellungen von Kunstgattungen und wissenschaftlichen Zuständigkeitsbereichen geschuldet. Im eigenhändig geführten *Verzeichnis*, welches die Herzoginwitwe am 30. Juni 1698 anlegte und am 1. März 1702 vervollständigte, haben die Musikalien jedenfalls keinerlei Sonderstellung, sondern stehen ohne Unterschied zwischen den anderen Einträgen: Auch die Musikalien sind hier zunächst einmal einfach »Bücher«. Wollte man Einträge wie *Callenbachs Hübsche Lieder*[3], die *Lehr-Klage und Trost-Reimen und Lieder*[4] und vor allem die unter der Kategorie »in octav.« vermerkten *Opernbücher. Von allerhand Materie*[5] ebenfalls mitrechnen, erweiterte sich der musikbezogene Bestand noch um einige Objekte. Der Gesamteindruck freilich, dass Musik und Musikbezogenes in der Bibliothek im Grunde geringes Gewicht hat, bliebe unverändert.

---

1 Verzeichnis der Jenigen Bücher, so Sich in der Bibliothec der Durchleüchtigsten Verwittibten Fraw Hertzogin befinden [...] angefangen den 30.ten Junii ao. 1698. und wiederum erneüert den 1ten Martii ao. 1702, Autograph; WLB Stuttgart, Cod. hist. 8° 305.

2 Siehe Joachim KREMER: Pietistisches Bekenntnis und öffentliche Repräsentation: Musik zum Begräbnis der Herzogswitwe Magdalena Sibylla von Württemberg (1712), in: Katharina HOTTMANN/ Christine SIEGERT (Hgg.): Feste – Opern – Prozessionen. Musik als kulturelle Repräsentation (Jahrbuch Musik und Gender, Bd. 1), Hildesheim 2008, S. 45–59, insbes. S. 58f. die »Übersicht über die Musikalien«.

3 Verzeichnis der Jenigen Bücher (wie Anm. 1), S. 48. Ein passender Musik- oder Gedichtedruck konnte bibliographisch nicht ausfindig gemacht werden. Mit Callenbach könnte der später als Gesangbuchverleger in Leipzig nachweisbare Johann Erasmus Kallenbach gemeint sein, er verlegte beispielsweise Gottlieb COBER: Der Braut Jesu Liebliche Stimme, oder Neu-verfertigtes Gesangg-Buch, Leipzig 1713; DERS.: Hertz-erqvickende Blumen und Gemüths-labende Aepffel: Aus dem Anmuthigen Lust-Garten der Heil. Schrifft frisch abgebrochen, Leipzig 1719–1720.

4 Verzeichnis der Jenigen Bücher (wie Anm. 1), S. 80. Wohl Sophia Eleonore von LIMPURG: Etliche Lehr- Klag und Trost-Reimen und Lieder, Rotenburg/Millenau, 1692.

5 Verzeichnis der Jenigen Bücher (wie Anm. 1), S. 62.

Bei den *Opernbüchern* handelt es sich, so ist sehr stark zu vermuten, um Libretti; der im 18. Jahrhundert und weit darüber hinaus etablierte Begriff *Opernbücher* zeigt dies ebenso an wie das Oktavformat, das für Librettodrucke gängig war. Auch die Art des *Verzeichnis*-Eintrags in Form eines pauschalen Sammeleintrags einer unbestimmten (und jederzeit erweiterbaren) Anzahl von *Opernbüchern*, also unter Verzicht auf Einzeltitel und die sonst akribisch für jedes Einzelobjekt vergebene laufende Nummer (»Nro.«), deutet auf Libretti hin. Offensichtlich entzogen sich also für Magdalena Sibylla die gesammelten Opernlibretti einer Katalogisierung nach den von ihr angewandten Kriterien. Dafür kommt eine Reihe von ineinander verschränkten Gründen in Frage. Vielleicht lehnte sie die Oper ab und behandelte die Libretti daher stiefmütterlich, vielleicht waren sie für eine Einzelverzeichnung und -aufstellung schlicht zu klein und zu dünn (bis heute sind Libretti in Bibliotheken vielfach als Kapselschriften aufbewahrt und bisweilen schlecht katalogisiert), vielleicht ließen sie sich wegen anonymer und mehrfacher Autorschaften nicht recht ins Autorenalphabet des *Verzeichnisses* einfügen (nach dem Format der Bücher, von welchem wiederum der Regalplatz abhängt,[6] dient im *Verzeichnis* das Autorenalphabet als zweitoberste Ordnungsinstanz). Wie dem auch sei – all diesen Faktoren zum Trotz betrachtete Magdalena Sibylla das Bündel der »Opernbücher« doch zumindest in der Summe als ein ›bibliothekswürdiges‹ Objekt, das der Aufbewahrung und Verzeichnung wert war.

Gerade in der Gegenüberstellung mit den *Opernbüchern* wird aber deutlich, dass, gewissermaßen am anderen Ende der Skala, innerhalb des musikbezogenen Teilbestandes der Magdalenischen Bibliothek zwei Titel herausragen und ihrerseits einen eigenen, besonderen Bereich der Sammlung bilden: *Erlebachs Hochgräfl. Schwarzburg. CappelMeisters zu Ruedelstadt Harmonische Freüde* und *Coussers Heliconische Musenlust*[7] rangieren als Bücher im Folio-Format weit vorn im *Verzeichnis* und hatten als wertvolle und repräsentative Objekte möglicherweise in der Bibliothek sogar tatsächlich einen ›schönen‹ Platz. Magdalena Sibylla scheint diese beiden Publikationen – Philipp Heinrich Erlebachs *Harmonische Freude musicalischer Freunde, Erster Theil, Bestehend In Funffzig Moralisch- und Politischen Arien, nebst zugehörigen Rittornellen*[8] und Johann Sigismund Kussers *Heliconische Musen-Lust, Bestehend In einigen Arien Aus der Opera Ariadne*[9] – gemeinsam in einem Zuge katalogisiert zu haben. Tinte, Feder, Schrift und Platzierung der Einträge im *Verzeichnis* lassen erkennen, dass es sich um nachträgliche Ergänzungen handelt, also wohl um die im Titel des *Verzeichnisses* erwähnten Nachträge vom 1. März 1702.[10] Die beiden Werke erhielten dabei direkt aufeinanderfol-

6 Die Folianten beispielsweise standen lt. *Verzeichnis* auf den Regalen (»TAB.«) 1, 2, 3, 4, 7, 8, 9, z., die Bücher im Quartformat auf den Regalen 6, 14, 19, usw.

7 Verzeichnis der Jenigen Bücher (wie Anm. 1), S. 4 bzw. S. 6.

8 Philip Heinrich ERLEBACH: Harmonische Freude Musicalischer Freunde, Erster Theil, Bestehend In Funffzig Moralisch- und Politischen Arien, nebst zugehörigen Rittornellen à II Violini & Basso-continuo, Nürnberg, 1697. Der zweite, 1710 erschienene Teil ist für die vorliegende Untersuchung nicht relevant.

9 J.[ohann] S.[igismund] COUSSER: Heliconische Musen-Lust, Bestehend In einigen Arien Aus der Opera Ariadne. Mit Einer und zweyen Stimmen, samt unterschiedlichen Instrumenten, Stuttgart 1700.

10 Siehe Verzeichnis der Jenigen Bücher (wie Anm. 1).

gende Nummerierungen – Erlebach die »Nro. 89«, Kusser die »Nro. 90« – und waren beide auf dem Regal »TAB: 7.« aufgestellt.[11] Die Vergabe der Nummern 89 und 90, d. h. der nahezu höchsten Nummern in der Formatrubrik der Folianten,[12] lässt darauf schließen, dass es sich mit um die spätesten Zugänge im Bereich der Folianten handelt, zumal eine Datierung auf 1702 ohnehin naheliegt, weil Kussers im Jahr 1700 erschienene *Heliconische Musen-Lust* ja nicht bereits 1698 zum Zeitpunkt der Anlage des *Verzeichnisses* zur Bibliothek gehört haben konnte. Erlebachs *Harmonische Freude*, obwohl bereits 1697 erschienen, kam also höchstwahrscheinlich erst ca. 1702 in einem Zuge mit Kussers Werk in die Bibliothek. Unter den musikbezogenen Publikationen der Sammlung sind somit Kusser und Erlebach die zuletzt hinzugekommenen (alle anderen musikbezogenen Einträge sehen im *Verzeichnis* nicht nachgetragen aus und stehen nicht am Ende der Rubriken) und mit Abstand jüngsten Titel, gefolgt von Amalia Catharina zu Erbachs *Andächtiger Singelust* von 1692, dann den Stierlin-Drucken von 1688 bzw. 1687 und schließlich den nochmals deutlich älteren Rist-Drucken mit Erscheinungsjahren zwischen 1649 und 1665.

Kusser war im Jahre 1700 durch eine regelrechte Veröffentlichungsserie aufgefallen; Magdalena Sibylla besaß allerdings nicht etwa alle fünf Stuttgarter Kusser-Drucke, sondern mit der *Heliconischen Musen-Lust* genau dasjenige Werk, das textbezogen ist. Die vier Orchestersuitensammlungen *Composition de Musique* (1682), *Apollon enjoüé* (1700), *Festin des Muses* (1700) und *La cicala della cetra d'Eunomio* (1700) hingegen blieben außen vor. Selbstverständlich kann dieser Befund allen möglichen Zufällen geschuldet sein, aber es ist andererseits doch auffällig, dass nicht nur mit Bezug auf Kusser, sondern insgesamt kein einziges der in der Bibliothek vorhandenen musikalischen »Bücher« rein instrumentalmusikalischer Natur ist. Die Möglichkeit einer textlichen Lektüre ›als Literatur‹ mag demnach so etwas wie eine Bedingung der Einreihung von Musikalien unter die »Bücher« gewesen sein.

2. Repräsentative Bücher höfischer Funktionsträger

Ein weiteres Merkmal verbindet diese beiden Titel und unterscheidet sie gleichzeitig von den anderen Musikalien der Bibliothek. In beiden Fällen handelt es sich um Publikationen höfischer Funktionsträger, einerseits des württembergischen Oberkapellmeisters Johann Sigismund Kusser,[13] andererseits des Rudolstädter Hofkapellmeisters Philipp Heinrich Erlebach.[14] Es scheint womöglich eine kleine Anschaffungsserie vorzuliegen, die gezielt hö-

11 Verzeichnis der Jenigen Bücher (wie Anm. 1), S. 4 und 6.

12 Es folgt lediglich noch mit »Nro. 91«, *Kraußen Historische Bilderbibel im klein Folio*; Verzeichnis der Jenigen Bücher (wie Anm. 1), S. 11.

13 Kusser war 1699 von Herzog Eberhard Ludwig gegen den Widerstand des amtierenden Kapellmeisters Schwartzkopff als Oberkapellmeister verpflichtet worden; vgl. Samantha OWENS: Johann Sigismund Kusser: Adonis, critical edition, Middleton/WI 2009, S. xiv.

14 Bernd BASELT: Der Rudolstädter Hofkapellmeister Philipp Heinrich Erlebach (1657–1714): Beiträge zur mitteldeutschen Musikgeschichte des ausgehenden 17. Jahrhunderts, 2 Bde., Univ. Diss. Halle 1963; DERS: Die Musikaliensammlung der Schwarzburg-Rudolstädtischen Hofkapelle unter P. H.

Philip Heinrich Erlebachs
Hoch Gräfl. Schwartzburgisch- und Hohnsteinischen
Capell-Meisters zu Rudelstadt
Harmonische Freude
Musicalischer Freunde /
Erster Theil /
Bestehend
In
Funffzig Moralisch- und Politischen Arien, nebst zugehörigen Ritornellen
à
II VIOLINI
&
BASSO-CONTINVO.
Nürnberg / gedruckt bey Christian Sigmund Froberg / 1697.

Abb. 1: Philipp Heinrich ERLEBACH: Harmonische Freude Musicalischer Freunde, 1. Theil, Nürnberg 1697, Titelseite.

fisch-repräsentativen Objekten galt, denn auch der Eintrag *Nro. 88. Hertzog Heinrichs zu Sachsen fürstl. Baulust*[15] – ebenfalls ein 1702er-Nachtrag – bezeichnet eine entsprechend hofnahe Publikation, die 1698 oder 1700 erschienene Dokumentation der Römhilder Festarchitekturen und Dekorationen durch Herzog Heinrich zu Sachsen-Römhild.[16] Geht man insgesamt von dem von Joachim Kremer ausführlich beschriebenen und belegten Sammelinteresse der Magdalena Sibylla aus, in dem ihre »frömmigkeitsgeschichtliche Selbstverortung erkennbar« wird,[17] bleibt mithin die Frage offen, inwiefern die 1702 dokumentierte Sammlungserweiterung noch denselben Interessen unterlag, oder ob vielmehr ein gewisser Wandel der Zielrichtung zu beobachten ist.

Erlebach, in: Walther SIEGMUND-SCHULTZE (Hg.): Traditionen und Aufgaben der Hallischen Musikwissenschaft, Halle 1963, S. 105–134; DERS.: Die frühdeutsche Oper am Schwarzburg-Rudolstädtischen Hofe unter Philipp Heinrich Erlebach (1657–1714), in: Friedhelm BRUSNIAK (Hg.): Musiktheatralische Formen in kleinen Residenzen, Köln 1993, S. 32–54.

15 Verzeichnis der Jenigen Bücher (wie Anm. 1), S. 9.

16 Des Durchlauchtigsten Fürsten und Herrn Heinrichens, Hertzogen zu Sachsen, Jülich, Cleve und Berg [...] Fürstliche Bau-Lust. Nach Dero selbsteigenen hohen Disposition, [Römhild] 1698. Vgl. Heiko LASS: Die Fürstliche Bau-Lust des Herzogs Heinrich von Sachsen-Römhild, in: archimaera 3 (2010): Ephemere Architektur, S. 55–71, welcher aufgrund der Datierung einiger in dem Band enthaltener Stiche auf 1700 darauf hinweist, dass auch dieser Band wohl eher erst 1700 als bereits 1698 erschienen ist (S. 69, dort Anm. 1).

17 KREMER: Pietistisches Bekenntnis (wie Anm. 2), S. 47.

Erlebachs Werk erschien in Nürnberg im Verlag Christian Sigmund Frobergs, in dessen Programm, wie es sich über den Karlsruher Virtuellen Katalog zumindest ansatzweise eruieren lässt, sonst vor allem Architektur, Kunsthandwerk oder Geographie zu finden waren, aber auch das *KirchGesang-Buch* 1681 und im frühen 18. Jahrhundert weitere Gesangbücher. Titelblatt (siehe Abb. 1) und Vorspann der Publikation stellen die höfische Bindung Erlebachs sehr stark heraus; zwei ganze Seiten sind der Nennung der nicht weniger als vier Widmungsträger (Graf Albert Anton und Gräfin Emilie Juliane von Schwarzburg-Rudolstadt, beider Sohn Graf Ludwig Friedrich und dessen Frau Anna Sophia, geb. Herzogin von Sachsen) in aller Form vorbehalten, gefolgt von einer zweiseitigen Widmungsadresse. Erst danach folgt schließlich eine wesentlich kürzere, gewissermaßen an die Allgemeinheit gerichtete Vorrede »An den Hochgeneigten Leser«.

Bei Kussers *Heliconischer Musen-Lust* hingegen gibt es keine Widmungen, das Titelblatt (siehe Abb. 2) ist etwas schlichter gehalten, und die Adressierung der Vorrede ist bemerkenswert nüchtern und allgemein gefasst: »Günstiger und Stands-gemäß geehrter Leser«. Bei näherer Betrachtung zeigt allerdings auch die *Heliconische Musen-Lust* deutlich ihre Hofnähe. Das sorgfältig gestochene Werk erschien beim Stuttgarter Hofdrucker (und Kussers Schwiegervater) Paul Treu,[18] welcher Papiere mit überaus prachtvollen, unmittelbar auf die höfische Legitimation verweisenden Hirsch-Wasserzeichen und Gegenmarken verwendete: Das heute in der Stuttgarter Württembergischen Landesbibliothek befindliche Exemplar[19] zeigt im Vorsatzblatt einen kapitalen Hirsch, einen springenden und die Geweihstange nach vorn reckenden Zehnender.[20] Weitere Zeichen im Druckpapier der *Heliconischen Musen-Lust* sind die Buchstaben »W B« (für Württemberg?), ferner – sehr aufwändig – das komplette herzoglich württembergische Wappen (in der bis 1705 gültigen vierteiligen Form ohne Herzschild[21]) und z. B. in der letzten Notenseite des Violoncello-Stimmdrucks ein »W«

18 Hatte Treu 1682 noch schlicht als »Imprimeur« firmiert (*Composition de Musique*), nannte er sich 1699/1700 »Hoff- und Cantzley-Buchdruckern« (Libretto *Der In seiner Freyheit vergnügte Alcibiades*; *Heliconische Musen-Lust*), bzw. »Imprimeur de la Cour & de la Chancellerie« (*Apollon Enjoüé*).

19 WLB Stuttgart, Sch. K. Musik Kus 80/150, einzusehen unter http://digital.wlb-stuttgart.de/purl/bsz368223760. Die *Heliconische Musen-Lust* scheint heute außerordentlich selten: Gemäß Karlsruher Virtuellem Katalog hält weltweit einzig die WLB Stuttgart den Druck. Für den ersten Band von Erlebachs *Harmonischer Freude* konnten immerhin vier Exemplare ermittelt werden (Staatsbibliothek Berlin, British Library, Bibliothèque nationale de France, WLB Stuttgart); der 1710 erschienene zweite Band ist häufiger überliefert. – Die Originalexemplare aus der Bibliothek der Magdalena Sibylla sind – im Gegensatz zu anderen Drucken aus ihrer Bibliothek – heute nicht mehr nachzuweisen; das WLB-Exemplar des Erlebach-Drucks trägt weder eine Nr. »89« noch einen Besitzvermerk, und beim Kusser-Druck handelt es sich um einen Zugang im Jahr 1922, ebenfalls ohne Nummerierung und Besitzvermerk, aber gemäß dem im Buchdeckel eingeklebten Wappenzettel »Kgl. Bibliothek« immerhin aus württembergischem Bestand des 19. Jahrhunderts stammend.

20 Das Wasserzeichen ist bei Piccard (Online) nicht verzeichnet. Derselbe Hirsch (allerdings im Kopf- und Geweihbereich stark korrumpiert) ziert auch die Papiere der Stuttgarter Handschrift zur Oper *Adonis* (ca. 1699, möglicherweise autograph von Kusser), WLB Stuttgart, Cod. mus. II fol. 1.

21 Otto von Alberti/Friedrich Freiherr von Gaisberg-Schöcking/Theodor Schön u. a.: Württembergisches Adels- und Wappenbuch (Johann Siebmacher's großes Wappenbuch, Bd. E), Neustadt an der Aisch 1975, S. XIf.

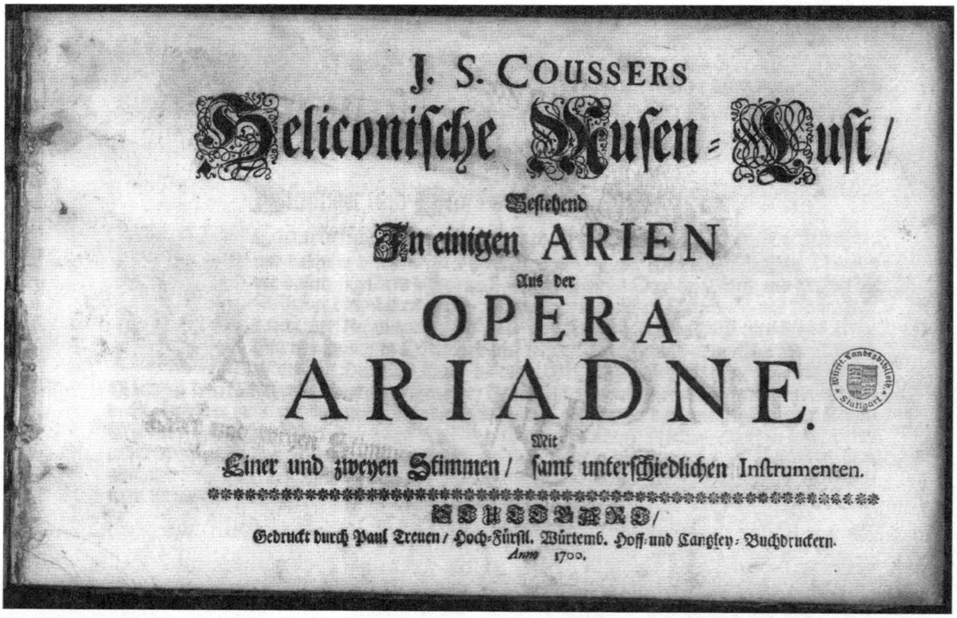
J. S. COUSSERS
Heliconische Musen-Lust/
Bestehend
In einigen ARIEN
Aus der
OPERA
ARIADNE.
Mit
Einer und zweyen Stimmen / samt unterschiedlichen Instrumenten.
STUTTGART/
Gedruckt durch Paul Treuen / Hoch-Fürstl. Würtemb. Hoff- und Cantzley-Buchdruckern.
Anno 1700.

Abb. 2: J.[ean/ohann] S.[igismond/igismund] COUSSER: Heliconische Musen-Lust, Stuttgart 1700, Titelseite.

mit einem signalhornförmigen Zieransatz.[22] Den Beginn jedes Stückes schmückt, auch in den Instrumentalstimmen, eine Ziermajuskel.

3. Musik »zu aller selbst ersinnlichen Vergnügung«

Ein wichtiger Aspekt des Versuchs einer Ortsbestimmung der *Harmonischen Freude* im Rahmen der Sammlung der Magdalena Sibylla ist die Frage nach dem praktischen Verwendungszweck der enthaltenen Musik. Die Publikation selbst bietet eine solche Zweckbestimmung allerdings lediglich indirekt an, wenn Erlebach in der höfischen Widmungsadresse hinweist auf *Dero Hochachtung der Music so wol, als das Gnädige Gefallen, darmit Sie jederzeit dasjenige beglücket, so auf hohen Befehl von meiner Wenigkeit darinnen aufgeführet worden.*[23] Demnach hatte Erlebach (nicht näher bestimmte) Gelegenheiten, bei Hofe Stücke daraus aufzuführen. Auch in Zukunft würden, wie es in der Widmung weiter heißt, die *hohe[n] Personen* betreffend *unter denen funffzig Arien vielleicht einige seyn*, die *zu Dero hohen Gemüths-Vergnügung wenigstens etwas beytragen* können. In ähnlicher Weise bringt Erlebach auch in der zweiten,

22 Dieses Zeichen ist ebenfalls in der *Adonis*-Handschrift (wie Anm. 20) zu finden.
23 ERLEBACH: Harmonische Freude (wie Anm. 8), Widmungsadresse, n.p.

›bürgerlichen‹ Vorrede *An den Hochgeneigten Leser* das Argument der »Vergnügung« in Anschlag: Man könne zwar nicht *von jederman* ein gleichermaßen *gütiges Urtheil erwarten*, aber es hätten sich doch schon oft

> *aufrichtige Freunde gefunden, welche die Music als etwas Fürtreffliches, nicht alleine hoch gerühmet, sondern auch solche wider das unzeitig-vorwitzige Ansinnen derer Tadelsüchtigen rühmlichst geschützet [...]. Und eben solchen Musicalischen Freunden überlasse ich nun gegenwärtiges Werck, unter dem beständigen Wunsche, daß es in dero Hertzen jedesmal eine vollkömmlich-erfreuende Harmonie erwecken, und Ihnen zu aller selbst ersinnlichen Vergnügung Anlaß geben möge.*[24]

Die konkreten Gebrauchsmöglichkeiten bzw. Musizieranlässe, hat also der »Leser« selbst zu finden; Erlebach gibt weder Empfehlungen noch lässt der Text seiner Vorrede erkennen, dass mit ganz bestimmten Gepflogenheiten gerechnet wird. Leitende Kriterien sind vielmehr der ästhetische Genuss der Ausübenden, sowie gleichzeitig eine Art ›Dienst an der Musik‹, der hilft, die Musik (im allgemeinen Sinne die Musik als solche, als Kunstgattung) zu beschützen und zu verteidigen. Keine Rolle spielt in Erlebachs Argumentation hingegen die textliche Komponente, anders gesagt: die literarische Seite des Werkes.

Auch an dieser Stelle ist der direkte Vergleich mit Kusser interessant: Jener wird ebenfalls die Ziele seiner Arien-Sammelpublikation vor allem dahingehend bestimmen, *sothane zierliche und anmuthige Arbeit durch offentlichen Druck der Kunst-liebenden Welt noch besser bekant zu machen* und dadurch dem *Ansuchen so vieler guten Freunde* zu entsprechen. Und wie Erlebach wird sich auch Kusser an »Leser« wenden, das Interesse aber vornehmlich auf die Musik und das Musizieren lenken und den textlichen Aspekt nur in dem Hinweis streifen, die Arien seien *bißher in der Ariadnen in Diensten gewesen*[25] – also in Kussers Wolfenbütteler Oper *Ariadne* (1692) auf das Libretto von Friedrich Christian Bressand.[26]

Beide Werke erschienen in Form vollständiger gedruckter spielfertiger Stimmensätze – ein weiteres Charakteristikum, das die beiden musikalischen Folio-Objekte der Magdalenischen Sammlung miteinander verbindet und von den anderen musikbezogenen Objekten der Sammlung abhebt. Der Hauptband enthält jeweils in Partiturform Singstimme/Text und bezifferten Bass, ergänzt durch beiliegende separate Stimmhefte. Im Falle der *Harmonischen Freude* sind dies drei Einzelhefte mit obligaten Instrumentalstimmen: *RITORNELLI, zu der Harmonischen Freude [...] VIOLINO I, RITORNELLI [...] VIOLINO II* und – obwohl bereits in der Partitur enthalten, nochmals zusätzlich separat – *BASSO CONTINUO, zu der Harmonischen Freude [...]*. In gleicher Weise wird bei der *Heliconischen Musen-Lust* die Bass-Gesangs-Partitur

24 ERLEBACH: Harmonische Freude (wie Anm. 8), Vorrede *An den Hochgeneigten Leser*, n.p.

25 KUSSER: Heliconische Musen-Lust (wie Anm. 9), Vorrede, n.p. – Die Anrede »Leser« ist in deutschen Musikpublikationen des 17. Jahrhunderts nicht unüblich, siehe beispielsweise Johann Hermann Scheins Vorwort *Ad Musicophilum* im ersten Band der Opella nova, Leipzig ²1627, S. [8]: *Alhier hast du vielgeliebter Leser [...] ein Werklein Geistlicher Deutscher Concerten [...]*, oder David Schirmes Vorrede *Hochgeneigter und Music-Liebender Leser* zu Adam Kriegers Neuen Arien (1667).

26 Das in der HAB Wolfenbüttel überlieferte Exemplar des Librettodrucks (Wolfenbüttel: Bißmarck, 1692) ist abrufbar unter http://diglib.hab.de/drucke/textb-sbd-6-1/start.htm.

durch die vier Stimmhefte *VIOLONCELLO*, *PARTE PRIMA* und *PARTE SECONDA* (beide mit Binnenvorschriften *Violino*, *Haubois* und *Flauto todesco* [*sic*; gemeint ist die Traversflöte]) sowie *PARTE TERZA* (für *Violetta* und *Flauto*) komplettiert.

Die musikpraktische Ausführung betreffend zielen also beide Publikationen, Erlebach wie Kusser, auf eine sehr genau determinierte, kammermusikalische Ensemblekonzeption:[27] Ein bis zwei solistischen Singstimmen stehen zwei bis drei obligate Melodieinstrumente und eine Generalbassbegleitung gegenüber: Musik, die sich der Besetzung nach in geselligem Rahmen, als höfische oder häusliche Kammer- und Tischmusik eignete, aber ebensogut ohne Publikum ›nur‹ um des gemeinsamen Musizierens willen verwendet werden konnte, d. h. als Ausübung einer sozialen Praxis der Freundschaft, wie sie die Erlebach'sche Titelformulierung *Harmonische Freude musicalischer Freunde* durchaus nahezulegen scheint. Dass gerade das Musizieren sich als Gegenstand freundschaftlichen Miteinanders anbietet, liegt einerseits auf der Hand, andererseits ist der Begriff der Freundschaft im 18. Jahrhundert durchaus vieldimensional, schwer zu greifen und wenig erforscht, zumal in seinen regionalen, konfessionellen oder sozialen Differenzierungen. Als ein roter Faden für das aus dem 17. Jahrhundert herkommmende humanistische Freundschaftsverständnis lässt sich aber immerhin erkennen, dass Freundschaft im intensiv-vertrauensvollen Austausch über (in der Regel) gelehrt-wissenschaftliche Gegenstände zum Ausdruck kam. Erlebachs Titelformulierung deutet darauf hin, das Vergnügen an Musik als solches ›Thema‹ der Freundschaftsübung zu etablieren; die Publikation ist dabei Dokument einer komplizierten Übergangszeit, die erst allmählich in das (wissenschaftlich besser beschriebene) ›Jahrhundert der Freundschaft‹ und der Freundschaftskulte führte.[28] Ob überhaupt und ggf. wie im Hause der Magdalena Sybilla konkreter musikpraktischer und/oder lesender Gebrauch von den beiden Bänden Erlebachs und Kussers gemacht wurde, lässt sich allerdings nicht sagen.

---

27 Im Sinne der von Nicole Schwindt benannten allgemeinen Merkmale von Kammermusik: »Intimität, hohes soziales und intellektuelles Niveau, kompositorischer Anspruch, klangliche Verfeinerung«. Für das »kammermusikalischen Komponieren in Deutschland – vor allem in protestantischen Städten –« spielten schon in der zweiten Hälfte des 17. Jahrhunderts »bürgerliche Interessen eine weitaus größere Rolle« als im übrigen Europa, und es konnte »zur Erbauung, aber auch vor einem entschieden intellektuellen und fachtheoretischen Hintergrund gedeihen.« Nicole SCHWINDT: Kammermusik, in: MGG 2, Sachteil, Bd. 4, Kassel u. a. 1996, Sp. 1618–1653, die Zitate Sp. 1618 und 1627.

28 Zur Forschungsdiskussion vgl. stellvertretend die Sammelbände Wolfram MAUSER/Barbara BECKER-CANTARINO (Hgg.): Frauenfreundschaft – Männerfreundschaft. Literarische Diskurse im 18. Jahrhundert, Tübingen 1991 (insbesondere den Beitrag von Wilfried BARNER: Gelehrte Freundschaft im 18. Jahrhundert. Zu ihren traditionalen Voraussetzungen, S. 23–45) sowie Ute POTT (Hg.): Das Jahrhundert der Freundschaft: Johann Wilhelm Ludwig Gleim und seine Zeitgenossen, Göttingen 2004, in dem allerdings der Musik-Beitrag von Gerlinde WAPPLER: Freundschaft und Musik. Gleims Musikerfreunde Carl Philipp Emanuel Bach und Johann Friedrich Reichardt, S. 71–78 einen Bogen um Fragen grundsätzlicherer Natur macht. Anregend auch nach wie vor Albert SALOMON: Der Freundschaftskult des 18. Jahrhunderts in Deutschland. Versuch zur Soziologie einer Lebensform, in: Zeitschrift für Soziologie 8 (1979), S. 279–308.

4. Umfunktionierte Opernmusik: Erlebachs neustoizistische Strophenarien

Vor dem Hintergrund des ›Standorts‹ der *Harmonischen Freude* im Kontext der Magdalenischen Bibliothek und in ›Nachbarschaft‹ mit Kussers *Heliconischer Musen-Lust* stellt sich abschließend die Frage nach ihrem musikalischen und textlichen Inhalt. Auch hier weisen beide Druckwerke eine interessante Parallele auf, indem nicht nur Kussers *Heliconische Musen-Lust* eine Sammlung von Arien darstellt, die ursprünglich Opernarien gewesen waren, sondern auch die Erlebach'sche Sammlung größtenteils Opernmusik enthält. Allerdings wird dieser Umstand im Falle Erlebachs der Leserin bzw. dem Leser konsequent verschwiegen und verschleiert. Hierin unterscheiden sich Kussers und Erlebachs Publikationen also fundamental. Erst Bernd Baselt hat 1963 in seiner Erlebach gewidmeten Dissertation die Opernherkunft eines Großteils der Arien der *Harmonischen Freude* aufgedeckt. Da Baselts ungedruckt gebliebene Studie einerseits vergleichsweise schlecht greifbar ist, den Ergebnissen andererseits wenig hinzuzufügen ist, sollen seine Ergebnisse an dieser Stelle ausführlicher zititert werden: »Der 1. Teil [...] bewahrt in zum Teil textlicher Parodierung, Neufassung und strophischer Erweiterung den größten Anteil der geschlossenen Soloformen aus der Oper ›Die Plejades oder das Siebengestirne‹ (Braunschweig 1693, Hamburg 1694), der 2. Teil der Ariensammlung gründet sich auf die Gesänge der Oper ›Die siegende Unschuld unter dem Beispiele Hunonis, Grafen zu Oldenburg‹ (Rudolstadt 1702).«[29] Dabei können »[a]us der ›Harmonischen Freude‹ 1. Teil [...] insgesamt 37 Stücke als Parodie auf den Operntext identifiziert werden (29 Arien, 6 Duette und 2 Terzette)«,[30] wobei die »Reihenfolge der Arien in der ›Harmonischen Freude‹ [...] von der sich aus dem Operntext ergebenden Abfolge der einzelnen Sätze weitgehend verändert«[31] ist.

Aufgrund dieses Befundes hat Baselt mit Nachdruck betont, dass die *Harmonische Freude musicalischer Freunde* nicht im eigentlichen Sinne als eine Liedersammlung angesehen werden kann. Ältere Einschätzungen, wie etwa von Otto Kinkeldey 1914 in der Einleitung zur Neuausgabe in den *Denkmälern deutscher Tonkunst*,[32] seien daher revisionsbedürftig: Der bisherige Forschungsstand hat, so Baselt, »zu einem Vorurteil in der Einschätzung der ›Harmonischen Freude‹ als Liedersammlung geführt, deren Unhaltbarkeit bis in die jüngste Zeit hinein zu manchen Fehlurteilen und Trugschlüssen Anlaß gab und die zu einer Aufhellung der Entstehungsgeschichte der Sammlung geradezu drängt.« Es bedeutet »eine völlige Verkennung der wahren Tatsachen, in Erlebachs Sammlungen den Typ des höfischen Gesellschaftsliedes sehen zu wollen, wie es sich im Anschluß an die volksthümlichen Sammlungen eines A. Krieger oder – auf die geistliche Ebene gehoben – in den Elmenhorst-Liedern eines J. W. Franck entwickelte.« Vielmehr »gehören diese Ariendrucke in eine Reihe mit den

29 Baselt: Erlebach (wie Anm. 14), Bd. 1, S. 173f.
30 Baselt: Erlebach (wie Anm. 14), Bd. 1, S. 197.
31 Baselt: Erlebach (wie Anm. 14), Bd. 1, S. 198.
32 Otto Kinkeldey: Einleitung. Philipp Heinrich Erlebach nebst einigen Notizen zur Geschichte der Rudolstädter Hofmusik, in: Ders. (Hg.): Harmonische Freude musikalischer Freunde. Erster und anderer Teil (Denkmäler deutscher Tonkunst, Bd. 46/47, Folge 1), Leipzig 1914, S. V–LV, hier S. XLIIf.

gleichgearteten Sammlungen eines J. Löhner, N. A. Strungk, J. S. Cousser, J. Ph. Krieger oder R. Reiser, um nur einige zu nennen«.[33]

Erlebach hatte im Jahr 1693 in Braunschweig und 1694 in Hamburg seine Oper *Die Plejades Oder das Sieben-Gestirne* zur Aufführung gebracht. Dieses an Bühnenbildern und Maschinen reiche dreiaktige Werk, dessen Libretto ebenfalls von Bressand stammt, behandelt die Liebe Jupiters zu den drei Atlastöchtern Maja, Electra und Taigeta, die Verfolgung Electras durch Orion, die Verwandlung der sieben Töchter des Atlas in ein Sternbild und die dadurch ermöglichte Aussöhnung der Ehegatten Jupiter und Juno, die sich allen Seitensprüngen Jupiters zum Trotz schließlich ewige Treue schwören.[34] Indem nun Magdalena Sybilla den ersten Teil von Erlebachs *Harmonischer Freude musicalischer Freunde* in ihrer Bibliothek führte, verfügte sie über Musik aus dieser Braunschweiger Oper, allerdings in überaus gründlich überarbeiteter, gänzlich neu kontextualiserter Form. Entscheidend hierfür sind die neuen Texte, die – wie Baselt vermutet – Erlebach selbst[35] verfasst und auf diese Weise die vollständige Rekontextualisierung der Musik als »zur [...] Vergnügung« (s. o.) gedachte Sammlung konzertierender Arien erst ermöglicht hatte. Baselts gattungstypologische Abgrenzung, nach welcher die *Harmonische Freude* nicht auch liedgeschichtlich, sondern rein operngeschichtlich zu betrachten wäre, fällt mithin doch allzu radikal aus. Vielmehr schließen sich beide Betrachtungsweisen gegenseitig gar nicht aus, da ja gleichermaßen zutrifft, dass die Arien ursprünglich in einem Opernkontext konzipiert waren, wie dass sie durch die Neutextierung und Rekontextualisierung zu weltlichen Einzelarien oder Liedern geworden sind.[36]

Auch wenn sich natürlich nicht mit Gewissheit ausschließen lässt, dass Magdalena Sibylla in irgendeiner Weise über den Opernbezug der *Harmonischen Freude* informiert war, erscheint dies doch eher unwahrscheinlich. Es ist demnach nicht anzunehmen, dass hinter ihrem Interesse an der *Harmonischen Freude* letztlich ein Interesse am Aufbau einer Opern-

---

33 Baselt: Erlebach (wie Anm. 14), Bd. 1, S. 173f.

34 F.[riedrich] C.[hristian] Bressand: Die Plejades Oder das Sieben-Gestirne, in einem Sing-Spiele auf Dem Braunschweigischen Schau-Platze vorgestellet, im Jahr 1693, Braunschweig [1693]. Das in der HAB Wolfenbüttel überlieferte Exemplar ist abrufbar unter http://diglib.hab.de/drucke/textb-sbd-6-2/start.htm.

35 Baselt: Erlebach (wie Anm. 14), S. 178. Baselt beurteilt die Frage eindeutig zugunsten Erlebachs: »Dadurch, daß die Musik zu den Arien fertig vorlag und nur mit neuem Text versehen zu werden brauchte, wird gleichzeitig die Frage nach deren Verfasser beantwortet. Die Frage, was ihn jedoch dazu bewogen haben könnte, diese Gesänge textlich zu parodieren und neue Strophen dazuzudichten, ist nicht leicht zu entscheiden. Insgesamt stellen die textlichen Anteile der ›Harmonischen Freude‹ keine schlechteren Vorwürfe dar als die meisten Belege aus Opernarien«; dazu die Anm. 265 (ebd., Bd. 2, S. 595): »Die Frage nach dem Verfasser der Arientexte der ›Harmonischen Freude‹ ist m. E. zugunsten Erlebachs entschieden. Mehrere Zeugnisse seiner Dichtkunst liegen vor (vgl. das Trauergedicht auf den Tod des Hofkantors Metzel sowie die mit seinem Namen gezeichneten weltlichen und geistlichen Kantaten), die von seinem Talent in dieser Hinsicht berichten, und es dürfte für einen Mann mit einigermaßen poetischem Empfinden keine größere Schwierigkeit bereitet haben, die vorliegenden Stimmungsbilder auszuweiten.«

36 Eine auf den musikalischen Stil und/oder die Form gestützte Gattungsabgrenzung zwischen ›Lied‹ und ›Arie‹ ist für die Zeit um 1700 weder sinnvoll noch möglich, vgl. Silke Leopold: Arie, Abschnitt »II. 17. Jahrhundert«, in: MGG 2, Sachteil Bd. 1, Kassel u. a. 1994, Sp. 813–816, und Peter Jost: Artikel »Lied«, in: MGG 2, Sachteil Bd. 5, Kassel u. a. 1996, Sp. 1259–1328, insbes. Sp. 1280–1287.

sammlung o. Ä. stand; vielmehr scheint der (verdeckte) Opernbezug für eine Standortbestimmung der *Harmonischen Freude* im Rahmen der Musikaliensammlung der Magdalena Sibylla keine Bedeutung zu besitzen. Im Gegenteil ist eher davon auszugehen, dass die Eliminierung des Opernbezugs Erlebachs Musik erst gewissermaßen die Tür in die Magdalenische Büchersammlung öffnete, indem sie eine von der Oper völlig unabhängige, höfisch-häusliche ›Rezeptionsschiene‹ erschloss.

Eine treffende Gesamtcharakterisierung der musikalischen Form und des Stils der fünfzig Arien hat ebenfalls Bernd Baselt in einem späteren Aufsatz vorgenommen und dabei zu Recht insbesondere darauf abgehoben, dass Erlebach den instrumentalen Anteilen am Satz große Aufmerksamkeit gewidmet hat. Bei Erlebach »bekommt insbesondere das in Mitteldeutschland noch durchaus neuartige Gestaltungsprinzip der Da-capo-Arie [...] eine erste und bereits festgefügte Gestaltung. Erlebach macht sich [...] in Form und Aufführungspraxis alle damals gebräuchlichen Kunstgriffe (wie basso ostinato bzw. quasi ostinato, in Tempo und Satzart kontrastierende gegensätzliche Teilung der Form [...]) zu eigen [...]. In gleicher Weise wird die Ausformung des instrumentalen Begleitensembles vorangetrieben, dessen Verhältnis zur Singstimme als dem eigentlichen Träger der musikalischen Idee einem festgefügten Formprinzip unterworfen wird. Das geschieht im wesentlichen dadurch, daß der Instrumentalpart in die Ausdeutung des textlichen Vorwurfs mit einbezogen wird und im charakteristischen Einsatz der instrumentalen Klangmittel gipfelt.«[37] In der Tat sind bei ausnahmslos allen fünfzig Arien Instrumentalritornelle zwischen die Strophen geschaltet, die motivisch-assoziativ, sehr oft auch wörtlich den Hauptgedanken der Gesangslinie aufgreifen und variativ weiter ausführen. Kleingliedrig zwischen Teilabschnitten der Strophen oder auch regelrecht konzertierend zwischen einzelnen Versen platzierte Instrumentaleinwürfe gehören ebenfalls zu diesem Verfahren, Instrumental- und Vokalparts gewissermaßen gedanklich und inhaltlich auf das Engste aufeinander zu beziehen. Besonders große Wirkung entfaltet dieses Formprinzip in den zahlreichen Fällen, in denen Erlebachs Arienmelodien mit sehr kurzen, einprägsamen Motiven anheben, die zunächst (variierend) wiederholt werden, bevor der Musik auch weiter ausgreifende Bögen (ganze Sätze; Melismen) erlaubt werden. Nicht ohne einen gewissen Schematismus spaltet Erlebach auf diese Weise sehr gerne das erste Hauptwort des ersten Verses einer Arie ab, wiederholt es oft nach einer Kurzpause nochmals, und lässt erst im zweiten oder dritten Anlauf den Eingangsvers ganz vortragen (z. B. Nrn. 1, 3, 5, 10, 15). Mag diese Stileigenheit die Musik auf den ersten Blick auch etwas spröde oder ›kurzatmig‹ erscheinen lassen,[38] so kann seine Bedeutung als Indiz für die rhetorische Deutlichkeit und das regelrecht ›Sprechende‹, das Erlebach erzielt und dem er bis ins Instrumentale hinein Geltung verschafft, kaum zu hoch veranschlagt werden. Durchweg, und auch bis in die Führung der Generalbassstimme

---

37 BASELT: Frühdeutsche Oper (wie Anm. 14), S. 41.

38 Auch in einigen wenigen von Kussers *Ariadne*-Arien, das sei hier nur zum Vergleich angedeutet, begegnen solche abgespalteten, vorangestellten Kurzmotive, aber insgesamt sind Kussers Melodien flüssiger, liedhafter konzipiert als Erlebachs.

hinein, erscheint eine direkte thematische Rückbindung des Instrumentalen an die melodischen ›Gedanken‹ der Gesangsstimme – und somit indirekt an den Text – vordringlich.

Die Wiederverwendung dieser Opernmusik als *Kammermusik* reaktualisiert diese spezifische rhetorisch-musikalische Technik für die gesellige Musikpraxis abseits der Oper. Inhaltlich gesehen erscheint die *Harmonische Freude* dabei allerdings als ein von der Oper sehr weit entferntes, letztlich trotz der in weiten Teilen identischen Musik eigenständiges Werk, für dessen Verständnis der Ursprungskontext ohne Belang war. Als ganz typischer Beleg dafür, dass eine inhaltliche Beziehung der ›Parodie‹ zum ›Original‹ nicht Teil des Konzepts war, eignet sich gleich das erste Stück der Sammlung:

> [*Die Plejades*, I/2, Arie des Jupiter:]
> *Ists möglich, daß in einem herzen*
> *dreyfache flamme wohnen kan?*
> *dass mich drey fässeln binden,*
> *drey gluten mich entzünden,*
> *und ich drey schönheits-kerzen*
> *zugleich muß beten an?*
> *Ists möglich, &c.*[39]
>
> [*Harmonische Freude*, Nr. 1, erste Strophe:]
> *Ihr Neider schickt nur eure Pfeile*
> *nach der gesetzten Scheibe hin!*
> *Wer kann der Falschheit wehren?*
> *Wer will sich daran kehren?*
> *Ob ich gleich selbst urtheile,*
> *daß ich verhöhnet bin.*
> *Ihr Neider schickt nur eure Pfeile*
> *nach der gesetzten Scheibe hin!*[40]

Dem könnten viele weitere Beispiele hinzugefügt werden, auch solche Fälle wie jener der Nummer 8, wo zwar der Wortlaut ähnlich, der Sinn aber gerade entgegengesetzt ist – hatte in den *Plejades* das Stück die Klage über den Verlust des Glückes ausgedrückt, so steht es in der *Harmonischen Freude* gerade im Gegenteil für das Erreichen eines Zustandes von Glück und Zufriedenheit:

> [*Die Plejades* I/7, Beginn der Arie der Maja:]
> *Süsseste stunden,*
> *seid ihr verschwunden,*

39 Bressand: Plejades (wie Anm. 34), n.p. (Erste Handlung, Zweyter Auftritt); vgl. Baselt: Erlebach (wie Anm. 14), Bd. 2, S. 676.
40 Erlebach: Harmonische Freude (wie Anm. 8), S. 1–5.

da ich mein Leben
sahe bey mir,
[...][41]

[*Harmonische Freude*, Nr. 8, Beginn der 1. Strophe:]
Glückliches Fügen,
süsses Vergnügen
stellst du mein Herze
wieder zur Ruh'
[...][42]

In wenigen Fällen sind allerdings auch sehr direkte, fast wörtliche Übernahmen anzutreffen. Zu nennen sind aus der *Harmonischen Freude* insbesondere Nummer 15, *Fortuna, du scherzest mit mir*, deren Text ursprünglich in der Vorlage *Ihr Sternen, ihr scherzet mit mir*[43] gelautet hatte, und Nummer 45 (*Freundliches Glücke, süßeste Liebe*), die schon in der Oper (*Süßeste Lippen, / Schöneste Augen*) die Freuden erfüllter Liebe zum Thema gehabt hatte. Gerade auch an diesen Fällen lässt sich sehr gut erkennen, dass die Lösung aus dem Handlungskontext der Oper zugunsten einer inhaltlichen Verabsolutierung und Verallgemeinerung bei der Neutextierung höchste Priorität hatte. Denn derart enge Übernahmen begegnen nur bei solchen Stücken, die sich schon ›fast von selbst‹ als *Moralisch- und Politische Arien* (Titel) von allgemeiner Gültigkeit eigneten. Die Arie *Freundliches Glücke* ist hier paradigmatisch: Selbst die dialogische Duettstruktur – ein sehr opernadäquates librettistisch-kompositorisches Gestaltungsmittel – ist ganz genau beibehalten,[44] aber wo im Opernoriginal Jupiter und Electra in einem sehr konkreten Liebesglück schwelgen und sich, just bevor sie von Jupiters Gattin Juno *in flagranti* ertappt werden, gegenseitig ihres Liebreizes und ihrer Schönheit versichern[45] (siehe Abb. 3 und 4), steht in der *Harmonischen Freude* ein abstrakter, fast etwas lebloser Diskurs über die Liebe.[46] Erhalten bleibt freilich der sehr schön gefundene musikalische Ausdruck eines Liebesidylls, im pastoral wiegenden Sechsertakt und in E-Dur (siehe in Abb. 5 und 6 die beiden ersten Partiturseiten).

41 BRESSAND: Plejades (wie Anm. 34), n.p. (Erste Handlung, Siebender Auftritt); vgl. BASELT: Erlebach (wie Anm. 14), Bd. 2, S. 677.

42 ERLEBACH: Harmonische Freude (wie Anm. 8), S. 19f.

43 BRESSAND: Plejades (wie Anm. 34), n.p. (Dritte Handlung, Zwölfter Auftritt).

44 Dies sei allerdings mit der Einschränkung gesagt, dass sich dieser Vergleich nur auf den Text stützt, da ja die Partitur der Oper nicht erhalten ist.

45 *Jup[iter]. Süsseste lippen, / El[ectra]. Schöneste augen, / wenn ich euch sehe, / Jup. wenn ich euch küsse, / Beyde. bin ich vergnügt, / Jup. Wenn ich aus euren korallenen klippen / himmlischen Nectar kan saugen, / El. Wenn ich nicht euere strahlen vermisse, / deren gewalt jedes herze besiegt. / Jup. Süsseste lippen [etc.]*; BRESSAND: Plejades (wie Anm. 34), n.p. (Dritte Handlung, Siebender Auftritt).

46 *[Alt] Freundliches Glücke, [Sopran] Süsseste Liebe, wirst du mich führen, [Alt] wirst du mich schützen, [beide] bin ich erfreut! [...] [Alt] Schenkst du mir deine annehmlichen Blicke, darff sich die Mißgunst nicht rühren. [Sopran] Lässt du mich jene Schönheit besitzen, bleibet mein Hertz dir zu dienen bereit. [Alt] Freundliches Glücke [etc.]*; ERLEBACH: Harmonische Freude (wie Anm. 8), S. 115–119.

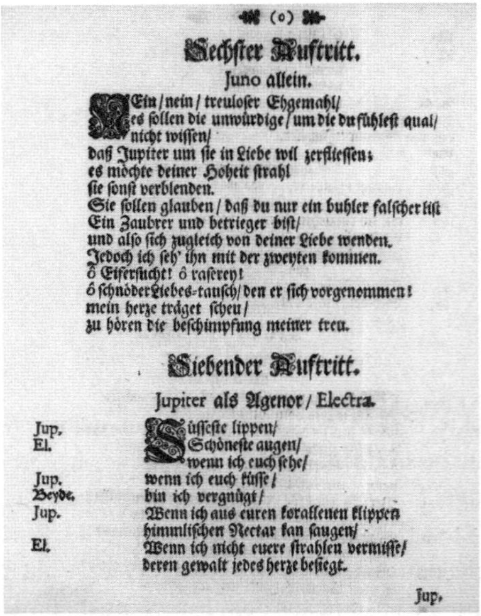

(o)

Sechster Auftritt.

Juno allein.

NEin / nein / treuloser Ehgemahl /
es sollen die unwürdige / um die du fühlest qual /
nicht wissen /
daß Jupiter um sie in Liebe wil zerfliessen;
es möchte deiner Hoheit strahl
sie sonst verblenden.
Sie sollen glauben / daß du nur ein buhler falscher list
Ein Zaubrer und betrieger bist /
und also sich zugleich von deiner Liebe wenden.
Jedoch ich seh' ihn mit der zweyten kommen.
ô Eifersucht! ô raserey!
ô schnöder Liebes-tausch / den er sich vorgenommen!
mein herze träget scheu /
zu hören die beschimpfung meiner treu.

Siebender Auftritt.

Jupiter als Agenor / Electra.

Jup. Süsseste lippen /
El. Schöneste augen /
wenn ich euch sehe /
Jup. wenn ich euch küsse /
Beyde. bin ich vergnügt /
Jup. Wenn ich aus euren korallenen klippen
himmlischen Nectar kan saugen /
El. Wenn ich nicht euere strahlen vermisse /
deren gewalt jedes herze besiegt.

Jup.

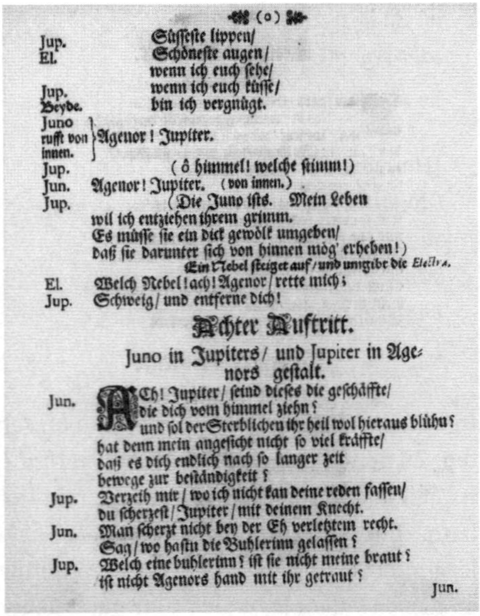

(o)

Jup. Süsseste lippen /
El. Schöneste augen /
wenn ich euch sehe /
Jup. wenn ich euch küsse /
Beyde. bin ich vergnügt.
Juno rufft von innen. Agenor! Jupiter.
Jup. (ô himmel! welche stimm!)
Jun. Agenor! Jupiter. (von innen.)
Jup. (Die Juno ists. Mein Leben
wil ich entziehen ihrem grimm.
Es müsse sie ein dick gewölk umgeben /
daß sie darunter sich von hinnen mög' erheben!)
Ein Nebel steiget auf / und umgibt die Electra.
El. Welch Nebel! ach! Agenor / rette mich;
Jup. Schweig / und entferne dich!

Achter Auftritt.

Juno in Jupiters / und Jupiter in Agenors gestalt.

Jun. ACh! Jupiter / seind dieses die geschäffte /
die dich vom himmel ziehn?
und sol der Sterblichen ihr heil wol hieraus blühn?
hat denn mein angesicht nicht so viel kräffte /
daß es dich endlich nach so langer zeit
bewege zur beständigkeit?
Jup. Verzeih mir / wo ich nicht kan deine reden fassen /
du scherzest / Jupiter / mit deinem Knecht.
Jun. Man scherzt nicht bey der Eh verletztem recht.
Sag / wo hastu die Buhlerinn gelassen?
Jup. Welch eine buhlerinn? ist sie nicht meine braut?
ist nicht Agenors hand mit ihr getraut?

Jun.

Abb. 3 und Abb. 4: Jup[iter]. Süsseste lippen, / El[ectra]. Schöneste augen, aus: F.[riedrich] C.[hristian] Bressand: Die Plejades Oder das Sieben-Gestirne [...], Braunschweig [1693], n.p. (Dritte Handlung, Siebender Auftritt).

Auch die Ausweitung der in der Bressand-Erlebach'schen Oper einstrophigen Arien zu den ausnahmslos mehrstrophigen Arien der *Harmonischen Freude* ist ein für den Umarbeitungsprozess insgesamt absolut typisches Merkmal, das die Entfernung der Stücke der *Harmonischen Freude* von den zugrundeliegenden Opernstücken zusätzlich vergrößert: Waren in der Oper die ziemlich kurzen Arien in einen großen musikalischen und dramaturgischen Gesamtzusammenhang eingebunden und auf diesen angewiesen, so sind durch die Mehrstrophigkeit (oft vier Strophen wie beispielsweise in den zitierten Fällen der Nummern 1 und 8, oft fünf oder sechs, in wenigen Fällen auch nur drei) die Arien der *Harmonischen Freude* bedeutend verlängert und auch auf diese Weise zu Einzelstücken verselbständigt. Zwischen den 37 ehemaligen Opernarien und den übrigen dreizehn möglicherweise neu hinzukomponierten, möglicherweise aus einem unbekannten anderen Zusammenhang übernommenen Stücken ist somit innerhalb der *Harmonischen Freude* keine substanzielle Unterscheidung zu machen.

Textlich zieht sich ein lehrreich-didaktischer Charakter durch die gesamte Sammlung. Besungen werden in allgemein gehaltener Weise bestimmte Werte und Tugenden: Vergnügen (Nr. 3), Fröhlichkeit (Nr. 4), Zuversicht und Sorglosigkeit (Nrn. 5, 10, 23, 42), Beständigkeit, Zuverlässigkeit (Nrn. 6, 18), Verschwiegenheit (Nrn. 7, 19, 32), Glück (Nr. 8), Treue (Nrn. 11, 12, 13), Freundschaft (Nrn. 11, 21, 38), Liebe und Liebesglück (Nrn. 12, 43, 45), Reinheit des Gewissens (Nrn. 16, 20), Freiheit und Gedankenfreiheit (Nrn. 22, 28), Duldsamkeit und Zuversicht (Nr. 26), Schicksalsergebenheit (Nr. 27), Geselligkeit mit Trinken und Singen (Nrn. 30, 33), Ehrlichkeit und Redlichkeit (Nr. 34), Tugendhaftigkeit (Nr. 35),

Abb. 5 und Abb. 6: Philipp Heinrich ERLEBACH: Freundliches Glücke, süßeste Liebe (Partiturseite 1 und 2) aus: DERS.: Harmonische Freude Musicalischer Freunde, 1. Theil, Nürnberg 1697, Nr. 45, S. 115 und S. 116.

Entschlussfreudigkeit und Mut (Nrn. 36, 39), Mäßigung und Friedfertigkeit (Nr. 37), Geduld (Nr. 40), Keuschheit (Nr. 41), Jugend (Nr. 43), Wahrheit (Nr. 44), Standhaftigkeit (Nr. 46). Weitere Arien unterstreichen diese Werte und Tugenden, indem sie deren negative Gegenpole thematisieren: Neid, Einfalt, Besserwisserei (Nr. 1), Traurigkeit und Trübsinn (Nrn. 4, 47), Eigensinn und Besserwisserei (Nr. 9), Verleumdung und Rachsucht (Nr. 16), Falschheit und Heuchelei (Nrn. 24, 48), Unzufriedenheit (Nr. 50). Die übrigen Arien vermitteln, ebenfalls zum Programm passend, allgemeine Lebensweisheiten: *die Zeit flieht unaufhaltsam* (Nr. 2), *Fortuna ist unberechenbar* (Nrn. 6, 15), *Jammern und Klagen ist immer vergeblich* (Nr. 14), *Einsamkeit gibt Gelegenheit zu innerer Einkehr* (Nr. 17), *auf schlechte folgen bessere Zeiten* (Nr. 26), *allzu große Hoffnungen führen zu umso herberen Enttäuschungen* (Nr. 29), *Blicke verraten oft mehr als Worte* (Nr. 29), *Stille Wasser sind tief* (Nr. 32).

Der unpersönlich-nüchterne – um nicht zu sagen durchaus trockene – Grundton dieser Dichtungen hat also System. Von der literarischen Seite her betrachtet ist die *Harmonische Freude* ein geschlossener Gedichtezyklus mit praktisch-philosophischem Anspruch. Als beherrschender Tenor überspannt eine unverkennbar stoische Ethik – genauer: eine neustoizistische Verhaltenslehre im Gefolge von Justus Lipsius' *De Constantia* (1584) und ihrer großen Konjunktur in der deutschen Dichtung des 17. Jahrhunderts[47] – den gesamten Zyklus. Erlebach stellt ein an den Maximen der Standhaftigkeit, Bändigung der Affekte und Tugendhaftigkeit ausgerichtetes Panorama der Lebensweisheiten auf, die dem Einzelnen auch unter schwierigen Umständen (innere) Unabhängigkeit und Seelenruhe (*tranquilitas animi*[48]) zu sichern vermögen.[49] Dabei verzichtet er auf jegliche religiöse oder gar konfessionelle Zuordnung.[50]

Als zwei unter vielen möglichen Beispielen seien zur Illustration die Arien Nummer 6 und Nummer 26 zumindest kurz angesprochen. Nummer 26 preist die Vorzüge von stoischer Affektbeherrschung und Geduld:

---

47 Einen Überblick gibt Jochen SCHMIDT: Grundlagen, Kontinuität und geschichtlicher Wandel des Stoizismus, in: Barbara NEYMEYR/Jochen SCHMIDT/Bernhard ZIMMERMANN (Hgg.): Stoizismus in der europäischen Philosophie, Literatur, Kunst und Politik: eine Kulturgeschichte von der Antike bis zur Moderne, 2 Bde., Berlin u. a. 2008, Bd. 1, S. 3–133, zum Neustoizismus insbes. S. 65–106. Aufschlussreich auch darin der Beitrag von Achim AURNHAMMER: Martin Opitz' Trost-Getichte: ein Gründungstext der deutschen Nationalliteratur aus dem Geist des Stoizismus, Bd. 2, S. 711–729, der den Zusammenhang der »Entaktualisierung und Entpersonalisierung bis hin zum distanziert-nüchternen Sprachstil« mit dem Entwurf einer »spezifisch stoischen Poetik« aufzeigt (S. 728).

48 Zu diesem stoischen Zentralbegriff ebenfalls SCHMIDT: Grundlagen (wie Anm. 47), S. 99–101.

49 Inhaltlich ein wenig aus der Reihe fallen allenfalls die Klage über unerwiderte Liebe in der Nummer 25 und das resignierte Herbeisehnen des Todes in der Nummer 49.

50 Vgl. aber die Ausführungen von Gerhard Oestreich über die Nähe von Neustoizismus und Pietismus: Der Pietismus »hatte gewiß ebenso wie der Puritanismus in England [...] Impulse vom Neustoizsmus erhalten und sich anverwandelt. Die gewaltige pädagogische Kraft, das Gefühl der strengen Verantwortung, der Wille zum aktiven Einsatz und zur beständigen Arbeit, die methodische Übung und ständige Selbstkontrolle, der Kampf gegen jede falsche moralische Sicherheit, die Mahnung zur Mäßigung, Selbstbeherrschung und Askese waren allen Bewegungen gemeinsam.« Gerhard OESTREICH: Justus Lipsius und der politische Neustoizismus in Europa, in: NEYMEYR/SCHMIDT/ZIMMERMANN: Stoizismus (wie Anm. 47), Bd. 1, S. 575–630, hier S. 623.

Ihr Gedancken, quält mich nicht!
Solcher Schmerzen [sic]
raubt dem Herzen
alles Licht,
Ein geduldiges Ertragen
leichtert viel mehr unsre Plagen,
denn es muß das größte Leyd
doch verschwinden mit der Zeit.
Ihr Gedancken, quält mich nicht!
Solcher Schmerzen
raubt dem Herzen
alles Licht.[51]

Thema der sechsten Arie – bezeichnenderweise eines der nicht aus den *Plejades* stammenden, sondern wohl für die *Harmonische Freude* exklusiv geschriebenen Stücke – ist die von Lipsius zur zentralen Tugend erhobene Beständigkeit, für die Erlebach textlich (mit einem zwölfmal wiederkehrenden, die Strophen einleitenden und beschließenden Refrain »Ich stehe fest, und wancke nicht«) wie musikalisch (mit langen Haltetönen jeweils bei dem Refrainwort »fest«) gleichermaßen plastische Formulierungen findet (siehe Abb. 7 und 8).

Anstelle von Titeln ist jedem einzelnen Stück als Motto eine zweizeilige Sentenz vorangestellt, die nicht aus dem eigentlichen Liedtext stammt, sondern als ein rein literarischer, nicht musikalisierter Bestandteil den Sinn der betreffenden Arie signalisiert. Im Fall der oben zitierten Nummer 1 beispielsweise lautet dieses Motto *Des Tadlers Stich, / Verlache ich*, bei Nr. 6 *Wenn das Glücke Wetterwendig, / Bleibt mein Herze doch beständig*, bei Nr. 8 *Mein Sehnen ist gestillt, / Und mein Wunsch nun erfüllt*, bei Nr. 15 *Des Glückes-Spiele Betrügen viele*, bei Nr. 26 *Die Zeit verkehret, / Was uns beschwehret*, bei Nummer 45 *Wann Liebe und Glück sich vergatten, / Geht alles nach Wunsche von statten* und so fort. Diese Titel-Motti, die stark an den Gebrauch von Motto-Inschriften im Kontext der Emblematik erinnern, unterstreichen zusätzlich den literarisch-ethischen Charakter und möglichen Lese-Gebrauch der *Harmonischen Freude musicalischer Freunde.*

51 ERLEBACH: Harmonische Freude (wie Anm. 8), S. 69–71. In den *Plejades* ursprünglich Arie der Juno, II/1, *Dunkle schatten, ihr allein / sollt der schmerzen / meines herzen / zeugen seyn*; BRESSAND: Plejades (wie Anm. 34), n.p. (Zweyte Handlung, Erster Auftritt).

Abb. 7: Philipp Heinrich ERLEBACH: Ich stehe fest, und wancke nicht, aus: DERS.: Harmonische Freude Musicalischer Freunde, 1. Theil, Nürnberg 1697, Nr. 6, S. 15.

Abb. 8: Philipp Heinrich ERLEBACH: Ich stehe fest, und wancke nicht, aus: DERS.: Harmonische Freude Musicalischer Freunde, 1. Theil, Nürnberg 1697, Nr. 6, S. 16.

5. Zusammenfassung

Philipp Heinrich Erlebachs *Harmonische Freude musicalischer Freunde* bildet zusammen mit der *Heliconischen Musen-Lust* von Johann Sigismund Kusser innerhalb des Magdalenischen Musikalienbestandes sicherlich ein eigenes, wenn auch minimal kleines Sonderkorpus, dessen musikalisch-kulturelle Bestimmung eine ganz andere zu sein scheint als etwa diejenige der Gesangbücher und Andachtsmusik, der *Hauß Music*, *Seelenlust*, *Geistliche[n] Zeit Vertreibung* und *Andächtige[n] Singlust* eines Rist, Stierlin oder der Gräfin von Erbach.[52] Beide Druckwerke vermitteln in Form von zur Kammermusik geeigneten Stimmendrucken vergleichsweise aufwändige Musik, kunstvolle Kompositionen, die in beiden Fällen (weitestgehend) aus zeitgenössischen Braunschweiger Bressand-Opern stammen. Beide Publikationen stehen programmatisch unter dem Anspruch, Musik zur »Lust« bzw. »Freude« aufzubieten. Kusser verweist dabei in zeittypischer Manier auf das Gebirge Helikon, den antiken Sitz der Musen, macht also in allegorischer Weise den (musizierenden, wohl höfischen) »Leser« der Ausgabe gedanklich zu einem Teilhaber antik-musischer »Vergnügung«. Erlebach hingegen positioniert sein Werk strikt praxis- und gegenwartsbezogen (»Politisch«), spricht (im Gegensatz zu Kusser) ganz explizit auch die »Nidrigen« Personen an[53] und evoziert die Vorstellung eines Kreises von »musicalischen Freunden«, deren Qualifikation, »Freude« am Gebrauch der Arien zu haben, einzig in ihrer musikalischen (Urteils-)Fähigkeit und in einem gemeinsamen philosophisch-ethischen Werteverständnis liegt, wie es in den neustoizistisch grundierten Texten zum Ausdruck kommt.

Auch wenn die Gründe der Integration in die Magdalenische Bibliothek, also vor allem die Frage, ob Magdalena Sybilla das Werk gezielt gewählt oder eher zufällig erhalten, ob sie es aus Interesse oder nur aus Höflichkeit mit aufgestellt hat, ganz im Dunkeln liegen, so lässt sich doch festhalten, dass sich die *Harmonische Freude musicalischer Freunde*, so sehr sie gemeinsam mit der *Heliconischen Musenlust* auch musikalisch aus dem Sammlungskontext hervorsticht,[54] mit ihrem didaktischen Anspruch als Kompendium praktischer Weisheiten

---

52 Verzeichnis der Jenigen Bücher (wie Anm. 1), S. 25, S. 65 und S. 85 (d. h. die Einträge betreffend Johann RIST: Frommer und Gottseliger Christen Alltägliche Haußmusik oder Musikalische Andachten, Lüneburg 1654; Amalia Catharina ZU ERBACH: Andächtige Singlust, Hildburghausen 1692; Johann RIST: Sabbahtische Seelenlust, Lüneburg 1651; Johann Christoph STIERLIN: Musicalische, geistliche Zeit- und Ewigkeits-Betrachtung, Stuttgart 1688).

53 ERLEBACH: Harmonische Freude (wie Anm. 8), n.p. (Vorrede *An den Hochgeneigten Leser*).

54 Siehe KREMER: Pietistisches Bekenntnis (wie Anm. 2), S. 47. Musikalisch »unterscheidet sich die *Musenlust*« – und dasselbe gilt für die *Harmonische Freude* – »fundamental von den auf Schlichtheit ausgerichteten Generalbassliedern im Stile Rists oder Stierlins. Auch ein 1699 zum Geburtstag der Herzogswitwe aufgeführtes Singspiel (*Der in seiner Freiheit vergnügte Alcibiades*) belegt einen – gleichwohl okkasionell bedingten und vielleicht nur ausnahmsweise oder zeitweise vorhandenen – Kontakt Magdalenas zu repräsentativer und nicht theologisch fundierter Musik; insgesamt weisen aber Magdalenas Musikalien schwerpunktmäßig in den Bereich des geistlichen Liedes und der Aria.« Hilfreich in diesem Zusammenhang auch nach wie vor die von Werner Braun vorgeschlagene Unterscheidung von *Poeten-Liederbüchern* (paradigmatisch Rist) und *Musiker-Liederbüchern* (in deren Tradition die *Harmonische Freude* zu sehen wäre), Werner BRAUN: Die Musik des 17. Jahrhunderts (Neues Handbuch der Musikwissenschaft, Bd. 4), Laaber [2]1996, S. 171f.

schlüssig in das Gesamtprogramm der Bibliothek der Magdalena Sybilla einreiht. – Sah die Herzoginwitwe in dem Werk womöglich eine vorbildliche, gewissermaßen ›pietismuskompatible‹[55] Alternative zu jener epikuräisch-barocken Hof- und Opernkultur, wie sie nicht zuletzt die ›hauseigene‹ *Heliconische Musen-Lust* spiegelte?

55 Vgl. die Feststellung Joachim Kremers, dass »›pietistische Musik‹ nicht als eine absolute ästhetische, stilistische Vorgabe zu verstehen« ist, sondern dass die »›Pietismusfähigkeit‹ bestimmter Kompositionen« wesentlich vom jeweiligen Rezeptionskontext bestimmt wird; Joachim KREMER: Musikalisches Werk und historischer Kontext. Überlegungen zur ›pietistischen Musik‹ am Beispiel von Carl Philipp Emanuel Bachs Passionskantate und Ludwigsluster Choralkantaten, in: Udo STRÄTER (Hg.): Interdisziplinäre Pietismusforschungen. Beiträge zum Ersten Internationalen Kongress für Pietismusforschung 2001 (Hallesche Forschungen, 17/1 und 17/2), Tübingen 2005, Bd. 1, S. 441–452, hier S. 450f.

Johann Rists Liedsammlungen in der Bibliothek der Herzogswitwe Magdalena Sibylla von Württemberg. Zum Verhältnis von geistlicher Lebensführung und höfischer Galanterie

Martin Loeser

Die Überlieferung privater Bibliotheken und Nachlässe ist für Historiker von unschätzbarem Wert. Sie gewährt Einblicke in Denken und Vorlieben nicht nur einzelner Personen, sondern, bei systematischer Auswertung, in die Lebens- und Wissenskultur unterschiedlicher Stände und Epochen. Im Falle der Magdalena Sibylla von Württemberg (1652–1712) ist bekanntlich ein Katalog ihrer Bibliothek erhalten, der bezüglich der dort verzeichneten Musikalien von Joachim Kremer bereits ausgewertet wurde.[1] Angelegt zwischen 1698 und 1702, weist der umfangreiche Katalog mehr als fünfzehn Musikdrucke[2] auf, aus deren Besitz sich ein Interesse nicht nur für geistliche Musik entnehmen lässt, sondern offenbar auch für zeitgenössische Entwicklungen im Bereich der Oper. Letzteres ist umso bemerkenswerter vor dem Hintergrund einer immer wieder hervorgehobenen geistlich orientierten Lebensführung Magdalena Sibyllas.[3] Wozu dienten ihr also die weltlichen Musikalien? Oder wurden diese womöglich gar nicht genutzt?

So bezeugt der Besitz einer Sammlung von Opern-Arien wie die *Heliconische Musen-Lust* von Johann Sigismund Cousser (1660–1727) nicht auch selbstverständlich deren Nutzung durch Magdalena Sibylla. Cousser, der nach Stationen als Hofkapellmeister in Braunschweig und als Kapellmeister an der Hamburger Gänsemarktoper seit 1699 als Hofkapellmeister in Stuttgart tätig war, könnte Magdalena Sibylla seine im Jahr 1700 in Stuttgart pu-

---

1 Verzeichnis der Jenigen Bücher, so Sich in der Bibliothec der Durchleüchtigsten Verwittibten Fraw Hertzogin befinden [...] angefangen den 30.ten Junii ao. 1698. Und wiederum erneüert den 1ten Martii ao. 1702, D-Sl, Handschriftenabteilung Cod. Hist. 8° 305. In elektronischer Form zugänglich über den Katalog der Württembergischen Landesbibliothek Stuttgart: https://wlb.ibs-bw.de/aDIS-Web/ (Zugriff: 21.07.2015). Erstmals hinsichtlich der Musikalien ausgewertet von Joachim Kremer: »Pietistisches Bekenntnis und öffentliche Repräsentation: Musik zum Begräbnis der Herzogswitwe Magdalena Sibylla von Württemberg (1712)«, in: Katharina Hottmann/Christine Siegert: Feste – Opern – Prozessionen. Musik als kulturelle Repräsentation (Jahrbuch Musik und Gender, Bd. 1), Hildesheim u. a. 2008, S. 45–59.

2 Zu ergänzen wären zu den von Kremer nachgewiesenen Musikalien noch mehrere Gesangbücher und Opern, erstere verzeichnet als *Lüneburgisches Gesangbuch*, *Krügers Gesangbuch*, *Kriegers Übung der Gottseligkeit* – wobei »Krüger« und »Krieger« wohl auf Johann Crüger verweisen – sowie die Opern *Lysimen und Caliste* und *Medea in Athene*. Vgl. Verzeichnis der Jenigen Bücher (wie Anm. 1), S. 35r, 36v, 53v, 57r.

3 Zur geistlichen, ja sogar überaus frommen Lebensführung Magdalena Sibyllas siehe die Zusammenstellung ihrer biographischer Charakterisierungen bei Gerhard Raff: Hie gut Wirtemberg allewege, Bd. 3: Das Haus Württemberg von Herzog Wilhelm Ludwig bis Herzog Friedrich Carl. Mit den Linien Stuttgart, Winnental, Neuenstadt am Kocher, Neuenbürg, Mömpelgard, Oels, Bernstadt und Juliusburg in Schlesien und Weiltingen, Stuttgart/Leipzig 2002, S. 172f.

blizierte Sammlung einfach geschenkt haben. Mit zu bedenken ist allerdings auch, wie es im Katalog heißt, der Besitz weiterer *Opernbücher. Von Allerhand Materie*[4] sowie einer ebenfalls in den Bereich der Opernmusik fallenden Ariensammlung von Philipp Heinrich Erlebach (1657–1714), der als Hofkapellmeister im thüringischen Rudolstadt wirkte. Insbesondere der Besitz gleich mehrerer Sammlungen aus dem Bereich des Musiktheaters scheint doch für ein gewisses Interesse Magdalena Sibyllas an der Gattung Oper zu sprechen. Doch worin war dieses begründet?

Werfen damit bereits die weltlichen Musikalien Fragen auf, so gilt dies nicht minder für die im Katalog verzeichneten geistlichen Werke. Abgesehen von der Sammlung *Andächtige Singelust* der Amalia Catharina zu Erbach (Hildburghausen 1692) und von zwei Sammlungen geistlicher Lieder des Stuttgarter Vizekapellmeisters und Hoforganisten Johann Christoph Stierlin (1650–1693)[5] stammen die übrigen neun Drucke von dem in Wedel bei Hamburg ansässigen Pastor und Dichter Johann Rist (1607–1676):

- Das Friedewünschende Teutschland in einem Schauspiele öffentlich vorgestellet [...], Hamburg 1649
- Sabbathische Seelenlust [...], Lüneburg 1651
- Himlischer Lieder [...], Lüneburg 1652 [= 2. Auflage] oder Neuer Himlischer Lieder Sonderbahres Buch [...], Lüneburg 1651[6]
- Frommer und Gottseliger Christen Alltägliche Haußmusik oder Musikalische Andachten [...], Lüneburg 1654
- Neue Musikalische Fest-Andachten [...], Lüneburg 1655
- Neue Musikalische Kreutz- Trost- Lob- und Dank Schuhle [...], Lüneburg 1659
- Neues Musikalisches Seelenparadies [...], Lüneburg 1660
- Neue Hoch-heilige Paßions-Andachten [...], Hamburg 1664
- Neue Musikalische Katechimus Andachten [...], Lüneburg 1665[7]

Magdalena Sibylla besaß somit einen Großteil der insgesamt dreizehn umfangreichen geistlichen Liedsammlungen Rists.[8] Bereits das mengenmäßige Gewicht, das seinen Werken unter den Musikalien Magdalena Sibyllas zukommt, ist bemerkenswert und verlangt nach Erklärungen. Im Folgenden werden daher erstens die zwischen Magdalena Sibylla und dem literarisch-musikalischen Œuvre Johann Rists bestehenden Verbindungslinien

---

4 Zitiert nach KREMER: »Pietistisches Bekenntnis« (wie Anm. 1), S. 59.

5 Johann STIERLIN: Geistliches Lieder-Alphabeth, Heilbronn 1687; Johann Christoph STIERLIN: Musicalische, geistliche Zeit- und Ewigkeit-Betrachtung: bestehend in fünff- und zwanzig Arien [...]; mit einer Sing-Stimm, sampt dem General-Bass, Stuttgart 1688.

6 Die erste Auflage *Himlischer Lieder* erschien bereits in den Jahren 1641/42 und unterscheidet sich von den späteren Auflagen hinsichtlich der den einzelnen Teilen vorangestellten *Dedicationen* und der Anordnung der Lieder. Vgl. Theodor HANSEN: Johann Rist und seine Zeit. Aus den Quellen dargestellt, Halle 1872, S. 185f.

7 Im VD 17 nur als Exemplar von 1676 verzeichnet.

8 Vgl. hierzu Irmgard SCHEITLER: Das Geistliche Lied im deutschen Barock, Berlin 1982, S. 237; ebenso Jürgen RATHJE: Rist, Johann, in: MGG 2, Personenteil, Bd. 14, Kassel u. a. 2005, Sp. 187–189, der Rists Sammlungen mit über 650 Kirchenliedern aus musikwissenschaftlicher Perspektive als dessen Hauptwerk charakterisiert.

skizziert. Weitere Überlegungen widmen sich dann vor dem Hintergrund ihrer eigenen Erziehung ihrem spezifischen Interesse an den geistlichen und weltlichen Musikalien. In einem dritten Schritt werden beide Bereiche zueinander in Relation gesetzt, mit dem Ziel, die Funktion der Musikalien für den Alltag Magdalena Sibyllas genauer zu bestimmen.

1. Verbindungslinien zwischen Magdalena Sibylla und Rist

Es gibt mehrere Möglichkeiten, wie Magdalena Sibylla mit dem literarischen Werk Rists in Kontakt gekommen sein könnte. Zunächst einmal ist an den großen Bekanntheitsgrad Rists und seiner Werke im 17. Jahrhundert zu erinnern. So hebt der Literaturwissenschaftler Klaus Garber hervor, wie strategisch geschickt Rist sich Zeit seines Lebens ein schließlich auf den gesamten deutschen Sprachraum ausgreifendes Netzwerk von Dichtern, Gelehrten, bürgerlichen Funktionseliten und aristokratischen Gönnern aufgebaut habe.[9] Neben den immer prominenter gewählten Widmungsträgern, an deren Sozialstatus sich auch der wachsende Erfolg Rists ablesen lässt, ist sein Renommee aber auch an seiner Erhebung in den Adelsstand und Mitgliedschaft in gleich mehreren Sprachgesellschaften zu sehen: 1645 wurde Rist als *Daphnis von Cimbrien* in den Pegnesischen Blumenorden aufgenommen, der erst im Vorjahr von Georg Philipp Harsdörffer in Nürnberg gegründet worden war. Nur ein Jahr später, 1646, verlieh ihm Kaiser Ferdinand III. die Adelswürde und 1647 wurde Rist unter dem Namen *Der Rüstige* in die wohl wichtigste deutsche Sprachgesellschaft, die Fruchtbringende Gesellschaft, aufgenommen. 1653 folgte die Erhebung zum Kaiserlichen Hofpfalzgrafen; ein Rang, der es Rist gestattete, nun selbst Dichter zu krönen, akademische Titel zu verleihen und Wappenbriefe auszustellen. Angesichts eines derartigen Prestiges erscheint es nur konsequent, dass Rist gegen Ende der 1650er Jahre mit dem Elbschwanenorden in Hamburg schließlich selbst eine Sprachgesellschaft gründete. Am Ende seines Lebens war Rist unbestritten der führende norddeutsche Dichter seiner Zeit.[10]

Legt schon der generell hohe Bekanntheitsgrad von Rists Dichtung deren Rezeption durchaus auch im Süden nahe, kommen im Falle Magdalena Sibyllas noch familiäre Verbindungen in den Norden mit ins Spiel. Bereits ein Blick auf die engere Verwandtschaft spricht für ihre Vertrautheit mit den dortigen politischen und kulturellen Entwicklungen: Ihre Mutter Maria Elisabeth war eine Tochter von Herzog Friedrich III. von Schleswig-Holstein-Gottorp und hatte Landgraf Ludwig VI. von Hessen-Darmstadt geheiratet, Magdalena Sibyllas Vater. Die ältere Schwester der Mutter, Magdalene Sibylle (1631–1719), hatte Herzog Gustav Adolph von Mecklenburg-Güstrow geehelicht. Eine weitere Schwester, Hedwig Eleonora

9 Vgl. Klaus GARBER: »Literarischer und kulturpolitischer Statthalter im Norden Deutschlands. Ein Portrait Johann Rists«, in: Johann Anselm STEIGER (Hg.): »Ewigkeit, Zeit ohne Zeit«. Gedenkschrift zum 400. Geburtstag des Dichters und Theologen Johann Rist, Neuendettelsau 2007, S. 9–36, hier S. 26f.

10 Vgl. ebenda (wie Anm. 9), S. 26 sowie RATHJE: Rist (wie Anm. 8).

(geb. 1636), avancierte 1654 durch die Eheschließung mit Karl X. Gustav zur Königin von Schweden.[11]

Über derartige dynastische Konstellationen hinaus ist generell die gute persönliche und kulturelle Vernetzung zwischen den europäischen Adelsfamilien zu bedenken. Diese gezielte Netzwerkbildung, die u. a. deutlich in den genannten Eheschließungen zum Ausdruck kommt und sicherlich ebenfalls durch diplomatische Beziehungen und die übliche *Grand Tour* aristokratischer Söhne angebahnt und nachhaltig befördert wurde, ist nicht zuletzt auch an Magdalena Sibyllas eigener Biographie zu sehen: Nach dem Tod ihrer Mutter im Jahr 1665 wuchs sie am schwedischen Königshof in Stockholm bei ihrer Tante Hedwig Eleonora auf und lernte dort 1671 den Erbprinzen Wilhelm Ludwig von Württemberg kennen. Ihn heiratete sie 1673 in Darmstadt.[12] Bis zu ihrer Heirat waren damit der norddeutsche und skandinavische Kulturraum für Magdalena Sibylla prägend gewesen.

Weitere Bezüge zur Biographie Magdalena Sibyllas ergeben sich aber auch über die Sprachgesellschaften. Beispielsweise waren ihr Onkel Herzog Gustav Adolph von Mecklenburg-Güstrow und ihr Großvater Friedrich III. von Schleswig-Holstein-Gottorp Mitglieder der Fruchtbringenden Gesellschaft, der Erste unter dem Namen *Der Gefällige*, der Zweite als *Der Hochgeachtete*. Und 1661 wurde schließlich sogar ihr Vater Ludwig VI. von Hessen-Darmstadt als *Der Unerschrockene* dort aufgenommen.[13]

Rückt damit Magdalena Sibylla also in eine relative Nähe zu Rist, so muss dies dennoch keineswegs dafürsprechen, dass sie dessen Liedsammlungen auch persönlich erworben hat. Denn die Rist-Drucke in ihrem Besitz datieren aus den Jahren 1649 bis 1665. Auffällig ist, dass die Drucklegung mancher Bände damit bereits vor der Geburt Magdalena Sibyllas einsetzt und im Todesjahr ihrer Mutter einen Abschluss findet. Womöglich erwarb also bereits ihre Mutter Maria Elisabeth die Liedsammlungen Rists und nach ihrem Tod gingen diese dann in den Besitz Magdalena Sibyllas über. Wie die Historikerin Heide Wunder hervorhebt, war eine solche Regelung durchaus üblich.[14]

---

11 Zur Biographie siehe RAFF: Wirtemberg (wie Anm. 3), S. 156; Linda Maria KOLDAU: Frauen – Musik – Kultur. Ein Handbuch zum deutschen Sprachgebiet der Frühen Neuzeit, Köln/Weimar/Wien 2005, S. 256 f. sowie Heinrich Theodor FLATHE: Magdalene Sibylle, Herzogin von Württemberg, in: ADB 20 (1884), S. 49–50.

12 Vgl. RAFF: Wirtemberg (wie Anm. 3), S. 156; Linda Maria KOLDAU: Frauen (wie Anm. 11), S. 256 f. sowie Heinrich Theodor FLATHE: Magdalene Sibylle, Herzogin von Württemberg, in: ADB 20 (1884), S. 49–50.

13 Zur Fruchtbringenden Gesellschaft siehe grundlegend: Klaus KORNEMANN (Hg.): Die Deutsche Akademie des 17. Jahrhunderts Fruchtbringende Gesellschaft: kritische Ausgabe der Briefe, Beilagen und Akademiearbeiten (Reihe I), Dokumente und Darstellungen (Reihe II), im Auftrag der Sächsischen Akademie der Wissenschaften zu Leipzig, in Kooperation mit der Herzog August Bibliothek Wolfenbüttel, Digitale Edition, Wolfenbüttel 2014f. Zur Mitgliedschaft in der fruchtbringenden Gesellschaft siehe die von der Herzog August Bibliothek Wolfenbüttel bereitgestellte Datenbank unter: http://diglib.hab.de/edoc/ed000229/start.htm (Zugriff am 01.07.2015).

14 Vgl. Heide WUNDER: Die Fürstin bei Hofe im Heiligen Römischen Reich (16.–18. Jahrhundert), in: Susanne RODE-BREYMANN/Antje TUMAT: Der Hof. Ort kulturellen Handelns von Frauen in der Frühen Neuzeit, Köln/Weimar/Wien 2013, S. 21–51, hier S. 45.

2. Zur Musik-Rezeption Magdalena Sibyllas: Erbauung, Unterhaltung, Repräsentation

Unabhängig davon, ob die Liedsammlungen Rists als Erbe in den Besitz Magdalena Sibyllas gelangten oder sie diese selbst erwarb, darf man annehmen, dass diese ihr persönliches Interesse fanden. Bereits Magdalena Sibyllas religiöses Engagement als eine der frühen Pietistinnen Württembergs legt dies nahe. So habe sie »eine nach innen gewandte, nach außen hin sozial engagierte Frömmigkeit« gelebt und sei schon von ihren Zeitgenossen für ihren Einsatz zugunsten der Armen, Witwen und Waisen verehrt worden.[15]

Vor dem Hintergrund ihrer Frömmigkeit sind auch ihre bereits eingangs erwähnten weiteren Sammlungen geistlicher Lieder von Amalia Catharina zu Erbach und Johann Christoph Stierlin zu sehen, vor allem aber ihre eigene dichterische Tätigkeit auf diesem Gebiet. Beispielsweise veröffentlichte Magdalena Sibylla zwei Sammlungen mit selbst gedichteten geistlichen Liedern, 1690 die Sammlung *Gott geweyhtes Andachts-Opffer* und 1691 die *Kreutz-Presse der glaubigen Seelen*. Beide Sammlungen zeitigten bis ins 18. Jahrhundert hinein mehrere Auflagen; ebenso verfasste Magdalena Sibylla mehrere Erbauungsschriften.[16]

In diesen Zusammenhang gehören zweifellos auch die Liedsammlungen Rists. Magdalena Sibylla konnte diese – wie ihre eigenen Sammlungen auch – für ihr tägliches Gebet und zur eigenen Erbauung nutzen.[17] Darüber hinaus dürften ihr Rists Lieder aber vermutlich auch als Anregung und Modell für das Dichten und Komponieren ihrer eigenen geistlichen Lieder gedient haben.

Ein Punkt, der in diesem Zusammenhang stärker hervorzuheben und gegenüber bisherigen Darstellungen zu hinterfragen ist, betrifft die Fundierung und Intentionalität von Magdalena Sibyllas Frömmigkeit. Ihre gelebte Religiosität sollte trotz ihrer pietistischen Prägung keineswegs nur als persönliche und damit ins Private gerichtete aufgefasst werden. Zu bedenken ist, wie sehr Magdalena Sibylla als öffentliche Person wahrgenommen und mit den zeittypischen Erwartungshaltungen an eine Fürstin bewertet und seit ihrer Jugend konfrontiert wurde. Dies gilt sowohl für ihr geistliches als auch für ihr weltliches Handeln.[18]

---

15 KOLDAU: Frauen (wie Anm. 11), S. 256.

16 Vgl. KOLDAU: Frauen (wie Anm. 11), S. 256f.

17 Eine solche Funktion geht bereits aus dem Titel von Magdalena Sibyllas 1690 publizierter Liedsammlung hervor: Jm Namen der Hochheiligen Drey-Faltigkeit: Gott geweyhtes Andachts-Opffer, Darinn eine Gott gelassene Seele sich Jhrem Jesu täglich: Morgens, Mittags, und Abends, in heisser Andachts-Glut, mit Gebett und Liedern demütigst aufopffert; dem Allmächtigen Ewigen Gott zu Lob, Preiß und Ehren, Jn tieffester Demut zusammen getragen. Und zu dem Druck befördert Von M S H V W, Stuttgart 1690; hier zitiert nach RAFF: Wirtemberg (wie Anm. 3) S. 157f.

18 Unter dem Signum »kultureller Handlungsräume« von Fürstinnen fasst dies beispielsweise Susanne RODE-BREYMANN und betont als zwei Säulen des Fürstinnen-Daseins – hier am Beispiel der Kaiserin Eleonora II. – repräsentative Frömmigkeit und Beschäftigung in Muße, u. a. mit Lektüre, Handarbeit, Musik, Malerei und Dichtung. Susanne RODE-BREYMANN: »Einleitung«, in: DIES./Antje TUMAT: Der Hof. Ort kulturellen Handelns von Frauen in der Frühen Neuzeit, Köln/Weimar/Wien 2013, S. 9–17, hier S. 11. Siehe ebenfalls WUNDER: Fürstin (wie Anm. 14), S. 48–51.

Selbst eine auf persönliche Erbauung und die damit verbundene Intimität ausgerichtete Gattung wie das geistliche Lied zielte durchaus intentional darüber hinaus: Die betende Person diente als Vorbild, als Idealfigur, der es auch gesamtgesellschaftlich nachzueifern galt. Deutlich wird ein solches Denken beispielsweise in den Liedsammlungen Johann Rists, der seine Intentionen folgendermaßen beschreibt: *Alle und jeden Standes Personen* [...] *zur jeden Zeit und in allen und jeden Angelegenheiten* mit geeigneten Liedern zu versorgen.[19]

Bemerkenswert ist hier der beträchtliche Anspruch Rists in der Ausrichtung nicht nur auf einen Stand, sondern auf ganz unterschiedliche »Standes Personen«, ebenso in der systematischen Verbindung seiner einzelnen Sammlungen zu einem großen Ganzen. Denn die verschiedenen Liedsammlungen ergänzen sich insgesamt zu einem umfassenden Korpus, mit dem schließlich für das Kirchenjahr und mit Blick auf nahezu alle denkbaren Lebenssituationen geeignete Lieder zur geistlichen Erbauung – Meditation, Sammlung und Gebet – bereitgestellt werden:

> *So habe Ich es hochdienlich zu sein erachtet/ daß man die fürnehmsten Lehr= Trost= Ermahnungs= und WarnungsStükke/ welche auß einem jetweden Evangelio können genommen/ und zur nützlichen Erbauung auf den Kantzeln oder in den Predigten angeführet werden/ fein zusammen bringe/ in gewisse Lider versetze/ und hernach seine Zuhörer ernstlich und fleissig ermahne/ daß Sie nach angehöretem Göttlichem Worte/ desselben Sontages Evangeliumslied für Sich nehmen/ und nebenst Ihren sämtlichen Haußgenossen/ Kindern und Gesinde fein andächtig/ Einen Satz nach dem anderen singen/ die Wohrte und derselben eigentlichen Verstand und Meinung mit fleissigem Nachdenken erwegen/ Sich dabey des jenigen/ waß Sie deß Morgens zuvor von Ihrem Seelenhirten gehöret/ bedachtsahm erinnern und den schließlich wol lernen/ wie Sie alles/ was Sie gehöret/ gesungen und gelesen/ zu stärkung ihres Glaubens/ Besserung ihres Lebens/ Befriedigung ihres Gewissens/ und Erlangung Ihrer Seelen ewigen Heils und Seligkeit nützlich sollen/ können und mügen anwenden.*[20]

Deutlich wird hier, wie sehr Rist seine geistlichen Lieder nicht primär an Einzelpersonen adressiert wissen will, welche dann durch die musikalisch-literarische Reflexion der dort präsentierten religiösen Gedanken belehrt und zugleich erbaut werden sollen. Vielmehr wenden sie sich an solche Standespersonen, die in ihrer hierarchisch-repräsentativen Funktion »nebenst Ihren sämtlichen Haußgenossen/ Kindern und Gesinde« agieren, somit Anleitung geben und auf diese Weise letztlich als Vorbild für ein christliches und tugendhaftes Leben einer Gemeinschaft fungieren.

19 Zitiert nach SCHEITLER: Das Geistliche Lied (wie Anm. 8), S. 234f. Zu Rists Intentionen vgl. ebenfalls Hans-Henrik KRUMMACHER: »Lehr- und trostreiche Lieder. Johann Rists geistliche Dichtung und die Predigt- und Erbauungsliteratur des 16. und 17. Jahrhunderts«, in: Johann Anselm STEIGER (Hg.): »Ewigkeit, Zeit ohne Zeit«. Gedenkschrift zum 400. Geburtstag des Dichters und Theologen Johann Rist, Neuendettelsau 2007, S. 37–76.

20 Johann RIST: Sabbahtischen Seelenlust (1651), S. 20, zitiert nach SCHEITLER: Das Geistliche Lied (wie Anm. 8), S. 232.

Wie sehr eine solche gesellschaftliche Vorbildfunktion vorwiegend Frauen zugemessen wurde, deutet sich wiederum darin an, dass es im 17. Jahrhundert geradezu typisch war, »hochgestellten adligen Damen« entsprechende geistliche Dichtung zuzueignen.[21] So hebt die Historikerin Heide Wunder hervor, wie sehr sowohl das Sammeln von Büchern als auch das Herstellen geistlicher Dichtung insbesondere in protestantischen Fürstinnenkreisen verbreitet war und sich diese *praxis pietatis* über den engsten Kreis hinaus auch an Verwandte und Freunde wendete.[22] Die Historikerin Cornelia Niekus Moore geht sogar noch einen Schritt weiter, wenn sie betont, dass nur ein tugendhafter Fürst zum Wohl der Untertanen regieren kann und die Aufgabe von Fürstinnen darin bestand, diesen Erziehungsprozess für ihre Kinder zu leisten und zugleich selbst idealtypisch vorzuleben.[23] Die Grundlage für eine derartige Leistung war eine entsprechende eigene Erziehung. Dies gilt auch für Magdalena Sibylla.

Trotz der von Magdalena Sibylla als Witwe betonten geistlichen Lebensführung, darf man annehmen, dass ihre Erziehung gemäß den höfischen Anforderungen an eine adelige Standesperson zwischen religiöser und weltlicher Bildung ausbalanciert war. Diese angestrebte und für die höfische Conduite erforderliche »Tugend« und »Klugheit in allen Ständen« wird auch in ihrer Leichenpredigt betont – und nicht etwa beiseitegelassen, wenn man allein das Bild einer frommen Landesmutter hätte akzentuieren wollen. So heißt es mit Blick auf ihre Erziehung durch ihre Tante, die schwedische Königin:

> *Ihro Majestät haben auch darauf diese Ihre geliebteste Baase mit aller Mütterlicher Treue / unermüdeter Sorgfalt und beständiger Aufsicht zu wahrer Gottesforcht und allen Christlichen auch Dero hohen Stand geziemenden Tugenden auferzogen / insonderheit aber zu dem Grund der wahren Klugheit in allen Ständen / der Verläugnung und Brechung Dero eigenen Willens / Christlichen Demuth / Unterwerffung unter Gottes und der Obern Willen / zu Erlernung fremder / sonderlich der Schwedisch= und Französischen Sprache / auch beständiger Arbeitsamkeit / und Fleiß mit dero eigenen Händen / mit recht herzlichem Liebe und sorgfältigem Ernst getreulich und dermassen angewiesen / daß unsere Höchstseeligste Herzogin solche an Ihro bewisene Treue die Tage Ihres Lebens / als eine besondere Gnade Gottes gerühmet / auch in der That erfahren haben / wie großen Nutzen im Leben und Leiden eine solche mit Ernst und Liebe gemässigte Education zu bringen pflege.*[24]

Im selben Atemzug wie die »christlichen« werden »auch Dero hohen Stand geziemenden Tugenden« genannt. Weitere Schlüsselstellen im Hinblick auf ihre Erziehung sind die Er-

21 GARBER: »Literarischer Statthalter« (wie Anm. 9), S. 28.

22 WUNDER: Fürstin (wie Anm. 14), S. 46f.

23 Vgl. Cornelia NIEKUS MOORE: »Spiegel weiblicher Tugenden. Die Fürstin als Vorbildliche«, in: Susanne RODE-BREYMANN/Antje TUMAT (Hgg.): Der Hof. Ort kulturellen Handelns von Frauen in der Frühen Neuzeit, Köln/Weimar/Wien 2013, S. 100–115, hier S. 100f.

24 Christian BALZ, Joseph MALBLANC, Andreas Adam HOCHSTETTER u. a. (Hgg.): Christ-fürstliches Ehrengedächtniß der […] Fürstin und Frauen Magdalena Sibylla, Hertzogin zu Würtemberg und Teck, Gräffin zu Mömpelgart, Frauen zu Heydenheim, Wittwen, gebohrner Landgräffin zu Hessen, Fürstin zu Hersfeld […] zu […] schuldigstem Nachruhm auffgerichtet, Festschrift, [o.O.], 1712, darin der Abschnitt »Personalia«, S. 15.

wähnung der französischen Sprache und die »*gemässigte Education*«. Diese Begriffskonstellation, bei der insbesondere noch die im Zusammenhang der französischen Okkupation Württembergs durch französische Truppen erwähnte »*kluge Conduite*« Magdalena Sibyllas und ihre gleichermaßen bravourös wie erfolgreich angewendeten Konversationsfähigkeiten zu ergänzen wären,[25] verweisen auf das Ideal der Galanterie. Dieses aristokratische Verhaltens- und Kommunikationsideal spielte ausstrahlend von der weithin als Vorbild empfundenen französischen Hofkultur des 17. Jahrhunderts an zahlreichen europäischen Höfen und Orten in ganz Mitteleuropa eine bedeutsame Rolle in der Erziehung des Adels und der bürgerlichen Funktionseliten.

Das Galanterieideal war in der zweiten Hälfte des 17. Jahrhunderts zum zentralen Verhaltens- und Kommunikationsideal der höfischen Gesellschaft avanciert. Bis weit in das 18. Jahrhundert bildete es schließlich ein Leitbild, nicht nur für die aristokratischen, sondern auch für einen Großteil der bürgerlichen Funktionseliten. Dabei galt es als maßgeblich für nahezu alle Bereiche menschlichen Handelns. Der europaweite Erfolg der Galanterie war eng verknüpft mit dem Königtum von Louis XIV. (1643–1715), dessen Macht- und kulturelle Prachtentfaltung international zum Vorbild wurde. Faszinierend wirkte auf die Zeitgenossen die ästhetische Durchdringung und Überhöhung galanten Tuns, welche ihren Ausdruck im sogenannten »je ne sais quoi« fand – der Eleganz, Leichtigkeit und vermeintlichen Selbstverständlichkeit, in deren Zeichen man agierte. Fundiert wurde dieses, gewisse Etwas‹ durch die Regeln des *Decorum*; als Schlüsselbegriffe nennen könnte man Anmut, Liebenswürdigkeit, Wohlanständigkeit, Höflichkeit, Klugheit, Geist, Witz und die Fähigkeit, in allem stets das rechte Maß zu halten. Letzteres bildete die Voraussetzung dafür, dass das Handeln von einer Mehrheit als tugendhaft wahrgenommen wurde und sicherte so den Erfolg des Akteurs.[26]

Prägend war das Galanterieideal auch für das schwedische Hofleben in der zweiten Hälfte des 17. Jahrhunderts. Bereits 1647 hatte Königin Christina sechs französische Musiker an den Stockholmer Hof berufen, um höfische Feste, Schauspiel und Ballette nach französischem Vorbild, insbesondere in der Art des *ballet de cour*, mit dem entsprechenden Knowhow gestalten zu können. Französische und italienische Theatertruppen besuchten

25 Vgl. ebd., S. 11. Abschnitt »Erklärung des Castris doloris« und darin »Außlegung der Emblematum«, S. 11: III. *Als Anno 1707. die feindliche Französ. Troupes das ganze Land und auch Stuttgart abermahls überzogen / wiche die* ***Großmüthige Fürstin*** [Hervorhebung original; M.L.] *gleichfalls nicht / und verursachte durch Ihre kluge Conduite und Geruch Ihrer Tugenden / daß die Feinde das Land wieder ohne Schwerdtschlag quittirten: also daß Würtemberg nimmer genug verdancken kann / was diese Heldin in Feindes=Gefahr demselben erwiesen.* Siehe zudem das bei Raff abgedruckte zeitgenössische Ehrengedicht auf Magdalena Sibylla, in dem es heißt: *Eine kluge, tugendsame, Gottseelige,// und gegen die Arme sehr milde Fürstin,// und eine recht getraue Lands-Mutter,// deren absonderlich die Stadt Stuttgardt, A. 1688.// und das gantze Land, A. 1707.// bey damaligen Frantzösischen Einfällen,// wegen ihrer Conversation und Abwendung// des bevorgestandenen gäntzlichen Ruins,// wie auch wegen der eine Zeitlang// löblich geführten Vormundschafftlichen Regierung// vieles zu dancken hat.* Zitiert nach Raff: Wirtemberg (wie Anm. 3), S. [V].

26 Unter den zahlreichen Veröffentlichungen zum Galanterieideal vgl. einführend und den Forschungsstand zusammenführend Jörn Steigerwald: Galanterie. Die Fabrikation einer natürlichen Ethik der höfischen Gesellschaft (1650-1710) (Neues Forum für Allgemeine und Vergleichende Literaturwissenschaft, Bd. 41), Heidelberg 2011.

ebenfalls den Stockholmer Hof.[27] Und wie Heinrich W. Schwab hervorhebt, bildete das für die Hofkultur in ganz Europa bedeutsame Bildungsbuch über den wahren Hofmann – *il cortegiano* – von Baldassare Castiglione auch in Schweden einen grundlegenden Bezugspunkt.[28] Namentlich Magnus Gabriel De la Gardie, seit 1660 schwedischer Reichskanzler, setzte sich in umfassender Weise für die Verbreitung des »honnête-homme-Ideals« in der Adelsausbildung ein, mit dem Ziel, einen Bildungstypus zu kreieren, »der unmittelbar vom Standesbewußtsein bestimmt ist.«[29]

Wie stark die schwedische Hofkultur während des Aufenthaltes von Magdalena Sibylla in den 1660er und 1670er Jahren damit von der französischen Hofkultur mit ihrem Galanterieideal geprägt gewesen sein dürfte, liegt auf der Hand. Dies wird nicht zuletzt bestätigt, wenn man weitere Berichte zur schwedischen Hofkultur dieser Zeit als Vergleich heranzieht, etwa zu den kulturellen Aktivitäten und zur französischen Erziehung der schwedischen Gräfin Maria Aurora von Königsmarck während der 1680er Jahre.[30]

Vor dem Hintergrund einer solchen umfassenden, sowohl christliche als auch galante Tugenden verbindenden Erziehung ist ebenfalls der von Magdalena Sibylla gewählte Leitspruch zu bewerten: *Mi thesaurus honor, Virtus Cynosura – Mein Schatz ist Ehre, mein Leitstern Tugend.*[31] Entgegen der Einschätzung von Martin Brecht, es gebe einen unmittelbaren Zusammenhang zwischen ihrer »religiösen Prägung«, die sie in Schweden erhalten habe, und ihrer dort gewählten Devise,[32] ist anzumerken, dass Ehre primär ein weltliches Konzept ist. Ebenso verhält es sich zunächst auch mit der Idee des tugendhaften Handelns, die ausgehend von antiken Tugendlehren wie der *Nikomachischen Ethik* von Aristoteles über den *Cortegiano* von Baldassare Castiglione bis hinein in das 18. Jahrhundert eine prägende Rolle in der aristokratischen Erziehung spielt. Im Laufe der Frühen Neuzeit wird der von Aristoteles vorgeschlagene Verhaltenskatalog allmählich um christliche Eigenschaften erweitert.[33] Erst aus einer zunehmend bürgerlichen Perspektive erscheint die ursprünglich antike Fundierung einer solchen Erziehung schließlich fragwürdig. Letzteres zeigt sich beim Einset-

---

27 Vgl. Hans ÅSTRAND: »Schweden«, Abschn. III. 4, in: MGG 2, Sachteil, Bd. 8, Kassel u. a. 1998, Sp. 1160–1161, hier Sp. 1160 sowie Gunnar LARSSON: »Stockholm«, Abschn. II, in: MGG 2, Sachteil, Bd. 8, Kassel u. a. 1998, Sp. 1848–1849.

28 Vgl. Heinrich W. SCHWAB: Der Ostseeraum. Beobachtungen aus seiner Musikgeschichte und Anregungen zu einem musikhistoriographischen Konzept, in: Ole KONGSTED (Hg.): Studia Musicologica Regionis Balticae I, Kopenhagen 2011, S. 39–68, hier S. 63.

29 Lars GUSTAVSON: »Dienstadel, Tugendadel und Politesse mondaine. Aristokratische Bildungsideale in der schwedischen Großmachtzeit«, in: Dieter LOHMEIER (Hg.): Arte et Marte. Studien zur Adelskultur des Barockzeitalters in Schweden, Dänemark und Schleswig-Holstein, Neumünster 1978, S. 119; zitiert nach Heinrich W. SCHWAB: Zur Struktur der ›Musikkultur des Ostseeraumes‹ während des 17. Jahrhunderts, in: Ole KONGSTED (Hg.): Studia Musicologica Regionis Balticae I, Kopenhagen 2011, S. 13–38, hier S. 38.

30 Vgl. Graf Birger MÖRNER: Maria Aurora Königsmarck. Eine Chronik, München 1922, S. 85–117.

31 RAFF: Wirtemberg (wie Anm. 3), S. 156.

32 Vgl. Martin BRECHT: Herzogin Magdalena Sibylla und die Frömmigkeit ihrer Zeit, in: Schwäbische Heimat 26, 1975, S. 21–31, hier S. 24, zitiert nach RAFF: Wirtemberg (wie Anm. 3), S. 187. Vgl. zur Kategorie der »Ehre« Wolfgang E. J. WEBER: Artikel »Ehre«, in: Friedrich JÄGER (Hg.): Enzyklopädie der Neuzeit, Bd. 3 (Dynastie-Freundschaftslinien), Stuttgart/Weimar 2006, Sp. 77–83.

33 Vgl. NIEKUS MOORE: Spiegel (wie Anm. 23), S. 102.

zen der Kritik im 18. Jahrhundert, etwa durch Johann Heinrich Zedler und Christian Thomasius:

> *Denn Christen hätten sich schämen sollen, eine heydnische Tugendlehre anzunehmen [...] welche [...] nicht einmal zur Sitten-Lehre gehöret, sondern nur einen Theil der Politic ausmachet.*[34]

Angesichts einer solchen – von bürgerlichen Interessen geprägten – Kritik ist zu vermuten, dass auch das von Magdalena Sibylla gezeichnete Bild im Laufe der Zeit zunehmend einseitig christlich hagiographische Züge angenommen hat.[35]

Aufschlussreich im Hinblick auf Magdalena Sibyllas Einstellung zur Galanterie als aristokratischem Verhaltens- und Kommunikationsideal ist schließlich die eigene Erziehung ihrer Kinder. Dabei rückte sie offenbar erst von einer an der Galanterie ausgerichteten Erziehung ab, als sich dagegen im von Geistlichen und bürgerlichen Eliten dominierten Landtag Widerstand erhob. Dies zeigt, als wie relevant sie eine solche Erziehung grundsätzlich erachtete. Von diesem Konflikt berichtet Walter Grube:

> *Bei diesem Landtag (1681) nahm der kleine Ausschuß Anlaß, sich um die Erziehung des fünfjährigen Landprinzen Eberhard Ludwig und seiner Schwestern anzunehmen. Die Ausschußherren hatten in Erfahrung gebracht, daß durch eine französische Hofmeisterin und ihren Sohn sowie einen französischen Tanzmeister die fürstlichen Kinder, mit reißung allerhand groben zotten und boßen, wie nicht weniger mit füehrung allerhand amatorischer discurse [...] in ihrer zarten jugend verführet und corrumpiret werden‹. Die ganze Wohlanständigkeit der Prälaten und Bürgermeister empörte sich gegen das Eindringen französischer Lebensart, die auch Gewagtes elegant zu sagen erlaubte.*[36]

Der Landtag berief sich bei seiner Kritik auf die Landesverfassung und monierte die ausländische Nationalität und »papistische Religion« der Erzieher. Dass Magdalena Sibylla offenbar einlenkte, geht schließlich aus einem freiwilligen Donativ in Höhe von 3000 fl. hervor, welches der Landtag ihr als Dank für die »christfürstliche Erziehung« ihrer Kinder zukommen ließ.[37]

---

34 Johann Heinrich Zedler (Hg.): Grosses vollständiges Universallexikon aller Wissenschaften und Künste, Bd. 45, Halle/Leipzig 1745, S. 1471–1518, hier S. 1491; Christian Thomasius: Über die christliche Sittenlehre, in: Werner Schneider u. a. (Hgg.): Kleine Teutsche Schriften (1701), Hildesheim 1994, S. 72–116. Hier zitiert nach Niekus Moore: Spiegel (wie Anm. 23), S. 102.

35 Siehe hierzu die bei Raff präsentierte Übersicht mit teilweise geradezu gegensätzlichen biographischen Darstellungen Magdalena Sibyllas. Vgl. Raff: Wirtemberg (wie Anm. 3), S. 172f.

36 Zitiert nach Raff: Wirtemberg (wie Anm. 3), S. 177.

37 Raff: Wirtemberg (wie Anm. 3), S. 177, vgl. hierzu auch die geradezu gegensätzliche Darstellung von Alois Seiler, der schreibt, Magdalena Sibylla habe versucht, ihren Sohn Eberhard Ludwig »fernzuhalten von allen sündigen Versuchungen der Welt und des Hofes« und habe die regelrechte Verführung durch ‚papistische‹ Hof- und Tanzmeister als »höchst unpassend« empfunden. Zitiert nach Raff: Wirtemberg (Anm. 3), S. 180f.

3. Gott und Hof, praxis pietatis und Galanterie: Funktionen von Musik im Alltag Magdalena Sibyllas

Versucht man vor dem hier skizzierten Panorama zu bewerten, welche Funktion sowohl den weltlichen als auch den geistlichen Musikalien im Alltag Magdalena Sibyllas zukam, so zeichnet sich eine Balance zwischen geistlichem und weltlichem Handeln ab – ganz so, wie es der höfischen *Conduite* und den Erwartungshaltungen gegenüber einer frühneuzeitlichen Fürstin entsprach. Diese Erwartungshaltungen, die wohl in prominentester Weise durch deren Reflexion und zugleich systematisches Abarbeiten tugendgemäßen Handelns anhand der Leichenpredigt Magdalena Sibyllas sichtbar werden, welche eine Art »Fürstinnenspiegel« bildet,[38] finden sich auch in den geistlichen Liedsammlungen Johann Rists. Auch für diese ist ein ›sowohl als auch‹ typisch, eine Ausgewogenheit von weltlicher und geistlicher Lebensführung, wobei die Ausrichtung auf Gott letztlich als höchstes Ziel erscheint. Paradigmatisch deutlich wird dies anhand der Dedikationen, die den fünf Teilen seiner *Himlischen Lieder* vorangestellt sind.

Rist schneidet seine Widmungen ganz bewusst auf die jeweiligen Personen, ihren Stand und die damit verbundenen Erwartungshaltungen zu. Möglich wird dies, durch die Einnahme einer situationsbezogenen, aus der fiktiven Gesprächssituation resultierenden Haltung der höflichen Ansprache, mit der er dem Adressaten ganz offensichtlich gefallen will, bei der aber dennoch Augenmaß und eine gute Kenntnis standesgemäßer Normen gefordert sind. In diesem Sinne präsentiert sich Rist hier durchaus als Autor, der durch geschicktes Komplimentieren dem Ideal der Galanterie gerecht zu werden versucht. Dabei tritt zugleich ein ganzheitliches Denken zutage, welches sowohl die Grundlage für das weltliche – auf das Diesseits bezogene – Handeln der frühneuzeitlichen Feudalgesellschaft bildet, als auch deren notwendiges geistliches Pendant legitimiert, nämlich ein auf den christlichen Gott und das jenseitige ewige Leben ausgerichtetes religiöses Handeln. Genau diese Balance, in Abhängigkeit von der jeweiligen Situation, dürfte ebenfalls für Magdalena Sibyllas eigene Lebensführung als weltliches und auch geistliches Oberhaupt des Landes von zentraler Bedeutung gewesen sein. Ein Blick auf die Zueignungen von Rists Himmlischen Liedern mag dies weiter verdeutlichen:

Da es sich um eine geistliche Liedersammlung handelt, die dem Zweck der Erbauung beziehungsweise »schuldiger Danckbarkeit« gegenüber Gott und der »Erweckung Christlicher Andacht« dient, dediziert Rist deren ersten Teil einem geistlichen Würdenträger, Hans Heinrich von Haselhorst, dem Abt des Klosters St. Michael in Lüneburg.[39] Gepriesen werden nicht nur sein »hoher Verstand«, Fleiß, Erfahrung und große Wissenschaft, sondern vor allem auch seine geistlichen Tugenden:

---

38 Zum Zusammenhang von Leichenpredigten und deren Rolle als Fürstinnenspiegel vgl. Niekus Moore: Spiegel (wie Anm. 23), S. 108f.

39 Johann Rist/ Johann Schop: Himlische Lieder (Dokumentation zur Geschichte des deutschen Liedes, II), Nachdruck der Ausgabe Lüneburg: Johann und Heinrich Stern 1641–42, Hildesheim/New York 1976, Dedicatio zu Teil 1, S. A ij recto, A iij verso.

> *Ich suchete einen weitberühmten Herrn geistliches [sic] Standes / einen der wahren Christlichen Religion zugethanen fürnehmen Praelaten in Teutschland, [...], ein Gott= und sein Wort liebendes Gemüthe/ (welches von aller Eitelkeit weit abgekehret/ sich zu Tag und Nacht übete/ in der Furcht Gottes immer mehr und mehr zu wachsen und zuzunehmen), [...] eine treffliche Wissenschaft in mancherley Künsten und Sprachen, [...], eine solche edle Seele/ welche die Gerechtigkeit/ Aufrichtigkeit/ Trewe und Wa[h]rheit über alles lieb hätte: Wa[h]rlich ich habe nicht vergeblich gesuchet/ besondern vielmehr dieses alles in gemein / und zwar ein jedes insonderheit / an E. Gnaden überflüssig gefunden / und wündsche mir selber mit Frewden Glück / daß mir mein Vornehmen so trefflich wol gelungen.*[40]

Insgesamt dürfte gerade diese Dedikation den Zweck gehabt haben, die Akzeptanz von Rists Dichtung seitens der Kirche zu sichern und für die Öffentlichkeit sichtbar zu machen, um so die Verbreitung seiner Dichtung zu begünstigen.

Die Widmung von Teil 2 kann wiederum als Dankabstattung an einen unmittelbaren Gönner Rists, den Freiherren Brzetislaw Mislick von Hirschhoff, gewertet werden. Bezeichnenderweise legt Rist nun den Akzent auf dessen höfische Tugenden, die systematisch abgearbeitet werden, ganz so, wie sie später in galanter Bildungsliteratur und Zeremoniell-Lehren aufgelistet werden[41]: Ins Feld führt Rist die Kompetenz in Fremdsprachen als »Zierde« für die »hohen und fürnehmen Personen«, die Kenntnis des Hofwesens und der Sitten unterschiedlicher Länder, die Rechen-, Meß- und Handwerkskunst und nicht zuletzt auch künstlerisch-musikalische Kompetenz:

> *Die liebreiche übung der alleredelsten Gemüther / die ewigwehrende Kunst und Wissenschaft der gleich himlischen Music ist mit E[uer]. Gn[aden]. gleichsam geboren/ und so zu sagen/ auff die Welt kommen/ gestalt solches die ungläubliche Fertigkeit ihrer Seitenkündigen Hände offenbarlich darthun und erweisen.*[42]

Ganz ähnlich verfährt Rist schließlich in Teil 4 und 5, wenn er Dethlev von Alefeld, auf Haseldorff, Haselouw und Caden erbgesessen sowie Paul von Bockwohlt, dem fürstlich holsteinischen geheimen Rat, erbgesessen auf Sierhagen und Mühlen-Kamp, mit entsprechenden ritterlichen Tugenden, Kavalierseigenschaften und des im Rahmen der *Grand Tour* erworbenen Wissens adressiert.[43]

Mit Blick auf Magdalena Sibylla ist Rists *Dedicatio* von Teil 3 besonders aufschlussreich, da er sich hier mit Sophia Elisabeth, Gräfin zu Schleswig und Holstein, einer adeligen Frau

40 RIST/SCHOP: Himlische Lieder (wie Anm. 39), Dedicatio zu Teil 1, S. A iiij recto.

41 Vgl. beispielsweise Julius Bernhard VON ROHR: Einleitung zur Ceremoniel-Wissenschafft Der Privat-Personen/ Welche Die allgemeinen Regeln/ die bey der Moder, den Titulaturen/ dem Range/ den Complimens, den Geberden, und bey Höfen überhaupt, als auch bey den geistl. Handlungen, in der Conversation, bey der Correspondenz, bey Visiten, Assembleen, Spielen, Umgang mit Dames, Gastereyen, Divertissemens, Ausmeublirung der Zimmer, Kleidung, Equipage u.s.w. insonderheit dem Wohlstand nach von einem jungen teutschen Cavalier in Obacht zu nehmen [...], Berlin 1728.

42 RIST/SCHOP: Himlische Lieder (wie Anm. 39), Dedicatio zu Teil 2, S. A iij verso.

43 RIST/SCHOP: Himlische Lieder (wie Anm. 39), Dedicatio zu Teil 4 bzw. Teil 5.

zuwendet. Zugleich handelt es sich bei ihr offenbar um die erste Frau, der Rist überhaupt eines seiner Werke dediziert,[44] und um die ranghöchste Person unter den Widmungsträgern der *Himlischen Lieder*. Der Bereich der Galanterie wird hier erwartungsgemäß besonders berührt, weil insbesondere hochstehende Aristokratinnen im 17. und frühen 18. Jahrhundert als Lehrmeisterinnen der Galanterie betrachtet wurden, ebenso wie sie – wie oben erwähnt – auch im religiösen Bereich als Vorbild galten. So führt der Romanist Jörn Steigerwald mit Blick auf die Galanterie aus, die Kultivierung der Sitten des Mannes durch die Frau sei ein regelrechter Topos der zeitgenössischen Hofmanns-Literatur gewesen.[45]

Und auch wenn es sich bei Rists Zueignung nicht um einen Dialog handelt, welcher als schriftlich fixiertes Gespräch spätestens seit den *Conversations* der Madeleine de Scudéry als idealtypisch für die galante Dichtung galt, so bildet eine Dedikation doch eine situationsbezogene Ansprache und Auseinandersetzung, in der es dem Verfasser darum zu tun sein musste, zu gefallen – und dies auf angemessene Art und Weise. Vor einem solchen Hintergrund ist es nicht verwunderlich, dass Rist die als dem Galanterieideal besonders zugehörig erachteten weiblichen Tätigkeitsbereiche und Verpflichtungen, die in den Bereich der Geselligkeit und Vergnügungen fallen, in seiner Dedikation nahezu vollständig aufruft:

Ausgehend von dem Gedanken, der Mensch suche mancherlei Vergnügungen, zählt Rist derartige *Divertissements* auf, darunter *holdselige [...] Unterredungen und anmutige [...] Gespräche [...], wolklingendes Seitenspiel/ und die hochrühmliche Kunst der Singer, tanzen und springen, spazieren fahren oder reiten*.[46] Schließlich gibt er zu bedenken, dass

> *die obgesetzte Ergetzligkeiten bey gutem und glücklichem Stande das Fleisch trefflich erlustigen, aber nicht in der letzten Stunde des Todes vor dem Zorn des eyfrigen und gerechten Gottes schützen oder vertheidigen können/ vielmehr wird der arme Mensch wegen Mißbrauches jetzterwehnter Lust und Frewde alsdenn eusserst gemartert/ verdammet/ ja in seiner Unbußfertigkeit zur endlichen Verzweifflung gedrungen*.[47]

Wenn Rist unmittelbar daran anschließend Sophia Elisabeth als eine Veranstalterin eben jener »Ergetzligkeiten« würdigen kann – und sie nicht etwa dafür kritisiert –, ist dies nur vor dem Hintergrund ihrer weltlichen Pflichten zu verstehen, die Rist bewusst sind und an denen er auch selbst immer wieder partizipiert hat. Daher kann er im selben Atemzug auf die

44 Irrtümlich gibt Garber an, mit Sophia Amalia von Schleswig-Holstein, Gräfin zu Oldenburg und Delmenhorst, sei 1646 im *Poetischen Schauplatz* bei der Dedikation »erstmals eine Frau zum Zuge« gekommen. Bereits im März 1642 eignete der Dichter jedoch der Gräfin Sophia Elisabeth zu Schleswig und Holstein, der Gemahlin des Reichsgrafen Christian von Pentz, den dritten Teil seiner *Himmlischen Lieder* zu. Pentz wiederum, der als Königlich dänischer Geheimrat und Gouverneur von Glückstadt wirkte und als *Der Ansehnliche* Mitglied der Fruchtbringenden Gesellschaft war, hatte Rist 1640 schon seinen *Kriegs- und Friedens-Spiegel* gewidmet. Vgl. hierzu Graber: »Literarischer Statthalter« (wie Anm. 9), S. 27f. sowie Rist/Schop: Himlische Lieder (wie Anm. 39), Dedicatio zu Teil 3, S. Aij recto.

45 Vgl. Steigerwald: Galanterie (wie Anm. 26), S. 75f.

46 Rist/Schop: Himlische Lieder (wie Anm. 39), Dedicatio zu Teil 3, S. A ij recto.

47 Rist/Schop: Himlische Lieder (wie Anm. 39), Dedicatio zu Teil 3, S. A iij recto und verso.

notwendige und allein Heil bringende Hinwendung zu Gott verweisen, für die Sophia Elisabeth gemäß ihrer Position eine besondere Verantwortung zukommt:

> *Ich habe zwar auch / hochwolgeborne Gräffin/Gnädige Fraw [...] nicht wenig von oberzehlten ehrlichen Ergetzligkeiten der Welt / insonderheit was die Unterredung und Gesellschafft mit geschickten / klugen und tapffern Leuten/ die edle Music und Seitenspiel / allerhand Mathematische Wissenschafften / das kunstreiche Mahlwerck /Comoedien / Tragoedien und Auffzüge / schöne Garten / Kräuter und Blumen etwa betrifft / selber guten Theils gesehen / theils auch versuchet und erfahren/ aber schon vor vielen Jahren muste ich mit vorgenandten weisen Könige öffentlich bekennen und sagen:* **Da ich ansahe alle meine Wercke / die meine Hand gethan hatte/ und Mühe die ich gehabt hatte/ siehe/ da war es alles eitel und Jammer / und nichts mehr unter der Sonnen.** [*Hervorhebung original; M. L.*] *Da lernete ich erstlich recht erkennen/ daß ausser Gott und seinem seligmachenden Worte keine eintzige/ wahre / sichere noch bestendige Frewde zu finden.*[48]

Die Zuweisung des dritten Teiles seiner Sammlung *Himlischer Lieder* erfolge an Sophia Elisabeth ausdrücklich *wegen deroselben Hoheit/ Würdigkeit und sehr herrlichen Tugenden* und gemäß des Leitspruches: *VIRTUS IN MEDIO, Die Tugend stehet in der Mitten.*[49] Mit diesem Wortspiel verweist Rist einerseits auf die Position des dritten Teils als Mitte seiner fünfteiligen Sammlung, zugleich aber auch auf die galante Tugend der *bienséance*, der Wohlanständigkeit und Balance und nicht zuletzt auf Sophia Elisabeth selbst als mittlere Widmungsträgerin, die somit diese Tugend verkörpert.

Diese Maxime, stets im weltlichen als auch geistlichen Handeln das rechte Maß und die rechte Haltung zu finden, bildet einen Kernsatz der frühneuzeitlichen Adelsgesellschaft und galt, wie die Widmung Rists zum Ausdruck bringt, insbesondere für adelige Damen. Wenn also Sophia Elisabeth und auch Magdalena Sibylla ihren Verpflichtungen gegenüber Gott und Hof gerecht werden wollten, waren ein entsprechend ausgewogenes Handeln und die dafür erforderlichen Kompetenzen eine zwingende Voraussetzung.

Vor diesem Hintergrund bilden auch die weltlichen Musikalien Magdalena Sibyllas ein wichtiges, ja notwendiges Komplement zu ihren geistlichen Liedersammlungen. Eine Kenntnis von Opernarien und der *Opernbücher. Von Allerhand Materie*[50] war bedeutsam für die Unterhaltungs- und Kommunikationskultur der Hofgesellschaft, ganz so, wie es Rist mit Blick auf Sophia Elisabeth formuliert hat. Dass indessen die Ausrichtung des eigenen Lebens auf Gott ein noch größerer Stellenwert zukam, dies spiegelt sich wider in Magdalena Sibyllas umfangreichem Besitz von Rists geistlichem Werk und in ihrer eigenen Tätigkeit als Dichterin geistlicher Lieder.

48 Rist/Schop: Himlische Lieder (wie Anm. 39), Dedicatio zu Teil 3, S. A iij verso.
49 Rist/Schop: Himlische Lieder (wie Anm. 39), Dedicatio zu Teil 3, S. A iiij recto.
50 Zitiert nach Kremer: »Pietistisches Bekenntnis« (wie Anm. 1), S. 59.

Abbildungsnachweise

Umschlag: Johann Ulrich KRAUS: Magdalena Sibylla von Württemberg, Porträt, aus: ANONYM: Christ-Fürstliches Ehren-Gedächtniß/ Der Weiland Durchläuchtigsten Fürstin und Frauen/ Frauen Magdalena Sibylla Hertzogin zu Würtemberg und Teck [...], Stuttgart [1712], ohne Fol.-Nr., Zitierlink: http://idb.ub.uni-tuebingen.de/diglit/LIII25_fol.

Sabine Holtz:

Abb. 1: David Klöcker EHRENSTRAHL: Porträt von Hedwig Eleonora von Schweden, Photo: Jens Mohr/Skokloster Castle.

Abb. 2: Porträt von Magdalena Sibylla von Württemberg, Archiv des Hauses Württemberg.

Abb. 3: Heimführung der Herzogin Magdalena Sibylla nach Stuttgart, 1673, HStAS, G 124 Bü 11, Bild 3, Permalink: http://www.landesarchiv-bw.de/plink/?f=1-384283-3.

Abb. 4: Wilhelm Ludwig auf dem Totenbett, Landesmuseum Württemberg, Inv. Nr. E 2459.

Abb. 5: Leonhard HECKENAUER: Herzog Friedrich Carl von Württemberg mit Prinz Eberhard Ludwig und Magdalena Sybilla, Kupferstich um 1690, LMZ020144.

Abb. 6: Sarg der Magdalena Sibylla von Württemberg, Kupferstich aus: ANONYM: Christ-Fürstliches Ehren-Gedächtniß/ Der Weiland Durchläuchtigsten Fürstin und Frauen/ Frauen Magdalena Sibylla Hertzogin zu Würtemberg und Teck [...], Stuttgart [1712], ohne Fol.-Nr., Zitierlink: http://idb.ub.uni-tuebingen.de/diglit/LIII25_fol.

Abb. 7: Porträt von Magdalena Sibylla von Württemberg, Landesmuseum Württemberg, Inv. Nr. 2005–122.

Joachim Kremer:

Abb. 1: Johann Ulrich KRAUS: Castrum doloris, aus: ANONYM: Christ-Fürstliches Ehren-Gedächtniß/ Der Weiland Durchläuchtigsten Fürstin und Frauen/ Frauen Magdalena Sibylla Hertzogin zu Würtemberg und Teck [...], Stuttgart [1712], ohne Fol.-Nr., Zitierlink: http://idb.ub.uni-tuebingen.de/diglit/LIII25_fol.

Abb. 2: Johann Samuel EDEL: MSW [= Magdalena Sibylla von WÜRTTEMBERG]: Das mit JESU Gekreutzigte Hertz: Erster Theil, Stuttgart 1698, Titelseite, Württembergische Landesbibliothek Stuttgart, R 17 Mag 1.

Abb. 3: Johann Samuel EDEL: Magdalena am Kreuz, in: MSW [= Magdalena Sibylla von WÜRTTEMBERG]: Das mit JESU Gekreutzigte Hertz: Erster Theil, Stuttgart 1698, Frontispiz, Württembergische Landesbibliothek Stuttgart, R 17 Mag 1.

Abb. 4: Christian BALZ: Christliche und Getroste Ausfolge/ Nach der Seligst- in GOTT entschlaffenen Durchläuchtigsten Fürstin u. Frauen Frauen Magdalena Sibylla [...] Als dero in dem Herrn verblichener Leichnam/ [...] von Kirchheim auf Stuttgart geführt wurde [...], Stuttgart 1712, in: ANONYM: Christ-Fürstliches Ehren-Gedächtniß/ Der Weiland Durchläuchtigsten Fürstin und Frauen/ Frauen Magdalena Sibylla Hertzogin zu Würtemberg und Teck [...], Stuttgart [1712], S. 3, Zitierlink: http://idb.ub.uni-tuebingen.de/diglit/LIII25_fol.

Abb. 5: Johann Ulrich KRAUS: Castum doloris, Ausschnitt »Gebetts-Thränen«, in: ANONYM: Christ-Fürstliches Ehren-Gedächtniß/ Der Weiland Durchläuchtigsten Fürstin und Frauen/ Frauen Magdalena Sibylla Hertzogin zu Würtemberg und Teck [...], Stuttgart [1712], ohne Fol.-Nr., Zitierlink: http://idb.ub.uni-tuebingen.de/diglit/LIII25_fol.

Abb. 6: Johann Ulrich KRAUS: Castrum doloris, Ausschnitt »Gluck-Henne«, in: ANONYM: Christ-Fürstliches Ehren-Gedächtniß/ Der Weiland Durchläuchtigsten Fürstin und Frauen/ Frauen Magdalena Sibylla Hertzogin zu Würtemberg und Teck [...], Stuttgart [1712], ohne Fol.-Nr., Zitierlink: http://idb.ub.uni-tuebingen.de/diglit/LIII25_fol.

Abb. 7: Magdalena Sibylla von Württemberg mit ihrem Sohn Eberhard Ludwig, in: Magdalena Sibylla von WÜRTTEMBERG: Gott-Geweyhtes Andachts-Opffer [...], Stuttgart 1690, Frontispiz, HStAS, G 124 Bü 25 (dieses Exemplar ist ein in diesem Büschel enthaltenes Zweitexemplar, nicht das beim Kirchheimer Brand gerettete).

Abb. 8: Johann Ulrich KRAUS: Magdalena Sibylla von Württemberg, Porträt (Ausschnitt), aus: ANONYM: Christ-Fürstliches Ehren-Gedächtniß/ Der Weiland Durchläuchtigsten Fürstin und Frauen/ Frauen Magdalena Sibylla Hertzogin zu Würtemberg und Teck [...], Stuttgart [1712], ohne Fol.-Nr., Zitierlink: http://idb.ub.uni-tuebingen.de/diglit/LIII25_fol.

Abb. 9: Magdalena Sibylla von WÜRTTEMBERG: Leichen-Arie, aus: Hochfürstliche Personalia, So nach gehaltener Predigt verlesen werden [Stuttgart 1712], in: ANONYM: Christ-Fürstliches Ehren-Gedächtniß/ Der Weiland Durchläuchtigsten Fürstin und Frauen/ Frauen Magdalena Sibylla Hertzogin zu Würtemberg und Teck [...], Stuttgart [1712], S. 50, Zitierlink: http://idb.ub.uni-tuebingen.de/diglit/LIII25_fol.

Eberhard Fritz:

Abb. 1: Bartholomäus KILIAN: Magdalena Sibylla von Württemberg, Kupferstich 1674 (nach Johann Andreas Tille), Archiv des Hauses Württemberg.

Abb. 2: Georg Andreas WOLFGANG d. Ä.: Feuerwerk zur Verehelichung Magdalena Sibyllas und Wilhelm Ludwigs von Württemberg, Kupferstich (nach Johann Andreas Tille), HStAS, G 124 Bü 11.

Abb. 3: Ferdinand STENGLIN: Johanna Elisabeth von Württemberg, Kupferstich, Archiv des Hauses Württemberg.

Judith P. Aikin:

Abb. 1: Magdalena Sibylla von WÜRTTEMBERG: Gott Geweyhtes Andachts-Opffer [...], Stuttgart 1690, Titelseite, HStAS, G 124 Bü 25.

Abb. 2: Magdalena Sibylla von WÜRTTEMBERG: »Ach waß soll ich Sündrin machen«, Autograph, HStAS, G 124 Bü 25, ohne Fol.-Nr. (Ausschnitt).

Abb. 3: Notiz »Dieses ist das rechte Original«, in: Magdalena Sibylla von WÜRTTEMBERG: Gott Geweyhtes Andachts-Opffer [...], Stuttgart 1690, Titelseite, HStAS, G 124 Bü 25.

Abb. 4: Ehrenreich WEISSMANN: Notiz zur Geschichte des aus dem Stadtbrand von Kirchheim geretteten Exemplars von Magdalena Sibyllas *Gott Geweyhtem Andachts-Opffer*, Vorsatz recto, HStAS, G 124 Bü 25.

Abb. 5: Ehrenreich WEISSMANN: Notiz zur Geschichte des aus dem Stadtbrand von Kirchheim geretteten Exemplars von Magdalena Sibyllas *Gott Geweyhtem Andachts-Opffer*, Vorsatz verso, HStAS, G 124 Bü 25.

Reinhard Lieske:

Abb. 1: Schlosskapelle in Stetten: »Jacobs Himmelschau«, Foto: Andreas Stiene.

Abb. 2: Schlosskapelle in Stetten: »Jesus, Maria und Martha«, Foto: Peter Hartung.

Abb. 3: Schlosskapelle in Stetten: »Simeon, Jesuskind und Maria«, Foto: Peter Hartung.

Abb. 4: Schlosskapelle in Stetten: »Jüngstes Gericht mit Höllensturz«, Foto: Peter Hartung.

Abb. 5: Schlosskapelle in Stetten: Altarwand, Foto: Peter Hartung.

Abb. 6: Schlosskapelle in Stetten: »Herz auf Steinblock mit Hammer«, Foto: Andreas Stiene.

Abb. 7: Schlosskapelle in Stetten: »Herz auf Steinblock mit Kanne und Palmwedel«, Foto: Andreas Stiene.
Abb. 8: Schlosskapelle in Stetten: »Moses am brennenden Dornenbusch«, Foto: Andreas Stiene.
Abb. 9: Schlosskapelle in Stetten: »Büste und Spiegel«, Foto: Andreas Stiene.
Abb. 10: Schlosskapelle in Stetten: »Jüngling und Sphinx«, Foto: Andreas Stiene.
Abb. 11: Schlosskapelle in Stetten: »Kind und Gotteshand«, Foto: Andreas Stiene.
Abb. 12: Schlosskapelle in Stetten: »Braut und Bräutigam«, Foto: Andreas Stiene.
Abb. 13: Schlosskapelle in Stetten: »Sonnenblume«, Foto: Andreas Stiene.
Abb. 14: Schlosskapelle in Stetten: »Esther und Ahasveros«, Foto: Andreas Stiene.

Andreas Münzmay:
Abb. 1: Philipp Heinrich ERLEBACH: Harmonische Freude Musicalischer Freunde, 1. Theil, Nürnberg 1697, Titelseite, Bibliothèque nationale de France, Paris; http://gallica.bnf.fr/ark:/12148/btv1b9010391f).
Abb. 2: J.[ean/ohann] S.[igismund/igismond] COUSSER: Heliconische Musen-Lust, Stuttgart 1700, Titelseite, Württembergische Landesbibliothek Stuttgart; http://digital.wlb-stuttgart.de/purl/bsz368223760.
Abb. 3: Jup[iter]. Süsseste lippen, / El[ectra]. Schöneste augen, aus: F.[riedrich] C.[hristian] BRESSAND: Die Plejades Oder das Sieben-Gestirne, in einem Sing-Spiele auf Dem Braunschweigischen Schau-Platze vorgestellet, im Jahr 1693, Braunschweig [1693], Siebender Auftritt, Herzog August Bibliothek Wolfenbüttel; http://diglib.hab.de/drucke/textb-sbd-6-2/start.htm.
Abb. 4: Jup[iter]. Süsseste lippen, / El[ectra]. Schöneste augen, aus: F.[riedrich] C.[hristian] BRESSAND: Die Plejades Oder das Sieben-Gestirne, in einem Sing-Spiele auf Dem Braunschweigischen Schau-Platze vorgestellet, im Jahr 1693, Braunschweig [1693], Siebender Auftritt, Herzog August Bibliothek Wolfenbüttel; http://diglib.hab.de/drucke/textb-sbd-6-2/start.htm.
Abb. 5: Philipp Heinrich ERLEBACH: Freundliches Glücke, süßeste Liebe (Partiturseite 1 und 2) aus: DERS.: Harmonische Freude Musicalischer Freunde, 1. Theil, Nürnberg 1697, Nr. 45, S. 115, Bibliothèque nationale de France, Paris; http://gallica.bnf.fr/ark:/12148/btv1b9010391f.
Abb. 6: Philipp Heinrich ERLEBACH: Freundliches Glücke, süßeste Liebe (Partiturseite 1 und 2) aus: DERS.: Harmonische Freude Musicalischer Freunde, 1. Theil, Nürnberg 1697, Nr. 45, S. 116, Bibliothèque nationale de France, Paris; http://gallica.bnf.fr/ark:/12148/btv1b9010391f.
Abb. 7: Philipp Heinrich ERLEBACH: Ich stehe fest, und wancke nicht, aus: DERS.: Harmonische Freude Musicalischer Freunde, 1. Theil, Nürnberg 1697, Nr. 6, S. 15, Bibliothèque nationale de France, Paris; http://gallica.bnf.fr/ark:/12148/btv1b9010391f.
Abb. 8: Philipp Heinrich ERLEBACH: Ich stehe fest/und wancke nicht, aus: DERS.: Harmonische Freude Musicalischer Freunde, 1. Theil, Nürnberg 1697, Nr. 6, S. 16, Bibliothèque nationale de France, Paris; http://gallica.bnf.fr/ark:/12148/btv1b9010391f.

Abkürzungen

Abb.	Abbildung
AHB	Arbeitsgemeinschaft Niedersächsischer Behördenbibliotheken
Bd./Bde.	Band/Bände
BLN	Badische Landesbibliothek, Karlsruhe
BSB	Bayerische Staatsbibliothek, München
Ehrengedächtnis	ANONYM: Christ-Fürstliches Ehren-Gedächtniß/ Der Weiland Durchläuchtigsten Fürstin und Frauen/ Frauen Magdalena Sibylla Hertzogin zu Würtemberg und Teck [...], Stuttgart [1712]
GLA	Generallandesarchiv
HAAB	Herzogin Anna Amalia Bibliothek, Weimar
HAB	Herzog August Bibliothek Wolfenbüttel
HStA	Hauptstaatsarchiv Stuttgart
LB	Landesbibliothek
MGG2	Ludwig FINSCHER (Hg.): Die Musik in Geschichte und Gegenwart: Allgemeine Enzyklopädie der Musik begr. von Friedrich Blume, 2. neubearbeitete Auflage hg. v. Ludwig FINSCHER, Sachteil 9 Bände, Personenteil 17 Bände, 1 Supplementband, Kassel [u. a.] 1994–2008
Ms./ms.	Manuskript
NDB	Neue Deutsche Biographie, hg. von der Historischen Kommission der bei der Bayerischen Akademie der Wissenschaften, Berlin 1953ff.
SB	Stadtbibliothek
SLBSUB	Sächsische Landesbibliothek – Staats- und Universitätsbibliothek, Dresden
SSB	Staats- und Stadtbibliothek, Augsburg
UB	Universitätsbibliothek
WLB	Württembergische Landesbibliothek Stuttgart
WüGB	Württembergisches Gesangbuch

Personenregister

Wegen der häufigen Nennung wurde „Magdalena Sibylla von Württemberg“ nicht in das Register aufgenommen.

Ortsregister

Autoren und Mitarbeiter

Prof. Dr. Judith P. Aikin, College of Liberal Arts & Sciences/German Department, University of Iowa

Lea Beck, Institut für Geschichtliche Landeskunde und Historische Hilfswissenschaften der Universität Tübingen

Dr. Jill Bepler, Herzog August Bibliothek Wolfenbüttel

Dr. Eberhard Fritz, Archiv des Hauses Württemberg, Schloss Altshausen

Prof. Dr. Sabine Holtz, Historisches Institut, Abteilung Landesgeschichte der Universität Stuttgart

Jörg Holzmann, Staatliche Hochschule für Musik und Darstellende Kunst Stuttgart

Prof. Dr. Joachim Kremer, Staatliche Hochschule für Musik und Darstellende Kunst Stuttgart

Dr. Reinhard Lieske, Göttingen

Dr. Martin Loeser, Institut für Kirchenmusik und Musikwissenschaft der Ernst Moritz Arndt Universität Greifswald

Prof. Dr. Andreas Münzmay, Musikwissenschaftliches Seminar Detmold/Paderborn der Universität Paderborn

Frithjof Vollmer, Staatliche Hochschule für Musik und Darstellende Kunst Stuttgart